LES
FLEURS FÉLIBRESQUES

Poésies provençales et languedociennes modernes

MISES EN VERS FRANÇAIS

PAR

CONSTANT HENNION

traducteur de *Mireille*

AVEC LES TEXTES EN REGARD

des Notices et des Notes

Ouvrage qui a gagné le Rameau d'olivier en vermeil aux jeux floraux de Forcalquier (14-15 mai 1882)

PARIS

UNION GÉNÉRALE DE LA LIBRAIRIE

11, RUE DE L'ABBAYE, 11

AIX	AVIGNON
F. GUITTON TALAMEL, éditeur	J. ROUMANILLE
15, rue de la Grande-Horloge, 15	Libraire—Ed.

1883

Tous droits réservés

LES
FLEURS FÉLIBRESQUES

Exchange
(n. 14268)

LES
FLEURS FÉLIBRESQUES

Poésies provençales et languedociennes modernes

MISES EN VERS FRANÇAIS

PAR

CONSTANT HENNION

traducteur de *Mireille*

AVEC LES TEXTES EN REGARD

des Notices et des Notes

Ouvrage qui a gagné le Rameau d'olivier en vermeil aux jeux floraux de Forcalquier (14-15 mai 1882)

PARIS

UNION GÉNÉRALE DE LA LIBRAIRIE

11, RUE DE L'ABBAYE, 11

AIX   **AVIGNON**

F. GUITTON TALAMEL, éditeur   J. ROUMANILLE
15, rue de la Grande-Horloge. 15   Libraire—Editeur

1883

Tous droits réservés.

Notre temps, qui a vu remettre en lumière et en honneur nos vieilles Chansons de geste de langue d'Oïl, est témoin d'un fait plus imprévu encore : la renaissance littéraire de la langue d'Oc, affirmée par des chefs-d'œuvre admirés dans le monde entier.

Bien que des écrivains autorisés comme Lamartine, St-René Taillaudier, A. de Pontmartin, A. Daudet, P. Arène, Garcin, Hémon, Mary-Lafon, Dorieux, etc., aient étudié cette littérature, sœur de la nôtre, et que ses maîtres consacrés, Mistral, Aubanel, Roumanille, soient des gloires essentiellement françaises, les œuvres des poètes de notre Midi,—des Félibres comme ils s'appellent,— en général, non traduites, ou abordables seulement par des versions en prose, ne sont pas aussi connues en France qu'elles mériteraient de l'être ; les noms même de quelques uns, et des plus grands, ne sont célèbres qu'en Languedoc et en Provence.

Cependant les Italiens, les Allemands ont leurs Anthologies provençales ; ne convient-il pas que nous ayons les nôtres? On semble l'avoir compris ; et déjà MM. F. Delille et le colonel Dumas ont donné des recueils de traductions en vers du Provençal et du Languedocien modernes. Nous en publions un qui diffère surtout des leurs, en ce qu'il offre, en face des copies, les originaux, pour permettre au lecteur de juger sur pièces. Nos versions sont, du reste, exécutées dans ce système de fidélité absolue, qui a valu à notre traduction de *Mireille* de si précieux suffrages, et à elles-mêmes la branche d'olivier en vermeil dans les Jeux Floraux de Provence tenus en 1882 à Forcalquier. En outre, nos *bouquets* sont précédés de notices biographiques et littéraires, auxquelles nous renvoyons pour tout ce qu'il y a d'essentiel à dire sur le Félibrige. Dans notre volume ne figurent que les vivants, et pas tous encore ; rien qu'avec des pièces de choix des Félibres omis ou insuffisamment représentés, faute de place, on en composerait aisément un second qui ne le céderait guère au premier pour le nombre des auteurs et la beauté des inspirations. Nous entreprendrons peut-être ce nouvel ouvrage, si le public fait bon accueil à celui-ci. Nous n'en désespérons pas ; car puisqu'aucun Français ne peut désormais se croire un homme instruit s'il ignore la langue de la *Chanson de Roland*, ne devrait-on pas aussi rougir de n'avoir aucune notion de la langue de *Mireille* ?

A PARIS

Sounet Dedicatori dòu Langodoucian Arnavièllo. (1)

Paris, noum dardaiant, amount, sus l'univers,
Paris, que tout te bèlo, e t'amiro e prouclamo,
Lou Felibre, à soun tour, inspira de ta flamo,
A ta glòrio, o Paris, vòu apoundre sous vers.

O bèu diéu fort, lou front cencha de lauriès verds,
Camines dins ta draio afourtunado e flamo
Oh! vai fièr! Car demès tant de lustres divers,
Tu portes d'un grand pople e la pensado e l'amo.

E Franc-Coumtés, Nourmand, Prouvençau e Bretoun
Venent dins tu, Paris, naussa soun libre toun
E, toutes afrairats, claure enfin l'asiranço,

Disèn : Sies be toujour lou suprème fougau,
Vilo, siès be toujour lou Paris sens egau ;
Mès siès mai que Paris : — o Paris, siès la Franço !

---

(1) Voir page 410, la notice et les autres poésies du Félibre Arna-vièlle.

A PARIS

Sonnet-Dédicace (Traduit du Languedocien d'Arnavielle)

Paris, nom rayonnant là-haut sur l'univers,
Paris, que tout admire, et jalouse, et proclame,
Le Félibre à son tour, inspiré de ta flamme,
A ta gloire, ô Paris, veut ajouter ses vers.

Beau dieu fort, couronné de lauriers toujours verts,
Tu marches dans la voie heureuse où l'on t'acclame ;
Oh ! va fier ! car, parmi tant de lustres divers,
Tu portes d'un grand peuple et la pensée et l'âme.

Et, Franc-Comtois, Normand, Provençal et Breton,
Frères, venus chez toi pour hausser notre ton
Et clore enfin la haine en un baiser immense,

Nous te disons : « C'est toi, foyer national,
Oui, c'est toujours bien toi le Paris sans égal,
Car tu n'es point Paris seulement, mais la France !

OBSERVATION SUR LE MOT « FELIBRE »

Le mot « Félibre » qu'ont adopté et vulgarisé les poètes provençaux de la deuxième moitié du dix-neuvième siècle, se rencontre pour la première fois dans une poésie légendaire du Moyen-âge où il est question de « *Li Set felibre de la lèi.* » Ce qui signifie probablement « les Sept docteurs de la loi ». — Il a maintenant un sens bien déterminé et désigne les adeptes de la nouvelle littérature provençale. Il remplace avantageusement les termes démodés de troubadours et de trouvères. — Il a pour dérivés : Félibrige, nom donné au mouvement de rénovation littéraire imprimé par les Félibres ; Félibrée, réunion en séance solennelle des Félibres ; Félibresque ou Félibrique, qui se rapporte aux Félibres, etc. etc.

I

LES FÉLIBRES PROVENÇAUX

J. ROUMANILLE

(Notre premier « bouquet » est, comme il convient, celui du promoteur de la Renaissance provençale, dont ROUMANILLE est et restera une des gloires. On l'appelle communément le Père du Félibrige, et non sans raison ; en effet, par ses ouvrages personnels, LI MARGARIDETO (les Pâquerettes) publiées dès 1847 ; LI NOUVÉ (les Noëls) au nombre de quatorze, composés de 1845 à 1859 ; LI SOUNJARELLO (les Songeuses) parues en 1852, et si chères à Brizeux, le chantre de MARIE ; LA PART DE DIÉU (la Part de Dieu) autre beau poëme, qui suivit LI SOUNJARELLO à un an d'intervalle ; LA CAMPANO MOUNTADO (la Cloche montée) poëme héroï-comique en VII chants, qui date de 1857, et que M. de Pontmartin regarde comme une des productions les plus originales du Félibre d'Avignon ; enfin LI FLOUR DE SAUVI (les Fleurs de Sauge) qui ont vu le jour en 1863, et qui, avec ses précédents recueils, composent le volume de ses poésies complètes, modestement intitulé : LIS OUBRETO (les petites œuvres) en vers, et distinct des OUBRETO en prose ; par la publication, en 1852, des PROUVENÇALO (les Provençales) œuvre collective où, à côté de l'auteur, déjà célèbre, des MARGARIDETO, parurent pour la première fois les Anselme MATHIEU, les Théodore

AUBANEL, les Frédéric MISTRAL, et qui fut le véritable manifeste de la nouvelle École ; par la fondation, en 1854, de l'organe officiel du Félibrige, l'ARMANA PROUVENÇAU (l'Almanach provençal), qu'il édite et dirige depuis vingt-sept ans avec grand succès, et où il a inséré, comme l'a écrit Paul Arène, « tant de ces pièces de vers diamantines qui font à la fois rire et pleurer, tant de ces inimitables « Cascareletes, (1) joie, soulas et passe-temps de tous les peuples du Midi, » ainsi que de nombreux « Contes, » d'une gaieté si franche et si honnête, dont la réunion en volume est impatiemment attendue ; comme auteur, comme éditeur, comme libraire, Roumanille a contribué plus que personne à la réussite du mouvement de rénovation littéraire, dont il fut, pour employer le mot aussi juste que spirituel de l'éminent critique cité plus haut, le « Chef de départ. »

Né le 8 août 1818 « d'un jardinier et d'une jardinière, dans les jardins de Saint-Remy, » petite ville de l'arrondissement d'Arles à égale distance, une lieue, à peu près, des Baux et de Maillane, Joseph Roumanille fit ses études classiques et embrassa d'abord la carrière de l'enseignement. Dès l'âge de dix-sept ans, il se mit à composer des poésies dans la langue de sa mère ; à vingt-sept ans, en 1846, il entra comme professeur dans un pensionnat d'Avignon, qui comptait parmi ses élèves le jeune Mistral, alors âgé de quinze ans : « évènement d'importance majeure, non-seulement pour moi, a écrit le Poète de MIREILLE, mais pour notre Renaissance. » Bientôt, en effet, naquit entre le maître et l'élève une amitié que rien n'a jamais affaiblie et qui est leur égal honneur. Roumanille abandonna ensuite le professorat, fut, pendant dix ans, correcteur de l'imprimerie Seguin d'Avignon, si ancienne et si honorablement connue ; puis, ce dur métier affaiblissant sa vue, se fit libraire et se donna tout entier à son œuvre. Il peut être satisfait du résultat de ses efforts. — Les poésies et les écrits de Roumanille sont en pur dialecte d'Arles ou du Rhône et, sauf ses Noëls, publiés à part, ne sont pas accompagnés d'une traduction française littérale).

LI SOUNJARELLO

A SAINT-RENÉ TAILLANDIER

I

Es dimenche, e peréu la fèsto dóu vilage :
    A mena joio, au roumavage,
    Li jouine e li vièi soun en trin.
L'aureto de la mar, que bluiejo eilalin,
    Boulego plan-plan lou fuiage,
E chatouno e jouvènt danson souto l'oumbrage,
    Au brut galoi dóu tambourin.

N'i'a dos que danson pas... Soun pamens bèn poulido,
Blóundo coume un fièu d'or : Leleto e Margarido,
Tóuti dos dins la flour de si dès-e-vuech an...
Eh ! que l'enchau la danso ? amon mies èstre au champ,
    Margarido e Leleto,
Dins un draiòu perdu s'espasseja souleto,
    E parla.... de sis amourous.
    Leleto èi touto rejouïdo :
    Oh ! mai, la pauro Margarido
Clino soun front de nèu, e sis iue soun plourous,
    Pecaire ! èi touto endoulourido.

LES SONGEUSES

A SAINT-RENÉ TAILLANDIER

I

C'est le dimanche, et c'est la fête du village :
    Tous, aux jeux, au pèlerinage,
    Les vieux, les jeunes, sont en train.
La brise de la mer, qui bleuit au lointain,
    Ebranle en douceur le feuillage,
Et filles et garçons y dansent sous l'ombrage
    Au bruit joyeux du tambourin.

Il en est deux pourtant qu'en vain la danse invite !...
    Quelles ravissantes enfants,
Blondes comme un fil d'or : Lélette et Marguerite,
Toutes deux dans la fleur de leurs frais dix-huit ans...
Eh ! qu'importe la danse aux mignonnes fillettes ?
Dans un sentier des champs elles aiment bien mieux
    S'écarter ensemble, seulettes,
    Et causer..... de leurs amoureux.
    Lélette est toute réjouie :
    Mais Marguerite, son amie,
Penchant son front de neige, a les larmes aux yeux,
    De douleur la pauvre est transie.

L'amourous de Leleto es un brave marin
Que, i'a tout-aro un an, s'enanè peralin,
E dins sis adessias, ié jurè, man levado,
  De reveni, dins mens d'un an,
L'adurre blanco novio i péd dóu capelan ;
  E de sa longo travessado
Tournara dins tres jour, re la poutounara ;
Em'elo pèr Sant Jan éu se maridara :
Vaqui perqué Leleto èi tant reviscoulado.

Lou bèu de Margarido es un brave massoun,
Lou cepoun de sa maire, un perlet de garçoun
Qu'au-dessus de si forço es esta travaiaire.
Aro es au founs d'un lié pèr lou mau aclapa ;
  La Mort, qu'èi lèsto à l'arrapa,
  Se tèn à l'espèro !... e sa maire
Crèi qu'emé de poutoun un enfant se gari !...
Lou malaut repepio e sono Margarido,
I'an adu lou bon Diéu, a qu'à bada-mouri :
Vaqui perqué la chato èi touto endoulourido.

II

LELETO

Margarido, emé tu feniriéu pèr ploura !
  Anen, vai ! seco ti lagremo,
  Vai ! segur, se n'en tirara :
Coume iéu de Pauloun, de Glaude saras femo,

L'amoureux de Lélette, un brave matelot,
Est loin d'elle, sur mer, depuis un an bientôt ;
Mais, avant que l'année entière soit passée,
Il a, la main levée, au moment de partir,
   Juré de revenir
Pour conduire à l'autel sa blanche fiancée ;
   Et de sa longue traversée
   Dans trois jours il arrivera,
   Dans trois jours il l'embrassera,
Puis, vienne la Saint-Jean, le couple s'unira :
Et si Lélette rit, c'est à cette pensée.

Le beau de Marguerite est un brave maçon,
Le soutien de sa mère, un bijou de garçon
Qui, faisant au travail plus qu'il n'en pouvait faire,
Se vit au fond d'un lit par le mal arrêter ;
   La Mort, tout près de l'emporter,
La Mort est à l'affût qui le guette !... et sa mère
Croit, pour guérir son fils, n'avoir qu'à l'embrasser !...
Le malade délire, appelle Marguerite,
Et, le bon Dieu reçu, ne s'attend qu'à passer :
C'est ce qui rend dolente, hélas ! l'autre petite.

II

LÉLETTE

Allons, sèche tes pleurs ! ils me feraient pleurer !
   Marguerite, tu me fends l'âme !
   Ton Claude est sûr de s'en tirer,
Et, comme moi, de Paul, va ! tu seras sa femme.

MARGARIDO.

Oh! coume voudriéu l'avé pas couneigu !
  Tè ! desolo-te, Margarido !
Sa mort sara ma mort, car sa vido èi ma vido.
Ai ! tant founs dins moun cor l'espino a pougnegu
  Que jamai n'en sarai garido !

LELETO.

  Toun Glaude èi jouine e d'un bon sang,
  E Diéu, ma mio, es un bon Paire :
  Pòu pas vougué prene un enfant
  Que fai tant besoun à sa maire.
  En que sièr de te maucoura ?
  Te fara mau de tant ploura !
Escouto que te digue : aquesto niue passado,
Se sabiés, Margarido ! ai sounja...

MARGARIDO.

    Iéu tambèn !

LELETO.

E moun sounge me dis que tout anara bèn :
  Aniue, de blanc ère abihado ;
Aviéu d'estello d'or la tèsto courounado ;
Un vòu d'enfantounet, poulit coume lou jour,
Dins un jardin de rèi m'acampavon de flour ;
  E piéi, quand n'avien de faudado,
  Lis enfant, chascun à soun tour,
  Me li jitavon à pougnado ;
Pièi fasien, ajougui, lou brande à moun entour.

J. ROUMANILLE

MARGUERITE

Combien je voudrais donc ne pas l'avoir connu !
Tiens ! pleure, Marguerite !... O ma pauvre chérie,
Sa mort sera ma mort, car sa vie est ma vie.
L'épine a dans mon cœur planté son dard aigu
Si profond que jamais je n'en serai guérie !

LÉLETTE

    Ton Claude est jeune et d'un bon sang,
    Et Dieu, certes, est trop bon Père
    Pour vouloir prendre un brave enfant
    Dont a si grand besoin sa mère.
    Que sert de te désespérer ?
    Tu te fais mal à tant pleurer !
Que je te dise ! écoute : eh bien, la nuit dernière,
J'ai fait... si tu savais !... un songe...

MARGUERITE

                Comme moi !

LÉLETTE

Mon songe me le dit : tout ira bien pour toi !
Je me voyais en blanc, comme pour une fête,
Et des étoiles d'or me couronnaient la tête ;
Et beaux comme le jour, un vol d'enfants rieurs
Dans un jardin de roi cueillaient pour moi des fleurs ;
Puis, à plein tablier les ayant ramassées,
    Chacun des bambins à son tour
    M'en jetait de grosses brassées ;
Puis, joyeuse, dansait leur ronde tout autour.

Dóu tèms que lis un virouiavon
Coume à l'entour d'un ile un galant parpaioun,
N'i'en avié d'autre que cantavon
Enca mies que l'ourgueno à la benedicioun!
Ères aqui peréu, ma bono Margarido :
De ma vido e mi jour t'aviéu vist tant poulido!...
Subran, d'aquélis enfantoun
A fugi coume un lamp touto la ribambello...
Ai plus res vist que tu, que m'as di : — Ve Pauloun,
Que, tresanant d'amour de te vèire tant bello,
De liuen, emé la man, te mando de poutoun! —

MARGARIDO.

La bounasso souvènt anóuncio la tempèsto....
Ço que te fai gau, me fai pòu!
Quand, la niue, nosto amo es en fèsto,
Souvènt, lou jour, èi dins lou dòu!

Ai! pauro! iéu peréu de blanc ère abihado,
Aviéu mes sus moun front de brout de jaussemin ;
Coume uno nòvio urouso ère escarrabihado,
E de la santo glèiso avian pres lou camin ;
Pèr nous vèire passa li chato s'acampavon :
Legissien dins mis iue lou bonur de moun cor,
E coume pèr Nouvè li campano sounavon...
Aviéu Glaude à moun bras.... pale coume la Mort!
Anavian à la messo, e la noço èro bello ;
De dous en dous caminavian...
Mai... moun sounge a feni que tout-bèu-just erian
Sus lou lindau de la capello!...

Et pendant que les uns gambadaient sur la mousse
Et tournaient, comme autour d'un lis un papillon,
   D'autres chantaient d'une voix douce
Comme soupire l'orgue à l'Élévation !
Et je te voyais là, ma bonne ; et, de ma vie,
Je ne t'avais jamais vue encor si jolie !...
   Mais de ces gais enfants soudain
Fila comme un éclair toute la ribambelle....
Hormis toi qui me dis : — Vois Paul, vois ton marin
Qui tressaille d'amour à te revoir si belle
Et t'adresse, de loin, cent baisers, de la main ! —

MARGUERITE

Le calme plat souvent annonce la tempête...
   S'il fait ta joie, il fait ma peur !
   Quand, la nuit, notre âme est en fête,
   Le jour, elle est dans la douleur !

Hélas ! de blanc aussi, moi, j'étais habillée.
J'avais mis sur mon front des branches de jasmin ;
L'air éveillé, pimpant, heureuse mariée,
De l'église déjà nous suivions le chemin ;
Les filles, pour nous voir, venaient au bord des routes ;
Dans mes yeux se lisait mon intime transport ;
Ainsi que pour Noël, les cloches sonnaient toutes...
Claude était à mon bras.... pâle comme la Mort !
Nous allions à la messe, et la noce était belle ;
   Par couple à pas lents nous marchions....
Mais.... mon songe a fini juste quand nous touchions
   A la porte de la chapelle !...

III

Pechaire ! ansin disié Margarido en plourant....
Soun pantai acaba, la doulènto amourouso
Met si man sus soun front.... D'enterin, pietadouso,
　　Uno campano qu'es à brand,
　　　Pèr Glaude agounisant
　　　Sono... balin... balan !...

Es dimenche, e perèu la fèsto dóu vilage :
　　A mena joio, au roumavage,
　　Li jouine e li vièi soun en trin.
L'aureto de la mar, que bluiejo eilalin,
　　Boulego plan-plan lou fuiage,
E chatouno e jouvènt danson souto l'oumbrage,
　　Au brut galoi dóu tambourin.

IV

TRES JOUR APRÈS

La primo aubo blanquejo, e l'alen dóu matin,
Enterin que l'aucèu en piéutant se reviho,
Raubo i flour si prefum, fai vounvouna li pin
　　Coume un jouine eissame d'abiho....
Leleto s'èi levado uno ouro davans jour ;
Vela ! vela que duerb l'estro de sa chambreto :
　　Espinchas : emé sa dourgueto,
De si vas, en cantant, arroso li floureto,
　　Touto enebriado d'amour :

V

— Quand la roso èi flourido,

III

Hélas ! ainsi disait Marguerite en pleurant...
Son récit achevé, l'amoureuse dolente
Met ses mains sur son front... c'est que, lugubre et lente,
    La cloche s'ébranlant
    Pour Claude agonisant
    Sonne... balin... balan !...

C'est le dimanche, et c'est la fête du village :
    Tous, aux jeux, au pèlerinage,
    Les vieux, les jeunes, sont en train.
La brise de la mer, qui bleuit au lointain,
    Ebranle en douceur le feuillage,
Et filles et garçons y dansent sous l'ombrage
    Au bruit joyeux du tambourin.

IV

TROIS JOURS APRÈS.

L'aube blanchit le ciel, l'haleine du matin,
Tandis qu'en gazouillant l'oiseau des nids s'éveille,
Dérobe leurs parfums aux fleurs et donne au pin
Un long bourdonnement tel que ferait l'abeille...
Lélette s'est levée une heure avant le jour ;
Voyez ! au clair rayon elle ouvre sa chambrette :
    Puis, tout en chantant, la fillette
Arrose, avec sa cruche, et lis, et pâquerette,
    Dans l'enivrement de l'amour :

V

— Quand elle est fraîche éclose,

Fau que siegue culido....
  Ah ! ah !
Couifo-me bèn, Dideto,
   Lanla !
E siegues pas pateto.
  D'aut ! d'aut ! tambourin,
  Boutas-vous en trin !

Despachen-nous, Gatouno,
Mete-me ma courouno.
  Ah ! ah !
Vai lèu vèire, Melto,
   Lanla !
Se lou curat s'abiho.
  D'aut ! d'aut ! tambourin,
  Boutas-vous en trin !

Coume atroves, Nourado,
La crous que m'a dounado ?
  Ah ! ah !
Ah ! que vai èstre bello,
   Lanla !
S'un fichu de dentello !
  D'aut ! d'aut ! tambourin,
  Boutas-vous en trin !

— Lou capèu sus l'auriho,
Lou nòvi vers sa mio,
  Ah ! ah !
Vèn, e se fan bouqueto,
   Lanla !
E pièi uno babeto....

Il faut cueillir la rose...
          Ah ! ah !
Coiffe-moi bien, Norine,
          Lanla !
Et ne sois pas lambine.
     Gai ! gai ! tambourin.
     Qu'on se mette en train !

Dépêchons-nous, Gathonne,
Pose-moi ma couronne.
          Ah ! ah !
Va voir, Dide, ma fille,
          Lanla !
Si le curé s'habille.
     Gai ! gai ! tambourin,
     Qu'on se mette en train !

Zine, est-elle jolie
La croix qu'il m'a choisie !
          Ah ! ah !
Et m'en vais-je être belle,
          Lanla !
En fichu de dentelle !
     Gai ! gai ! tambourin,
     Qu'on se mette en train !

— L'épouseur, plein d'aisance,
Vers sa belle s'avance,
          Ah ! ah !
Et l'on se fait risette,
          Lanla !
Et l'on s'entrebecquette...

D'aut! d'aut! tambourin,
Boutas-vous en trin !

Contro la chaminèio,
La grand, urouso vièio,
  Ah ! ah !
Tout en disènt sis ouro,
  Lanla !
De joio ris e plouro.
  D'aut! d'aut! tambourin,
  Boutas-vous en trin !

An ataba li cierge
A l'autar de la Vierge,
  Ah ! ah !
An ! parten pèr la messo,
  Lanla !...
— Que la nòvio èi bèn messo !!
  D'aut! d'aut! tambourin,
  Boutas-vous en trin !

VI

— Mai, d'ounte vèn qu'ansin Leleto cacalejo,
E coume un perdigau s'èi levado matin ?
  — Sus la grando mar que bluiejo,
Eilalin, vesès pas quaucarèn que pounchejo,
  E que blanquejo....
  Aperalin ?
— Bèn ! èi lou bastimen de Pauloun, lou marin,
  Qu'arribo de sa travessado.

Gai ! gai ! tambourin,
Qu'on se mette en train !

Contre la cheminée
La grand'mère inclinée,
Ah ! ah !
Priant Dieu sur sa chaise,
Lanla !
En rit et pleure d'aise.
Gai ! gai ! tambourin,
Qu'on se mette en train !

Déjà flambe la cire,
Et messe va se dire ;
Ah ! ah !
Partons pour la chapelle ;
Lanla !...
— Que l'épousée est belle ! !
Gai ! gai ! tambourin,
Qu'on se mette en train !

VI

Mais d'où vient que Lélette ainsi gazouille et chante,
Et telle qu'un perdreau se lève si matin ?
— N'apercevez-vous pas, sur la mer bleuissante,
Poindre une voile grandissante
Et blanchissante...
Dans le lointain ?
Oh ! c'est le bâtiment de Paul, c'est le marin
Qui regagne le port enfin !

Pèr un arribamen queto bello journado !
Que lou cèu èi risènt e coume l'èr èi siau,
E qu'es gai lou piéu-piéu di jouini dindouleto !
  La mar lusis coume un mirau ;
l'aleno tout-bèu-just lou ventoulet que fau
Pèr adurre Pauloun dins li bras de Leleto.

VII

— Boufo pu ferme, aureto : aduse-me-lou lèu....
  Qu'èi dounc marrit d'èstre amourouso,
Dis la chato !... Ah ! s'aviéu lis alo d'un aucèu,
Iéu dins un vira-d'iue coume sariéu urouso !
  Dindouleto, parlas-me d'éu :
En travessant la mar, aurias pas vist moun bèu ?
Subre si mast bessai avès fa la pauseto.
Es que vous a rèn di de sa mio Leleto ?...
  Acò se m'èro pas fidèu !...
Pamens plouravo tant quand me leissè souleto,
Que me dounè la crous de sa maire, e l'anèu...
Mai que dise ? siéu folo !... Anas lèu, dindouleto,
  Anas-ie piéuta moun bonjour ;
  Pourtas-ie sus vòstis aleto
Moun làngui, mi poutoun e mi souspir d'amour...
Digas-ié que l'espère, o bràvi dindouleto !
  Pauloun, que m'amo e qu'ame tant,
  D'aquesto ouro, oh ! n'en siéu seguro,
Espinchant d'aquest caire, aplanta sus l'avan,
Es d'avis, coume iéu, que caminon trop plan....

Pour un débarquement que la journée est belle !
Que le ciel est riant ! que l'air est doux et clair !
Et qu'ils sont gais les cris de la jeune hirondelle !
    Comme un miroir brille la mer !
    Il y souffle juste assez d'air
Pour conduire à Lélette un amoureux fidèle !

VII

— De m'amener mon Paul, ô brise, hâte-toi !...
Souffle, souffle plus fort ! dit-elle. Être amoureuse
Quel tourment !... De l'oiseau si j'avais l'aile, moi,
Combien en un clin d'œil je pourrais être heureuse !
Hirondelle, hirondelle ! en traversant la mer,
Ne l'aurais-tu pas vu celui qui m'est si cher ?
Sans doute sur ses mâts tu fis même une pause.
De Lélette sa mie a-t-il dit quelque chose ?...
    Ou bien serait-il inconstant ?...
        Et pourtant,
Quand il me laissa seule et me donna la bague
De sa mère, et sa croix, le pauvre pleura tant...
    Mais quelle idée ! oh ! j'extravague !...
Hirondelle, va-t-en lui chanter mon bonjour !
    Va-t-en lui porter sur ton aile
Ma langueur, mes baisers et mes soupirs d'amour...
Dis-lui que je l'attends, ô ma bonne hirondelle !
Paul, qui m'aime, mon Paul, que j'aime tant aussi,
    A cette heure, j'en suis bien sûre,
Debout sur son avant, regarde par ici,
Et trouve, comme moi, trop lente leur allure...

VIII

Leleto de si flour s'envai à sa courduro,
E de sa courduro à si flour....
E s'assèto, e s'aubouro... Ah ! pauro ! es touto en ai
Ço que courduro, lou degaio ;
A plus sa tèsto à-n-elo ; èi touto à soun amour,
D'amour èi touto trefoulido !

IX

Mai chut ! quaucun mounto.... Quau èi ?...
Ai ! malur ! Glaude es mort !...

LELETO

Qu'es acò, Margarido

MARGARIDO

Aujourd'uei es lou jour lou plus bèu de ma vido,
E siéu mai urouso qu'un rèi !...
Ai courregu pèr te lou dire....

LELETO

Glaude vai mies ?...

MARGARIDO

Glaude èi sauva !
Tout moun bonur perdu lou vène d'atrouva...
Avès mes fin à moun martire :
Gramaci ! gramaci, moun Diéu,
Per éu, per ièu e pèr sa maire !....

VIII

Lélette de ses fleurs retourne à sa couture,
Et de sa couture à ses fleurs..
Et s'assied, et se lève, agitée et distraite ;
Défaisant la couture faite ;
Tressaillant aux moindres rumeurs ;
Et toute à son amour, d'amour perdant la tête !

IX

Chut ! on monte... si tôt ? pourquoi ?...
Ah ! malheur ! Claude est mort !...

LÉLETTE

Qu'est-ce, pauvre chérie ?

MARGUERITE

C'est le plus beau jour de ma vie,
Je suis plus heureuse qu'un roi !...
J'accours vers toi pour te le dire...

LÉLETTE

Claude va mieux ?

MARGUERITE

Claude est sauvé !
Tout mon bonheur est retrouvé....
Tu mets un terme à mon martyre,
O mon Dieu ! merci pour nous trois,
Pour moi, pour Claude et pour sa mère !...

LELETO

Diéu, Margarido, es un bon paire :
L'autre vèspre, te lou disiéu....

MARGARIDO

Que ! ma migo, aquéu paure agnèu
Fasié rèn que parla de iéu
Quand repepïavo, pecaire !

LELETO

Toun bonur me fai gau !... mai que dises dóu miéu ?...

MARGARIDO

A desbarca, parai ?

LELETO

Noun, pancaro....

MARGARIDO

Oi !... E quouro ?

LELETO

Ma bello, dins dos o tres ouro.
Ai lou cor trevira ! quénti tresanamen !...
Tè ! veses aquéu bastimen ?

MARGARIDO

Es aquéu ?...

LÉLETTE

Dieu, te disais-je l'autre fois,
Dieu, Marguerite, est un bon père !

MARGUERITE

Le pauvre agneau ! croirais-tu bien
Que, lorsqu'il délirait, en tête il n'avait rien
Que moi, moi sans cesse, pechère ! [1]

LÉLETTE

Ton bonheur fait ma joie !... Eh ! que dis-tu du mien ?

MARGUERITE

Paul a débarqué ?

LÉLETTE

Non, pas encor...

MARGUERITE

Dans combien ?

LÉLETTE

Dans deux ou trois heures, j'espère.
J'ai le cœur qui me bat ! quel doux tressaillement !
Tiens ! tu vois bien ce bâtiment ?

MARGUERITE

C'est celui...

LELETO

De Pauloun !

MARGARIDO

Qüéti bòni brassado ?
Ah ! fau pas s'estouna se, coume un perdigau,
Tant bon matin te sies levado,
Se te sies tant bèn aliscado !....
Anen ! vèngue lou bèu : la bello èi pimparado !
E... vendren lèu cerca la nòvió à soun oustau ?

LELETO

Travaiave, quand sies intrado,
A moun abihage nouviau,
Margarido, sies envitado :
l'aura de noço. Lougaren
Un parèu de tambourinaire :
Es que Pauloun es un dansaire !
E souto l'óume dansaren !...

MARGARIDO

E Glaude sara moun menaire !...

LELETO

Eto-mai !... E pièi, quand prendras toun calignaire,
Sara mai fèsto, e n'en saren...

X

E i'aguè, pèr Sant Jan, uno noço au vilàge,

LÉLETTE

De mon Paul !

MARGUERITE

Que de baisers, ma chère !
Je ne m'étonne plus de te trouver déjà
Si matin, hors du lit, dans tes habits de fête !...
Allons, vienne le beau : la belle est toute prête !
Mais... est-ce bientôt qu'on prendra
La mariée à sa demeure ?

LÉLETTE

Je cousais mes habits de noce tout à l'heure.
Nous ferons une noce, et je t'invite, oui-dà !
Nous loûrons deux tambourinaires :
Paul est si grand danseur ! sous l'orme on dansera !...

MARGUERITE

Et mon Claude m'y mènera !...

LÉLETTE

Et quand viendra le jour, qui ne peut tarder guères,
Où vous ferez aussi vos noces, Claude et toi,
Nous en serons, mon Paul et moi...

X

On fit, pour la Saint-Jean, une noce au village

E se dansè souto l'oumbrage,
Au brut galoi dóu tambourin....
Ah! figuè pas pèr lou mariage
De Leleto emé soun marin;

Mai pèr aquéu de Margarido,
Qu'espousè Glaude lou massoun....
Ié manquè Leleto e Pauloun !
E la nòvio, en dansant, èro apensamentido.

Car Pauloun... ah! pecaire! à bord,
Dins la travessado, èro mort
D'uno grosso fèbre malino...
Pauro Leleto, quente sort !...

XI

Long-tèms venguè ploura de-long de la marino;
E jusqu'à soun trespassamen,
Amè vèire, de liuen, veni li bastimen....
Rèn ié pousquè jamai leva soun pensamen :
Tant founs dintre soun cor èro intrado l'espino !

Sant-Roumié, 11 d'abriéu 1852.

Et l'on y dansa sous l'ombrage
Au bruit joyeux du tambourin...
Non, hélas ! pour le mariage
De Lélette avec son marin ;

Mais pour celui de son amie,
Qui prenait Claude, le maçon...
Il y manquait Lélette et Paul... Pauvre garçon !...
L'épousée, en dansant, était tout assombrie.

D'une fièvre maligne, à bord,
Paul, pendant la route, était mort...
Oh ! pour toi, Lélette, quel sort !...

XI

Longtemps sur le rivage elle vint, éplorée ;
Et jusqu'à ses derniers moments,
Elle aima voir, de loin, rentrer les bâtiments...
Le temps pour sa douleur fut sans soulagements.
Tant dans son cœur l'épine à fond était entrée !

LOU PAURE

A J. LACROIX

I

Fasié fre ; lou mistrau bramavo ;
La darriero fueio toumbavo.
Tout mourié dins lou champ ; plus de flour dins li prat !...
Que tempèsto ! — Un vièi caminavo,
De mounte venié, mounte anavo,
Lou paure vièi espeiandra ?
— A la porto di mas lou malurous plouravo,
Disié : Durbès, qu'ai fam ! Agués pieta de iéu !
Un tros de pan, au noum de Diéu !

E dins li mas lou paure intravo ;
E pèr éu lou fio s'empuravo,
Sus la taulo pèr éu la touaio s'estendié...
Dóu paradis lou vièi parlavo,
E soun iue blu beluguejavo !
E sèmpre lou mas se durbié,
Quand subre lou lindau lou sant ome plouravo,
Que disié : Bèllis amo, agués pieta de iéu !
Un tros de pan, au noum de Diéu !

La regalido petejavo,
E lou vièi paure se caufavo ;
E l'enfant de l'oustau, lèu, lèu qu'à si geinoun,
Pichot diable, se pendoulavo ;

LE PAUVRE

A J. LACROIX

I

Il faisait froid ; le vent hurlait ;
Le dernier rameau s'effeuillait.
Tout mourait dans les champs, les prés et les charmilles !...
    Quel mistral ! — Un vieux cheminait ;
    Où donc allait, et d'où venait
    Le pauvre vieillard en guenilles ?
— A la porte des *mas*[2] le malheureux pleurait :
« Ouvrez ! j'ai faim ! prenez pitié de ma misère !
    Du pain, au nom de Notre Père ! »

    Et dans les *mas* le pauvre entrait ;
    Et le feu d'un reflet dorait
La nappe, en son honneur sur la table étendue...
    Du Paradis le vieux parlait ;
    Son œil d'azur étincelait !
    Chaque *mas* devant sa venue
S'ouvrait, quand sur le seuil le saint homme pleurait :
« Belles âmes, prenez pitié de ma misère !
    Du pain, au nom de Notre Père ! »

    La bonne flamme pétillait ;
    Le mendiant s'y dégelait ;
Et l'enfant du logis, démon de gentillesse,
    Vite à ses genoux se pendait ;

Lèu qu'emé biais ié demandavo
Un galant conte e de poutoun.
Ah ! li maire durbien quand lou bon vièi plouravo,
Que disié sus la porto : Aguès pieta de iéu !
Un tros de pan, au noum de Diéu !

'Mé sa barbo l'enfant jougavo;
E lou rèire poutounejavo
Li gauto de l'enfant e soun front blanquinèu.
E quand, de fes, lou vièi countavo
Un conte d'autre-tèms, anavo
Sèmpre de pu bèu en pu bèu !
Tambèn l'enfant risié quand lou paure plouravo,
Que disié : Quaucarèn ! aguès pieta de iéu !
Un tros de pan, au noum de Diéu !

Tambèn quand lou vièi s'enanavo,
L'enfant acantouna fougnavo...
Lou poulit vièi prenié sa biasso e soun bastoun,
Sa coucourdo pleno, e pregavo !
Emé sa man, que tremoulavo
Dounavo la benedicioun...
Pièi su 'n autre lindau lou brave ome plouravo :
Bèllis amo, fasié, prenès pieta de iéu !
Un tros de pan, au noum de Diéu !

E Diéu, qu'amo li paure, amavo
Lou mas ounte lou vièi manjavo
Lou pan que benesis la santo carita,
Lou mas que souvènt l'assoustavo;
E d'amount lou bon Diéu mandavo,

Et, l'air câlin, lui demandait
Un beau conte et quelque caresse.
Et les mères d'ouvrir, quand le bon vieux pleurait :
« Mes braves gens, prenez pitié de ma misère !
Du pain, au nom de Notre Père ! »

Avec sa barbe s'amusait
L'enfant, dont le pauvre baisait
Ou le front blanc et pur, ou les pommettes roses ;
Et quand parfois l'ancien contait
Un conte de jadis, c'était
De mieux en mieux qu'allaient les choses !
Oh ! quels rires d'enfants, dès que le vieux pleurait :
« La charité ! prenez pitié de ma misère !
Du pain, au nom de Notre Père ! »

Quand son vieil ami s'éloignait,
Le bambin dans un coin grognait...
Le beau vieillard prenait son bâton, sa besace,
Sa gourde remplie, et priait !
Et d'une main qui défaillait,
Auguste, il bénissait l'espace...
Puis sur un autre seuil le bonhomme pleurait :
« Belles âmes, prenez pitié de ma misère !
Du pain, au nom de Notre Père ! »

Le Dieu des pauvres protégeait
Le *mas* où le vieillard mangeait
Le pain sacré, béni par la Charité sainte,
Le *mas* qui souvent l'accueillait ;
De prospérités Dieu comblait

Dins l'an, forço prousperita
En quau fasié de bèn au rèire que plouravo,
Que disié : Quaucarèn ! agués pieta de iéu !
Un tros de pan, au noum de Diéu !

II

Fasié fre : lou mistrau bramavo ;
La darriero fueio toumbavo.
Dins lou champ tout mourié ; ges de flour dins li prat...
Sus lou gèu un vièi trantraiavo.
Pèr aquelo auro, mounte anavo,
Lou paure vièi espeiandra ?
Au lindau d'un castèu lou malurous plouravo,
E disié : Bèllis amo, agués pieta de iéu !
Un tros de pan, au noum de Diéu !

Èro un castèu qu'esbarlugavo :
Un riche se ié gougaiavo ;
Sus si couissin de sedo, urous, s'espoumpissié ;
Venié de manja : soumihavo ;
Lou crid dóu paure l'enfetavo ;
Lou riche en soumihant disié :
Ié bandisse mi chin !... E lou paure plouravo,
Disié, pecaire : Ai fam ! agués pieta de iéu !
Un tros de pan, au noum de Diéu !

III

— Passère, e lou castèu brulavo.
Lou fió de Diéu lou devouravo.
Ausiguère de crid... lou riche èro dedin !
E l'auro sèmpre s'encagnavo

Quiconque, sensible à sa plainte,
Faisait un peu de bien à l'aïeul qui pleurait :
« Mes bonnes gens, prenez pitié de ma misère !
  Du pain, au nom de Notre Père ! »

II

Il faisait froid ; le vent hurlait ;
Le dernier rameau s'effeuillait.
Tout mourait dans les champs, les prés et les charmilles !...
Sur le gel un vieux se traînait.
Au mistral, où donc cheminait
Le pauvre vieillard en guenilles ?
Sur le seuil d'un château le malheureux pleurait :
« Belles âmes, prenez pitié de ma misère !
  Du pain, au nom de Notre Père ! »

Le château, neuf, éblouissait ;
Dans son orgueil s'y prélassait,
Sur des coussins de soie, un richard, âme dure ;
Sortant de table, il sommeillait ;
Le cri du pauvre l'ennuyait :
Le riche en son sommeil murmure :
« Lâchez sur lui mes chiens !... » Et le pauvre pleurait :
« Je meurs de faim ! prenez pitié de ma misère !
  Du pain, au nom de Notre Père ! »

III

— Je passais ; au château tombait
Le feu du ciel, tout y flambait.
Des cris montaient... Le riche était au sein des flammes !
Sur le palais qui s'écroulait

Sus lou palais que cracinavo...
Malur ! avien bandi li chin !...
Boutas-vous à geinoun : lou paure que plouravo,
Que disié sus la porto : Agués pieta de iéu !
— A geinoun ! èro lou bon Diéu !

1844

PÈR VENDÉMIO

SOUNET

— E mounte vas ansin, Janeto,
Emé toun canestèu ? — Avau,
A nosto vigno de clareto
Mi gènt vendémion, e ié vau.

— Mai tant matin, touto souleto,
Auras pas pòu ? diguè Jouvau.
— Noun : me vas faire courbo-seto,
E mountarai sus toun chivau.

— Vole bèn. — Lou drole davalo,
Sus la bèsti la chato escalo,
Jouvau remounto ; e li poutoun

Tant i calignaire agradèron,
Qu'après vendémio, Janetoun
Emé Jouvau se maridèron.

1847

Le vent de rage redoublait...
Malédiction ! ces infâmes
Avaient lâché leurs chiens ! — Le pauvre qui pleurait,
(A genoux tous !) disant : « Pitié pour ma misère ! »
A genoux !... c'était Notre Père !

POUR LES VENDANGES

SONNET

— Avec ta corbeille, Jeannette,
Où te rends-tu de ce bon pas ?
— A notre vigne de *clairette* (3)
Mes gens vendangent, et j'y vas.

— Mais si matin, toute seulette,
Dit Jouvau, ne craindras-tu pas ?
— Nou... si tu peux, fait la fillette,
A cheval me mener là-bas.

Le gars veut bien ; et sur la selle,
Dont il descend, saute la belle ;
Jouvau remonte ; et, cheminant,

Les baisers tant leur agréèrent
Que, vendanges se terminant,
Jeanne et Jouvau se marièrent.

LOU BON DIÉU E SANT PÈIRE

A P. YVAREN

Vous qu'amas li conte e li disès bèn,
Escoutas aquest, dóutour Yvarèn.
Se vous l'escrivias, farié gau d'entèndre :
Vosto fino plumo a lou biais de rèndre
Tout ço que n'en sort en tóuti plasènt.
Iéu que sai tout just escriéure, pecaire !
Lou parla pacan que parlo ma maire,
Vous lou countarai coume, à Sant-Roumié,
Vous lou countarien au Mas di Poumié.
Que voulès ? cadun fai coume pòu faire....
E quau saup ? belèu vous agradara
E coume ipoucras vous regalara.

Quand soun abouni de quiéu de becasso,
D'alo de perdris emé de rabasso,
S'amon, li groumand, dóutour Yvarèn,
Emé de faiòu desgreissa li dènt.

Un jour lou bon Diéu plan se permenavo
Emé grand Sant Pèire e 'n s'espassejant,
De sa bouco d'or à Pèire parlavo,
D'Èvo, nosto maire, e dóu paire Adam.

Veici que, noun liuen de mounte passavon,
Dous gènt se batien : quénti cop d'arpioun !
Falié vèire acò, coume s'espóussavon !

LE BON DIEU ET SAINT PIERRE

A P. YVAREN

Vous qui les aimez et savez les dire,
Ecoutez, docteur, ce conte pour rire.
Par vous-même écrit, tous en le lisant
Prendraient grand plaisir, tous voudraient l'entendre.
Votre fine plume a le don de rendre
Tout ce qui sort d'elle aimable et plaisant.
Moi qui sais, bien juste, écrire, pechère !
Le parler des champs que parle ma mère,
Je vous conterai, docteur, mon ami,
L'histoire à peu près comme à Saint-Remy,
Au mas des Pommiers on le pourrait faire...
Qui sait ? Telle quelle, elle vous plaira
Et comme hypocras vous régalera.

Quand ils sont bourrés de poularde grasse,
D'ailes de perdreau, de culs de bécasse,
Vous savez, docteur ! les plus fins gourmands
Sur des haricots dégraissent leurs dents.

Un jour le bon Dieu, descendu sur terre,
Et Saint Pierre allaient, causant, regardant ;
De sa bouche d'or, Dieu parlait à Pierre
D'Eve notre mère, et du père Adam.

Ils voient non loin d'eux, dans leur promenade,
Un couple se battre : en avant, gourmade !
Et griffe d'aller avec action !

Lou bon Diéu alor, plen de coumpassioun
Pèr li malurous que se matrassavon :
— Un n'es pas proun fort, l'autre lou tiara !
Pèire, courre lèu, vai li separa !
Pèire, courre lèu !...
     Lou brave Sant Pèire
Dins un saut arribo.... Es candi de vèire
Uno bello femo emé Satanas
A grand cop de poung s'estrassa lou nas !
— De-qu'es tout eiçò ?... Sèmblo pas de crèire
Que vous-àutri dous fugués pas d'acord,
E qu'estènt ami, tabassés tant fort !

— Tè ! que vou lou vièi ? e coume s'asardo !...
Eh ! de-que te fai, se nous plais ansin ?
Diguè Satanas. Filo toun camin,
O jogue di bano !... Acò te regardo ?
Prene d'aquelo èrbo, e prene-n'en lèu !

Que diguè la femo ?... Eh ! diguè coume éu !

Pèire, qu'à soun nas sentié la moustardo,
Lis iue trevira, tiro dou fourrèu
Soun grand sabre nus, qu'uiausso au soulèu ;
E pèr n'en fini 'm'aquelo batèsto,
En sarrant li dènt, tant es furious,
Ié lampo dessus, pico, e 'n tòuti dous,
Dins un vira-d'iue ié tranco la tèsto !
E li laisso aqui, nega dins soun sang,
E vers lou bon Diéu tourno quatecant.

Le bon Dieu, touché de compassion
A les voir se mettre en capilotade :
— L'un est bien moins fort, l'autre le tûra !
Va les séparer, Pierre !...

      Pierre y va.
Pierre reconnaît, dans ce couple aimable,
— A peine en croit-il ses yeux étonnés —
Une belle femme avec le grand Diable
De bons coups de poing s'écrasant le nez.
— Qu'est ceci ? fait-il. Je trouve incroyable
Qu'entre vous s'élève un tel désaccord,
Et qu'étant amis, vous tapiez si fort !

— Qu'a-t-il ce vieux-là ? Comme il se hasarde !...
A mes cornes, dit Satanas, prends garde,
Et, sans lanterner, file ton chemin !...
Si ce jeu nous plaît, voyons, gros malin,
Est-ce que la chose en rien te regarde ?
Prends-moi de cette herbe, et vite ! et va-t-en !

Et que dit la femme ?... Elle en dit autant !

Pierre, au nez de qui monte la moutarde,
Les yeux de travers, de fureur ému,
Fait luire au soleil son grand sabre nu ;
Et pour qu'à la fin le combat s'arrête,
En serrant les dents, il tombe sur eux,
Frappe, et, d'un grand coup de taille, à tous deux,
En moins d'un clin d'œil, fait sauter la tête !
Puis les laisse là noyés dans leur sang
Et vers Dieu revient en se redressant.

— Soun dessepara ? — Coume se dèu, mèstre !
— Lis as mes d'acord ? — Podon pas mai l'èstre !...
— Mai, t'aurien fa mau ? De-qu'as à la man ?
— Es un pau de sang..... — Parèis que caufavo !....
— Mèstre, escoutas-me : caufavo bèn tant,
Bèn tant lou grand diable arrougantejavo,
La femo peréu bèn tant l'encagnavo,...
Tubavon bèn tant.... que n'ai agu pòu,
E qu'en tóuti dous.... i'ai coupa lou còu !
— I'as coupa lou còu !.... Es abouminable !
Falié pacienta.... Vai lèu, miserable,
Vai tout adouba... Cresé que sies fòu !

— Eh ! qu'adoubarai ? i'a plus rèn à faire.
Tout ço que fariéu servirié de gaire :
Lis ai estendu rede pèr lou sòu !
— Auras dounc toujour tant de mescresènço !
Quau coumando eici, vejan ! tu, vo iéu ?
Fau que siegue fa ço qu'ourdouno Diéu !
Pas tant de resoun, Pèire, óubeïssènço !
Em'acò pas mai !
                    Pèire óubeïguè,
Gariguè lou mau dóu mies que pousquè,
Soulamen veici l'errour que faguè :
Se troumpè de testo !! Es imperdounable !
Meteguè ' la femo aquelo dóu diable,
La dóu femelan, lou diable l'aguè !

E vaqui perqué, sèns parla dóu rèsto,
Li femo an despièi tant marrido tèsto !

1856.

— Sont-ils séparés ? — Oh ! comme il faut, maitre ?
— Sont-ils bien d'accord ?—On ne peut mieux l'être !...
— T'auraient-ils fait mal ? Qu'as-tu donc aux doigts ?
— Rien ! un peu de sang... — Ça chauffait, je vois !...
— Certes, ça chauffait, maître, je vous crois !
Le diable avait tant la mine arrogante,
Et la femme tant était provocante...
Et tant ils fumaient... qu'ayant peur... d'un coup,
Dame ! à tous les deux... j'ai coupé le cou !
— Coupé le cou, toi ?... C'est abominable !
On est patient enfin !... Misérable,
Va tout réparer... je te croirais fou !

— Mais quoi réparer ? que pourrais-je y faire ?
Ce que j'essairais ne servirait guère :
Je les ai couchés raides morts, ma foi !
— Auras-tu toujours tant de mécréance ?
Voyons ! est-ce toi, le maître, ou bien moi ?
Ce qu'ordonne Dieu doit se faire, quoi !
Pas tant de raison, Pierre, obéissance !
Pas un mot de plus !
    Saint Pierre obéit,
Et du mieux qu'il put, le mal il guérit.
Voici seulement la faute qu'il fit :
Se trompant de tête — erreur déplorable ! —
Celle de la femme, il la mit au diable,
Et celle du Diable à la femme alla !

Et voilà pourquoi — ma plume discrète
Ne veut en donner que ce motif-là —
La femme a, depuis, si mauvaise tête !

MÈSTE COULAU E SI TRES DROLE

I

Lou bon Mèste Coulau, qu'èro adeja dins l'age,
Mai que, pamens, menavo encaro un gros meinage,
E lou menavo bèn, car èro dins lou siéu,
Un Dimenche après vèspro, en venènt dóu vilage,
    Rescountrè soun jouine, Matiéu;
(Dise jouine, qu'avié si dès an de mariage:)

— Coume sian, paire? — Bèn. Etu? — Noun se pòu miéu.
— E la noro? — Pas mau. — E Glaude? e Bourtoumiéu?
    — Hòu! trisson coume de rassaire...
    Que voulès que vous digue, paire?
Fasès-vous vèire : avès un marrit tussihoun!
— Acò's pata-pas-rèn, un pauquet d'artisoun.
— Vous l'ai di i'a proun tèms, sias d'age à plus rèn faire.
Ah! paire, s'ère vous! lèu que me desfariéu
    De moun bèn, e lou baiariéu
    A mi drole, pèr part egalo.
Eli travaiarien, e li regardariéu.
— E iéu, diguè lou vièi, quand auriéu la fringalo,
    Davans l'armàri dansariéu!
E dins uno mesado auriéu vira de palo!
Ah! siéu pas tant darut! — Mai, vous recatarian,
    E basto que durèsse!
    Nous prenès dounc pèr de Bóumian?

MAITRE COLAS ET SES TROIS FILS

I

Le bon maître Colas, qui, bien qu'il fût sur l'âge,
N'en conduisait pas moins encore un gros ménage,
    Et même le conduisait bien,
    Car il travaillait dans le sien,
Après vêpres, rencontre, en venant du village,
    Son jeune fils nommé Mathieu ;
(Jeune ? non ; il avait dix ans de mariage !)

— Comment va, père ? — Bien. Et toi ? — Bien, grâce à Dieu !
— Et la femme ? — Pas mal. — Et Claude ? et Bertomieu ?
    — L'appétit ne leur manque guère...
Mais voulez-vous tout franc que je vous parle, père ?
    Faites-vous voir : vous avez une toux
    Qui m'inquiète assez pour vous !
— Bon ! un peu d'artison ! ce n'est rien ! — Entre nous,
Vous êtes, vous savez, d'âge à ne plus rien faire.
Père, ah ! si j'étais vous ! que je me déferais
    De mon bien, et le donnerais
    A mes trois fils, par part égale.
Ils trimeraient, et moi je les regarderais.
— Et devant le buffet, quand j'aurais la fringale,
    Repart le vieux, je danserais !
J'aurais tourné de l'œil dans un mois ! pas si bête !
    — Que vous avez donc dure tête !
Et votre sang est-il sang de bohémien ?
Nous vous recueillerions chez nous, faut-il le dire ?

Di moussèu li pu fin, paire, vous nourririan.
Anas ! pèr que lou péu toujour vous lusiguèsse,
Pèr que jamai rèn vous manquèsse,
La niue meme, quand lou fauguèsse,
Sarian tres que labourarian !
— Moun drole, acò's bèn di, respoundeguè lou pairè !
Diéu t'a mes dins lou pitre un cor
D'or !
Em'un cor coume acò jamai viras de caire !...
Es clar que, tóuti tres, sias de bon travaiaire....
Aquesto niue, ié sounjarai :
La niue porto counsèu. Veirai.
M'és avis qu'acò pòu se faire,
E que vous, coume iéu, vous n'atroubarias bèn.
Toco aqui ! Dimenche que vèn,
Vous espère : venès au mas, tu 'mé ti fraire.

II

Fuguèron lèu sus pèd lou Dimenche matin.
Pèr l'arriba pulèu bouton si soulié prim,
E parton tóuti tres, la vèsto sus l'espalo.
Brulavon lou camin :
Aurias di qu'avien d'alo !

Bèn ! pamens, s'encalèron lèu,
Car, coume fasien lou partage
De la vigno, dóu prat, dóu claus e dóu meinage,
E que chascun voulié pèr éu
Agrafa lou pu gros moussèu,
Se matrassèron lou carage.
D'aquéli pau-de-sèn ! s'estrassèron la pèu !

Et que nous vous nourririons bien !
Allez ! pour que le poil ne cesse de vous luire,
Pour que vous ne manquiez de rien
Nous serions trois, si c'était nécessaire,
A travailler pour vous durant la nuit entière !
— Mon fieu, bien dit cela ! réplique le vieux père.
Dieu t'a doué d'un cœur... c'est sûr,
D'or pur !
Avec un cœur pareil tu ne saurais mal faire !...
Vous êtes travailleurs tous trois, la chose est claire...
Cette nuit, je réfléchirai :
La nuit porte conseil. Je verrai, je verrai.
M'est avis que de cette affaire,
Vous aussi bien que moi, nous serons tous contents.
Touche là ! Tous trois donc au mas je vous attends
Pour dimanche prochain, de bonne heure, j'espère !

II

Ils furent tôt sur pied le dimanche matin !
Pour arriver plus vite ils ont mis soulier fin,
La veste sur l'épaule ; et, partis tous ensemble,
Ils brûlaient vraiment le chemin !
Ils avaient des ailes, ce semble !

Ils tardèrent pourtant un brin ;
Car, comme ils faisaient le partage
De la vigne, du pré, de l'enclos, du ménage,
Et que chacun voulait s'emparer du plus beau,
Et plus gros, et meilleur morceau,
Ils se meurtrirent le visage,
Et ces idiots-là s'écorchèrent la peau !

A la fin, en renant vers soun paire arribèron,
Lou nas ensaunousi, tóutis endemounia;
  E souto la triho atroubèron,
Relucant d'auceloun que venié d'engabia,
Lou bon vièi, qu'avié mes pèr acò si luneto.

III

— Paire, bèn lou bonjour ! Eh ! toucas la paleto.
  De que fasès aqui de bèu?
   — Espinchave aquélis aucèu.
Su'quéu sause, Glaudoun lis a rauba, lou laire!
(Quand disès dis enfant, an pas mai de pieta !)
  A soun paire, à sa pauro maire,
Tout-bèu-just au moumen que s'anavon quita :
Tambèn, trancon lou cor : entendès-lèi piéuta....
Chut ! que la maire vèn i'adurre la becado.
Enfant, regardas-la : coume es afeciounado !
  Ah! qu'uno maire fai de bèn!
N'en fai pèr dès! Soun alo es jamai alassado;
E vague de bousca pèr si bèus innoucènt!
Elo que de countunio es d'un rèn esfraiado,
  Vuei es esfraiado de rèn....
Despièi que siéu eici, n'a fa de vai-e-vèn
  Pèr prene siuen de sa nisado!

  Vaqui lou paire : èi sèmpre en l'èr ;
Vès, coume voulastrejo à l'entour de la triho :
Vai aqui, volo eila, viro, torno, chauriho :
   A toujour l'iue dubert
   Sus touto la familho!
— Acò's bèu, lou sabèn, mai acò's pas nouvèu,

Enfin au mas ils arrivèrent,
Tout en sang, furieux, comme endiablés d'ennui ;
Là, sous ses treilles ils trouvèrent,
Regardant des oiseaux mis en cage par lui,
Les lunettes au nez, le brave et bon vieux Maître.

III

— Père, touchez la main ! A vous bonjour, bien-être !
Que faites-vous ici de bon ?
— J'étais à regarder ces oiseaux. Ce fripon
De Claude, sans pitié (les enfants n'en ont guère)
A leur père, à leur pauvre mère
Sur ce saule là-bas, a grimpé les voler,
Tout juste quand du nid ils allaient détaler.
Aussi, ça fend le cœur : entendez-les piauler...
Chut ! la mère leur vient apporter la pâture.
Quel zèle a, voyez-vous ? la bonne créature !
Qu'une mère fait donc de bien à ses petits !
Plus que pour dix ! Toujours volant pour les chéris,
Jamais lasse; autrefois d'un rien effarouchée,
Elle ne s'effarouche à présent plus de rien...
Que de tours elle a faits, — je ne sais pas combien ! —
Depuis que je suis là, pour soigner sa nichée !...

Voici le père : en l'air toujours,
Voyez ! qu'il fait aussi de tours et de détours,
Et vole, et vire aux alentours
De notre treille :
Sur ses petits sans cesse il veille !
— C'est fort beau, mais il est des objets plus nouveaux,

Faguè l'einat, Bastian. Que sièr de dire, paire?
Bessai que farian mies de regla noste afaire.
Car pièi sian pas vengu,.... pèr countempla d'aucèu!
— Ah! voulès de nouvèu? Eh bèn! leissas-me faire.

IV

Em'un fielat lou vièi aganto alor la maire,
    E lou paire peréu;
De la presoun d'aran tout-d'un-tèms duerb la porto,
E frrou! li passeroun s'envolon en piéutant:
    Sèmblo qu'un diable lis emporto!
Lou vièi met li parènt ounte èron lis enfant,
E de la gàbi, cra! la porto es mai barrado,

V

— Eh bèn! qu'arribara? faguè lou cadet, Jan.
— Veirés, li jouine i vièi adurran la becado,
Diguè Mèste Coulau, e lis emboucaran.
    Pèr acò faire soun proun grand....
Se n'an pas de biais aro, e quouro n'en auran?

    — Sant ome que sias! voulès rire?
    M'es avis qu'acò's pas de dire.
    Aisso! anas, li vièi patiran.
Esperarés longtèms, s'esperas que vendran!
E nòsti galagu galejavon soun paire!

    — Paire e maire alor mouriran
    De la malo mort: de la fam?
— Eto-mai! — Bèn! n'i'a proun; acò règlo l'afaire.

Dit l'aîné, Bastien. Que sert tout cela, père ?
Nous ferions mieux, pas vrai ? de régler notre affaire,
Car nous ne venons pas contempler ces oiseaux !

— Vous voulez du nouveau ? c'est bon ! laissez-moi faire.

IV

Le bonhomme, au filet, attrape alors la mère,
    Puis le père au bout d'un instant ;
    De la cage il ouvre la porte,
Et frrou ! les passereaux de partir en chantant ;
    Un diable, on dirait, les emporte !
    Puis au lieu des petits mettant
Les parents, — jeu qui semble aux trois fils assez drôle —
    Sur eux, crac ! il ferme la geôle.

V

— Que va-t-il arriver ? lui dit son cadet, Jean.
— Les jeunes porteront aux vieux leur nourriture,
Répond Maître Colas ; pour ce soin, je t'assure
    Que chacun d'eux est assez grand...
Quand donc le seront-ils, si ce n'est maintenant ?

— Vous voulez plaisanter ? Saint homme que vous êtes !
Ce sont là, m'est avis, purs contes que vous faites !
Allez, allez ! ils vont laisser les vieux pâtir.
Vous attendrez longtemps pour les voir revenir ! —
Et nos trois garnements se gaussaient de leur père !

    — Père et mère alors vont mourir
De cette affreuse mort, la faim et la misère ?
— C'est clair ! — Eh bien ! adieu ! Cela règle l'affaire.

Adessias ! Vendrés un autre an.
Un paire, mis ami, nourririé cènt enfant,
Cènt enfant nourririen pa'n paire !

1855

MA VESINO

A-N-EMILE DESCHAMPS

Sies un tresor, Goutoun, ma mio !
As uno taio facho au tour,
D'iue que beluguejon d'amour ;
Goutoun, sies uno meraviho !

Sies bravo ; as un biais angeli !
Un cor d'or, uno amo innoucènto ;
As uno bouqueto risènto. —
Lou galant rire enfantouli !

Finalamen, sies, ma vesino,
Uno perlo, un bijout de rèi !...
Mai, moun enfant, veici ço qu'èi.
I'a ges de roso sènso espino ;

I'a res que noun fugue endeca :
Toun espino, o ma roso bello,
Vosto deco, Madamisello !
Ei que jougas... emé lou cat !

Emé lou cat ! !... Ièr t'espinchave...
— Vèngues pas me dire de noun ! —
Lou bressaves sus ti geinoun.
Ièu, que vesièu tout, souspirave !

Revenez dans un autre temps...
Un père, mes amis, nourrirait cent enfants,
Mais non pas cent enfants, un père !

MA VOISINE

A EMILE DESCHAMPS

Vous êtes un trésor, ma mie !
Et votre taille faite au tour,
Vos yeux étincelants d'amour
Vous font la merveille accomplie !

Vous avez tout : charme divin,
Bonté, cœur d'or, âme innocente,
Et petite bouche riante...
De ce joli rire enfantin !

Bref, vous êtes, chère voisine,
Une perle, un bijou de roi !...
Mais, mon enfant, sais-tu bien quoi ?
Onc ne fut rose sans épine,

Ni rien qu'un défaut n'entachât :
Ton épine, ô ma rose belle,
Votre défaut, Mademoiselle !
C'est de jouer... avec le chat !

Avec le chat ! !... Je t'ai bien vue...
Hier — et ne me dis pas non ! —
Sur tes genoux, dans ton giron
La laide bête était tenue !

Bèn mai ! té fasiés lis iue dous ;
Coume un enfant l'atitoulaves,
Lou sarraves, lou calignaves
D'un èr e d'un biais amistous.

E pèr toun cor èro uno fèsto ;
Trefoulissiés, tout te risié...
Que te dirai ? acò fasié
S'auboura mi péu sus ma tèsto !

Mai veici lou pu gros pecat :
O, Goutoun, lou poutounejères !
Ti bèlli bouco, li pausères
Sus lou laid mourre de toun cat !

E pamens sies, o ma vesino,
Un tresor, un bijout de rèi !
Mai, moun enfant, vaqui ço qu'èi :
I'a ges de roso sènso espino.

Se vouliés me crèire, Goutoun,
Lou mandariés cassa de rato ;
Lou calignariés plus, ma chato,
Degaiariés plus ti poutoun.

Ve, pièi, se vos avé, ma mio,
Quaucarèn à tintourleja,
Un amour à poutouneja,
Eh ! poutounejo... Roumaniho !

Quand baises toun catoun, m'amour !
Acò me treboulo e m'encagno ;
Me sèmblo de vèire uno aragno
Qu'arpatejo sus uno flour !

Et tu lui faisais les yeux doux ;
Comme à l'enfant qu'on amignotte,
Tu passais sur lui ta menotte :
J'en soupirais, témoin jaloux !

Car ton cœur était de la fête ;
Friponne, le jeu te plaisait...
Que te dirai-je ? ça faisait
Dresser mes cheveux sur ma tête.

Mais voici le plus gros péché :
Vous le baisiez, Mademoiselle !
Oui, de votre bouche si belle
Son vilain museau fut touché !

Vous n'en êtes pas moins, voisine,
Un trésor, un bijou de roi !
Mais, mon enfant, sais-tu bien quoi ?
Onc ne fut rose sans épine.

Si tu veux suivre mes avis,
Tu le sèvreras de caresses ;
Ne gaspille plus tes tendresses !
Qu'il aille prendre des souris !

Et puis, s'il vous faut, ma gentille,
Quelqu'un à pouvoir caresser,
Si la soif vous tient d'embrasser,
Eh bien ! embrassez.... Roumanille !

Quand tu baises ton chat, malheur !
J'en ai l'âme émue, indignée ;
Je pense voir une araignée
Courir sur la plus belle fleur !

Coucho aquelo bèsti, vesino,
Quand à toun entour miaulara,
E toun Felibre te dira :
Sies uno roso senso espino.

1851

LA CHATO AVUGLO

A MADAMO SAINT-RENÉ TAILLANDIER

I

Èro lou jour tant bèu qu'uno Vierge enfantavo
    A Betelen ;
E soun fru benesi, de la fre tremoulavo,
    Su 'n pau de fen ;
Lis ange, eilamoundaut, tout-bèu-just acabavon
    Soun *Gloria,*
E, de tout caire, au jas pastre e pastresso anavon
    S'ageinouia.

Dison qu'en aquéu jour de grand rejouïssènço,
    Un paure enfant,
Uno chato doulènto, avuglo de neissènço,
    Fasié 'n plourant :
— Maire, perqué voulès que rèste eici souleto ?
    Me languirai !
Dóu tèms qu'à l'enfantoun farès la tintourleto,
    Iéu plourarai !

Chasse cet animal, voisine,
Dès qu'à tes pieds il miaulera,
Et ton Félibre te dira :
Te voilà rose sans épine.

LA JEUNE FILLE AVEUGLE

Noël sur l'air du *Fil de la Vierge*, de SOUDO.

I

C'était le jour si beau que d'une Vierge pure
   L'enfant naissait ;
Ce fruit béni tremblait tout nu sous la froidure
   Qui le glaçait.
Les anges achevaient de chanter : Gloire au Père !
   Là-haut, tandis
Qu'ici s'agenouillaient et berger et bergère
   Aux pieds du Fils.

On conte qu'en ce jour, jour de réjouissance
   Pour tant de cœurs,
Une pauvre fillette, aveugle de naissance,
   Dit tout en pleurs :
— Mère, pourquoi vouloir que je reste seulette ?
   Je m'ennuirai ;
Du temps que vous ferez au nouveau-né risette,
   Je pleurerai !

— Ti lagremo, moun sang, ié respoundié sa maire,
        Me fan pieta !
Te ié menarian proun, mai que vendriés faire ?
        Ié veses pas !
Sus lou vèspre, deman, que vas èstre countènto,
        Quand tournaren !
Car tout ço qu'auren vist, o ma pauro doulènto !
        Te lou diren.

— Lou sabe, enjusqu'au cros, dins la negro sournuro
        Caminarai !
O bello caro d'or, divino creaturo,
        Noun te veirai !
Mai, de qu'es besoun d'iue, bono maire, pèr crèire,
        Pèr adoura ?
Ma man, enfant de Diéu, se te pode pas vèire,
        Te toucara !

II

L'avuglo plourè tant, e tant preguè, pecaire !
        A si geinoun,
Tant ié tranquè lou cor que pousque plus sa maire
        Dire de noun.
E pièi quand dins lou jas arribè la paureto,
        Trefouliguè !
De Jeuse sus soun cor meteguè la maneto...
        E ié veguè !

                                      1852

— Tes pleurs me font pitié, mon sang ! répond la mère ;
   Bien sûr, là-bas,
Nous pourrions t'emmener ; mais qu'y viendrais-tu faire ?
   Tu ne vois pas !
Que tu seras contente, ô ma pauvre petite,
   Demain au soir !
Car je te dirai tout ce qu'en notre visite
   J'aurai pu voir.

— Je sais qu'au tombeau seul finit ma voie obscure !
   Je sais encor
Que je ne verrai pas, divine créature,
   Ta face d'or !
Mais qu'est-il besoin d'yeux pour adorer et croire !
   Si mes yeux sont
A te voir impuissants, mes mains, ô Dieu de gloire,
   Te toucheront !

II

L'aveugle à ses genoux pleure si fort, et prie
   Sur un tel ton,
D'un air si déchirant que la mère, attendrie,
   N'a plus dit non.
Oh ! comme la pauvrette, en entrant dans la grotte,
   En tressaillait !
De Jésus sur son cœur elle mit la menotte......
   Elle voyait !

LI CRÈCHO

A SAINTE-BEUVE, DE L'ACADÈMI FRANCESO

I

Dintre li vòu de serafin,
Que Diéu a fa pèr que sèns fin
Canton, ébri d'amour : — Glòri ! glòri au Paire !
Dins lou bonur dóu paradi,
— Un pamens, i'a de fes, liuen dis urous cantaire,
S'enanavo apensamenti.

E soun front blanquinèu vers la terro penjavo
Coume lou d'uno flour qu'a ges d'aigo, l'estiéu ;
De mai en mai revassejavo.
Se lou làngui, quand sias dins la glòri de Diéu,
Poudié tranca lou cor, diriéu
Qu'aquéu bèl ange s'ennuiavo.

De que revassejavo ansin, e d'escoundoun ?
Perqué n'èro pas de la fèsto ?
Soulet dis ange, perqué dounc,
Coume s'avié peca, beissavo-ti la tèsto ?

II

Velou qu'i pèd de Diéu vèn de s'ageinouia !...
De que vai dire ? que vai faire ?
Pèr lou vèire e l'ausi, si fraire
Arrèston soun alleluia :

LES CRÈCHES

A M. A. DE PONTMARTIN [6]

I

Parmi le séraphique essaim,
Créé de Dieu pour que sans fin,
Ivre de son amour, il chante ses louanges
Dans le bonheur du Paradis,
Un Séraphin parfois, loin des concerts des anges,
S'en allait cacher ses soucis.

Son front blanc, penché vers la terre,
Comme une fleur sans eau l'été,
Toujours de plus en plus paraissait attristé.
Si l'ennui, quand on est dans la gloire du Père,
Pouvait flétrir un cœur, je dirais qu'à part lui
Ce bel ange avait de l'ennui.

Pourquoi n'est-il pas de la fête ?
Qu'est-ce qui le retient à l'écart, tout rêveur ?
Seul des anges, comme un pécheur,
Pourquoi va-t-il baissant la tête ?

II

Soudain aux pieds de Dieu l'ange s'agenouilla !...
Que peut-il vouloir dire ou faire ?
Les Séraphins, pour voir, pour entendre leur frère
Arrêtent leur Alléluia :

III

— Quand Jeuse, voste fiéu, plouravo,
Qu'èro de la fre tout doulènt.
Dins la jasso de Betelèn,
Es moun rire que l'assoulavo,
Es moun alo que l'acatavo;
L'escaufave emé moun alen.

Desempièi, o moun Diéu ! quand un enfantet plouro,
Dins moun cor pietadous sa voues vèn restounti.
Vaqui perqué moun cor se doulouriro à touto ouro,
Vaqui perqué, Segnour ! siéu apensamenti.

Sus la terro, o moun Diéu ! ai quaucarèn à faire :
    Leissas-me ié mai davala.
I'a tant d'enfantounet, pàuris agnèu de la !
Que, tout enfrejouli, fan que se desoula,
Liuen dóu mamèu, e liuen di poutoun de si maire !...
Dins de membre caudet li vole recata,
Li coucha dins de brès e li bèn acata;
Li vole tintourla, n'en èstre lou bressaire...
Vole qu'en liogo d'uno, agon tóuti vint maire,
Que lis endourmiran quand auran proun teta !

IV

E dóu cor e di man lis ange aplaudiguèron...
Lis estello de Diéu dins li cèu trasanèron !
E lèu, espandissènt sis alo, — d'eilamount,
Proumte coume l'uiau, davalè l'angeloun.
Eiçavau, sout si pèd li camin flouriguèron,
    E li maire trefouliguèron !

III

— Quand Jésus, se met-il à dire,
 Quand Jésus, votre fils, pleurait
Au bercail où, tout nu, le froid le torturait,
 Je le consolais d'un sourire,
 De mes deux ailes le couvant,
 De mon souffle le réchauffant.

Depuis, Seigneur, sitôt qu'un petit enfant pleure,
Dans mon cœur retentit sa voix jusqu'en vos cieux.
Voilà pourquoi mon cœur est en peine à toute heure,
Voilà pourquoi je suis pensif et soucieux.

Sur la terre, Seigneur, j'ai quelque chose à faire !
 Laissez-moi descendre en ce lieu
Où ne font que vagir tant d'enfants, ô mon Dieu !
Pauvres agneaux de lait, dans des réduits sans feu
Sevrés du sein, sevrés des baisers d'une mère !...
Dans de chaudes maisons je les veux abriter ;
Je les veux bien couvrir, bercer et dorloter...
Dans les berceaux douillets d'une chambre commune,
Je veux que chacun ait vingt mères au lieu d'une
Qui l'endorment, l'ayant tout son soûl fait teter !

IV

Et du cœur et des mains ses frères l'applaudirent...
Les étoiles de Dieu dans les cieux tressaillirent ;
Et, ses ailes s'ouvrant, l'ange ne tarda pas,
Aussi prompt que l'éclair, à descendre ici-bas.
Ici-bas, sous ses pieds les chemins se fleurirent,
 Et les mères se réjouirent !

E li *Crècho* se durbiguèron
Pertout ounte passè l'ange dis enfantoun !

1851

NOTES

1. — *Cascarelet, Cascareleto*. — adjectif, signifie léger, folâtre, rieur... Depuis que le *Cascarelet* signe ainsi les facéties, les bons mots, les gais propos de l'*Armana prouvençau, Cascareleto*, est substantif féminin et signifie, facétie, bons mots... C'est dans ce sens que l'emploie M. Paul Arène, en le francisant.

2. — *Pechère !* équivalent provençal de pauvret ! pauvrette !
Et Toinon, regardant Miette, fit : — « Pechère »
Jean AICARD : *Miette et Noré*, page 372, 2e édition.

3. — *Clairette*, nom d'une variété de raisin.

Et partout les *Crèches* s'ouvrirent,
Ange des nouveau-nés, où tu portas tes pas !

---

4. — *Mas*, nom qu'on donne aux fermes dans les environs d'Arles ; *Maset*, petite ferme, en est le diminutif ; dans d'autres parties de la Provence, les fermes s'appellent *granges* ou *bastides*, *grangettes* ou *bastidons*, suivant leur importance.

5. — Le Mas des Pommiers est celui où est né Roumanille.

6. — Le traducteur prend la liberté de dédier à M. de Pontmartin cette interprétation d'un chef-d'œuvre pour le remercier de l'indulgent accueil qu'elle a trouvé près de lui.

MADAME ROUMANILLE
NÉE ROSE-ANAÏS GRAS

(Madame ROSE-ANAÏS ROUMANILLE, digne épouse du poëte des « Oubreto », et digne sœur du chantre des « Carbounié, » a donné à « l'Armana Prouvençau », à « l'Almanach du Sonnet » et à d'autres recueils, des poésies qui ont été couronnées dans les concours du Félibrige, et qui l'ont placée au premier rang des Félibresses de la Provence. Les deux sonnets qu'elle a bien voulu nous autoriser à traduire pour notre Anthologie, laissent entrevoir tout ce que son talent

---

LOU CHAMBROUN

I'a dins un caire lou carriòu,
I'a de titèi abandounado,
I'a si jouguet, i'a pèr lou sòu
Sa camiselo festounado.

Li perlo que pourtavo au còu
A-n-un clavèu soun pendoulado ;
E la pòusso coume un linçòu
Cuerbe la brèsso desoulado.

Si soulié blu, tant lèst, tant vièu,
Soun au mitan, e proun, moun Diéu !
Soun esta courrèire e jougaire...

Mai vèn quaucun... Barras, e chut !
Sus aquéu chambroun fugués mut :
I'es pancaro intrado la maire !

a de délicat et de pathétique, de ferme et de viril. Dans le premier, on sent l'inconsolable douleur d'un cœur de mère que la mort d'un petit être chéri a brisé. Dans le second respire le pur et ardent patriotisme d'une bonne Française en face de l'invasion étrangère. Madame Rose-Anaïs chante, comme son mari et son frère, dans le dialecte d'Arles ou du Rhône auquel, de par Mireille, Calendal, et tant d'autres belles œuvres, appartient la primauté entre tous les dialectes du Midi.)

LA CHAMBRETTE

Voici, dans un coin, sa charrette,
Et sa poupée, et son hochet
Abandonnés sur le parquet
Avec sa fine chemisette.

Là pend au mur de la chambrette
Le collier d'ambre du pauvret ;
La poussière, linceul muet,
Tend la morne bercelonnette.

Ses souliers bleus sont au milieu,
Si lestes, si vifs, ô mon Dieu,
Si coureurs, si joueurs naguère....

Mais chut ! fermez ! J'entends des pas !
De la chambre ne parlez pas :
Jamais encor n'y vint la mère !

LI VOULOUNTARI

D'eici, soun que tres cènt ; mai, enfant de la Franço,
An jamai renega ni si paire ni Diéu ;
Volon de soun païs coumpli la deliéuranço :
Vincre o mouri, vaqui perqu'an pres lou fusiéu.

Soun tres milo d'eila. Fort de l'asseguranço
De si canoun d'acié, s'avançon, negre niéu,
Brulant e massacrant... uno guerro d'outranço,
Orre espavènt di maire e tuadou di fiéu !

Un contro dès, sias proun, o jouvènt ! Vòsti rèire
Coumtavon l'enemi quand l'avien mès au sòu.
Coumo éli, zóu avans ! e cridas : Diéu lou vòu !...

— Alor, li bras dubert, coumpagnoun d'armo, un Prèire
S'aubouro, e li benis au trouna di canoun...
E sachèron mouri : s'èron mes à geinoun !

1870.

LES VOLONTAIRES

Ils sont trois cents ici; mais, enfants de la France,
Qu'on ne vit ni leur sang ni leur Dieu renier,
Ils ont pris le fusil, l'arme de délivrance,
Pour vaincre, ou pour mourir du premier au dernier.

Ils sont trois mille là. Tous forts de l'assurance
Que leur donnent leur nombre et leurs canons d'acier...
Noir nuage, d'où sort la guerre à toute outrance,
Des mères sombre effroi, des fils hideux charnier !

Un contre dix, c'est bien, jeunes hommes ! Vos pères
Ne comptaient l'ennemi que tombé, dans leurs guerres;
Au cri de: Dieu le veut ! comme eux élancez-vous !...

— Un frère d'arme, un prêtre, ouvrant les bras, se dresse,
Puis, au bruit des canons, bénit cette jeunesse....
Elle saura mourir, s'étant mise à genoux !

FÉLIX GRAS

(M. FÉLIX GRAS, né à Malemort en 1844, appartient à la seconde génération des Félibres, dont il est incontestablement le maître. Notaire à Ville neuve-lez-Avignon, mais « notaire de trente ans et ressemblant à un prince maure, » a dit M. Paul Arène, il eut l'heureuse audace de vouloir donner un frère au CALENDAL de Mistral et publia, en 1876, une grande épopée en XII chants, LI CARBOUNIÉ (les Charbonniers), œuvre puissante et vraie, haute et rude comme le Mont-Ventoux et comme les montagnards dont elle peint les sites et les mœurs avec une saisissante originalité. Ce poème, qui, comme l'a dit M. de Pontmartin, marque une nouvelle tendance dans l'école des Félibres, chaleureusement accueilli par la presse parisienne, comme par celle

AU SOULÈU

SOUNET

Quau vai béure à la mar pèr m'adurre l'eigagno ?
Quau maduro lou gran de blad que me nourris ?
Quau largo l'armounio e debano l'escagno
Di mounde, iluminant li teté de Cipris ?

Es-ti la grando mar ? Es-ti la grand mountagno ?
Sarié-ti lou mistrau que bramo e coumbouris ?
— Noun. La mar fai lou mau, quand lou mistrau l'encagno,
La mountagno noun a que de vòu de perdris.

Aquéu qu'adus soulas e vido sus la boulo
Dóu mounde, e mantèn tout, e jamai rèn treboulo,
Davans quau de-clinoun fau douna lou salut,

du Midi, fut honoré par la SOCIÉTÉ DES LANGUES ROMANES de Montpellier, de la plus haute de ses récompenses et a eu récemment les honneurs de la traduction en Catalan (1). Une traduction en prose littérale rend l'œuvre accessible au lecteur français, tout en lui conservant son « goût de fruit. » Indépendamment de ce grand ouvrage, dont nous aurions volontiers donné un chant tout entier, si le cadre de notre recueil l'avait permis, M. FÉLIX GRAS a enrichi l'ARMANA PROUVENÇAU de poésies détachées, dont nous offrons trois spécimens. Il se propose de publier prochainement, à Paris, chez Fischbacher, sous le titre de TOLOZA (Toulouse) une geste provençale en XII chants sur la Croisade de Simon de Montfort. On peut dire d'avance, sans crainte de se tromper, que cette œuvre ne sera pas vulgaire.)

AU SOLEIL

SONNET

Qui pour nous à la mer boit la rosée humide ?
Mûrit le grain de blé dont nous sommes nourris ?
Epanche l'harmonie ? et des mondes dévide
L'écheveau, rayonnant sur les seins de Cypris ?

Est-ce la grande mer ? ou le grand mont aride ?
Ou le mistral qui brûle, en poussant de longs cris ?
— Non. La mer fait le mal quand de coups la lapide
Le mistral, et le mont n'a que quelques perdrix.

Celui qui porte vie et joie à la nature,
Celui qui maintient tout dans la paix, et l'assure,
Et devant qui le front bien bas doit se plier

1867

LI DOUS COUSIN

A MA NEBOUDO TERESO ROUMANILLE

Un bèu matin, Mario
E Jèsu qu'a dous an,
Van vèire Zacario
E lou cousin Sant-Jan.

L'enfant Jèsu es bèn sage,
Se laisso bèn pourta,
Jogo emé lou coursage
Que i 'escound soun teta.

Dins sa canesteleto
An bouta de rasin
Emé de gimbeleto
Pèr lou pichot cousin.

Tant-lèu soun à la porto,
Jèsu vòu ana au sòu;
Vers si parènt se porto
Pèr ié faire cinq-sòu.

Pièi à Janet que jogo
Vai douna 'n bon poutoun;
E lèu Jan, en grand fogo,
Ié presto soun moutoun.

Du long salut que fait au vent le peuplier,
C'est l'astre souverain qui chaque jour mesure
De l'immense ciel bleu l'espace tout entier.

LES DEUX COUSINS

A MA NIÈCE THÉRÈSE ROUMANILLE

Sur les bras de Marie
Jésus, un beau matin,
S'en va voir Zacharie
Et le petit cousin.

A deux ans Jésus, sage,
Se laisse bien porter
Et s'amuse au corsage
Qui cache son teter.

Tout plein sa corbeillette
On a mis du *nanan*, (2)
Raisin sec et gimblette,
Pour le cousin Saint Jean.

A peine au seuil, la mère
Sur le sol de cailloux,
Doit le poser, pour faire
A ses parents *cinq sous*.

Il donne à Jean qui joue
Un baiser bien mignon;
Jean, sans faire la moue,
Lui prête son mouton,

Oh ! mai n'a gés de batié !
C'est l'astre souvenin.
E pòu toucai sa lano
Lou poulit garçounet.

L'agnèu boumbis e bèlo,
Countènt d'aquèu bèu jour.
Mai la pas que'es tant bello,
Durara pas toujour.

Veici que Jan, pau sage,
Vòu plus presta l'agnèu
A Jèsu, mendre d'age,
Alor tiro li pèu.

E vejaquì lou rire
Que se mesclo de plour,
Lou móutoun sèmblo dire :
« Acò me fai doulour ! »

Vite, li sànti femo
Courron li separa :
— « Perque tant de lagremo ?
« Anen, fau plus ploura.

« Vaquì li gimbeleto
« E touti li rasin !
« An ! fasès la gousteto
« E restas bon cousin ! »

En fasènt la gousteto,
Tout acò s'arrenjè ;
Meme di gimbeleto
Lou móutoun n'en manjè.

La corne est encor naine
Au mouton de Janet ;
Il peut toucher sa laine,
Le joli garçonnet.

L'agneau bondit et bêle,
De ce beau jour content,
Mais une paix si belle
Ne dure qu'un instant.

Voici que Jean, peu sage,
Dit : « L'agneau, je le veux ! »
A Jésus, moindre d'âge,
Il tire les cheveux.

Et voilà que le rire
De pleurs se mêle un brin.
Le mouton semble dire :
« Cela me fait chagrin ! »

Les saintes femmes vite
Courent les séparer :
« Qu'est-ce qui vous dépite ?
« Allons ! c'est trop pleurer !

« Voici de la gimblette,
« Voici tous les raisins !
« Faites une dinette,
« Et restez bons cousins ! »

En faisant la dinette,
Tout cela s'arrangea ;
Même de la gimblette,
Le mouton en mangea.

E pièi, quand partiguèron,
Moun Diéu ! que de poutoun
Touti tres se faguèron,
Jan, Jèsu e lou moutoun !

LA ROUMANÇO DE PÈIRE D'ARAGOUN

A F. MISTRAL

Lou Rèi En Pèire mounto à chivau,
E coume un lamp arribo d'avau.
  A chivau,
 Emé sa longo espaso,
 Arribo d'eilavau.

A cuirasso d'argènt, casco d'or,
Blouquié d'aram que paro la mort.
  Casco d'or,
 E lanço bèn pounchudo,
 Noun s'enchau de la mort.

Lou pople brave e fièr d'Aragóun
S'aubouro e lou seguis, l'armo au poung ;
  D'Aragoun,
 Tout lou pople s'aubouro
 E boundo, l'armo au poung.

Li dono e li troubaire an ploura :
Bessai lou rèi alin mourira.
  An ploura,
 Li dono tant poulido !
 Dison que mourira.

Le soir, quand ils partirent,
Que de caresses donc
Jean et Jésus se firent,
Et le petit mouton !

LA ROMANCE DE PIERRE D'ARAGON

A F. MISTRAL

Le roi Dom Pierre monte à cheval ;
Comme un éclair court le Preux royal ;
    A cheval
  Avec sa longue épée
  Accourt le Preux royal.

Sous cuirasse d'argent, casque d'or,
Bouclier d'airain parant la mort,
    Casque d'or,
  Et lance bien trempée,
  Il se rit de la mort.

Le peuple brave et fier d'Aragon,
Debout, suit, l'arme au poing, son pennon ;
    D'Aragon
  Tout le peuple rallie,
  L'arme au poing, son pennon.

Et Dame, et Troubadour de gémir !
Le roi peut-être au loin va périr...
    De gémir
  La Dame si jolie,
  Disant qu'il va périr !

Li Pirenèu menèbre, gigant,
Tremolon davans Pèire-lou-Grand.
  Mount gigant
 An saluda l'armado
 Dou rèi Pèire-lou-Grand.

I porto de Toulouso, un matin
Picon li cavaucaire Latin.
  Un matin,
 Bandiero desplegado
 Arribon li Latin.

Vite li bèlli dono, i balcoun,
Saludon lou bèu rèi d'Aragoun :
  I balcoun
 Moron d'amour li dono
 Pèr lou rèi d'Aragoun.

Mai éu qu'a lou còr tèndre, autant-lèu
Estaco soun chivau à l'anèu.
  Autant-lèu
 A la plus bello dono
 Vai porge soun anèu.

Noun i'a que lis estello qu'an vist
Lou parèu amourous dins lou nis :
  Lis an vist
 Se douna la becado
 Coume d'aucèu au nis.

Le mont Pyrénéen, fier géant,
Tremble à l'aspect de Pierre-le-Grand ;
    Le géant
      A l'échine pliée
    Devant Pierre-le-Grand.

Aux portes de Toulouse, un matin,
Vient heurter le cavalier Latin.
    Un matin,
      Bannière déployée,
    Arrive le Latin.

Les belles Dames font, du balcon,
Des saluts au beau roi d'Aragon ;
    Au balcon,
      Plus d'une d'amour pâme
    Pour le roi d'Aragon.

Et lui, cœur tendre, va, *subitò*,
Attacher son cheval à l'anneau
    Subitò,
      A la plus belle Dame
    Il offre son anneau.

L'astre nocturne seul du ciel vit
Ce couple d'amoureux dans son nid ;
    Il les vit
      Se donner la becquée,
    Comme oiseaux dans le nid.

Pamens, à la primo-aubo èro dré
De davans li pourtau de Muret.
    Èro dré
  Coume l'aubre di moure,
  E sarravo Muret.

Mount-fort e si crousaire, subran,
Sorton coume de loup, fan qu'un bram.
    Zóu ! subran
  Li lanço s'entre-croson,
  E s'ausis plus qu'un bram.

Pèire a sa lanço routo. N'es rèn !
Sa grando espaso sègo à-de-rèng !
    Noun, es rèn !
  Car soun espaso sègo
  Douge tèsto à-de-rèng !

Lou sang ié gisclo au poung, cremesin,
E taco soun chivau sarrasin.
    Cremesin
  Se mesclo emé l'escumo
  Dóu chivau sarrasin.

Mai quatre lanço au cop fan soun trau,
E Pèire laisso ana sa destrau.
    Fan soun trau.
  Li lanço empouisounado,
  E lacho sa destrau !

Dès l'aube pourtant le roi courait,
Droit comme un chêne altier, sous Muret ;
  Il courait,
   Droit et tête casquée,
   Pour assiéger Muret.

Montfort et ses Croisés, l'assaillant,
Sortent comme des loups, en hurlant ;
  S'assaillant,
   Lance au poing, on chevauche,
   On les croise en hurlant.

Celle du roi se rompt. Ce n'est rien !
De l'épée il fauche bel et bien !
  Ce n'est rien !
   Car par douzaine il fauche
   Les têtes bel et bien.

Au poing lui coule un sang purpurin,
Il tache son cheval sarrasin.
  Purpurin,
   Il se mêle à l'écume
   Du cheval sarrasin.

Mais quatre épieux percent, teints de venin,
Dom Pierre, et sa hache fuit sa main.
  Le venin
   Dans ses veines s'allume ;
   Sa hache fuit sa main.

Plouras, dono e troubaire ! Es toumba
Lou rèi que pèr Toulouso se batié
Es toumba
Subre l'erbo flourido
E finis lou coumbat.

1875

NOTES

(1) La traduction en catalan des *Charbonniers* est du poète Antoni Careta y Vidal. De bons juges la trouvent très remarquable.

Dames, chanteurs, pleurez ! Il périt
Le roi qui pour nos droits se battit.
   Il périt.
   Sur l'herbe son sang fume...
   Et le combat finit.

---

(2) *Nanan* est un mot enfantin qu'on a cru pouvoir risquer dans cette pièce d'une naïveté qui fait songer à Albert Durer et aux primitifs. On a jugé aussi à propos de laisser, à la strophe suivante, une autre expression de la langue des enfants : *faire cinq sous* pour dire : toucher la main à plusieurs reprises.

ANTONIN GLAIZE

(M. Antonin GLAIZE, né à Montpellier, le 3 août 1833, neveu du célèbre peintre Glaize et frère de M. Paul Glaize, poète et orientaliste

---

MARGARIDO

Dins lou cèu — lou soulèu couchant li nivoulas
Trounavo coume un rèi dins la sedo pourpalo ;
Pèr li draiòu risènt, à travès li pradas,
Anavian, lis iue plen de plour, la caro palo.

Dins l'èr se respiravo un sabourun de pas ;
Li vièis aubre ramu, qu'amount sa fueio escalo,
Sus li raubeto blanco espandissien si bras ;
Lou vènt li caressavo, en jougant, de sis alo.

Pèr nous vèire passa, li pendènt jaussemin
Espinchavon d'en aut, e de-long dóu camin
Em'un tèndre murmur fasien li margarido :

« Adiéu, o nosto sorre ! adiéu, o flour poulido
« Que nous quites, e vas, au païs renadiéu
« Tresplantado, flouri dins li jardin de Diéu ! »

de valeur, est professeur à la Faculté de droit et juge-suppléant au tribunal de sa ville natale. Quoique Languedocien, il a écrit le plus grand nombre de ses poésies dans le dialecte d'Arles ou du Rhône ; c'est pourquoi nous le faisons figurer parmi les Félibres provençaux. Ses pièces de vers, trop rares, se trouvent dans l'ALMANACH DU SONNET, l'ARMANA PROUVENÇAU, et la REVUE DES LANGUES ROMANES, où il a écrit aussi quelques articles de critique.).

MARGUERITE

Le clair soleil — chassant les nuages dorés —
Trône, comme un monarque en sa pourpre royale ;
Par les sentiers riants, à travers les grands prés,
Nous allons, les yeux pleins de pleurs, la face pâle.

Nous longeons les ormeaux aux branchages serrés ;
Et sur les voiles blancs le vent joueur étale
L'ombre des longs rameaux, par son aile effleurés ;
Une saveur de paix de toutes parts s'exhale.

Et d'en haut, comme étant aux aguets, les jasmins
Se pendent pour nous voir ; et le long des chemins
Murmurent tendrement les tristes marguerites :

« O notre sœur chérie, ô sœur charmante, adieu !
« Transplantée où les fleurs renaissent, tu nous quittes
« Pour aller refleurir dans les jardins de Dieu ! »

MALACHIE FRIZET

(M. Malachie FRIZET, né à Pernes, petite ville de Vaucluse, vers 1850, n'a pas plus que le précédent Félibre réuni encor ses poésies; elles sont éparses dans les diverses publications périodiques de la

---

A L'ESTATUO DE PUGET

ESCOUNDUDO DINS LOU JARDIN BORELY A MARSIHO.

Alor faudra toujour que l'afront dóu vulgàri
Assaje d'escafa la glòri di Gigant,
Que l'artisto divin laisse la plaço au càrri
De la ruso enrichido e dóu vice arrougant!

O Puget! es pas proun que lis abouticàri
E li marchan daru de ta Marsiho, antan,
T'agon fa la bramado, e coucha foro bàrri
Pèr i'avé semoundu toun travai de Titan!

Encaro après sa mort fàu que Puget s'escounde!
T'avien mes au mitan de ta vilo; mai lèu
T'an di : « Deforo, artisto! e que l'or nous inounde! »

E bèn! assolo-te : n'as plus pèr bas-relèu
Di fiho e di fourban lou troupelas inmounde, [1]
Mai visages la mar, lou soulèu e lou mounde!

Provence. Son sonnet « le premier baiser » a été couronné aux jeux floraux de Montpellier. Son cantique PROUVENÇAU E CATOULI (Provençal et Catholique) et sa romance LI FUÈIO MORTO (Les Feuilles Mortes) sont deux de ses meilleures inspirations M. Frizet, maître ès-jeux floraux au sortir de l'École de Droit et juge suppléant à Tarascon, a été aussi un des lauréats du concours ouvert à l'occasion du cinquième centenaire de Pétrarque.)

A LA STATUE DE PUGET

CACHÉE DANS LE JARDIN BORÉLY A MARSEILLE

Il faudra donc toujours que l'affront du vulgaire
S'efforce d'effacer la gloire du Géant,
Que l'artiste divin se retire, pour faire
Place au vol enrichi, place au vice arrogant.

Ce n'était pas assez que la gent boutiquière
De ta Marseille eût pu jadis te mettre au ban,
Te huer, ô Puget, te chasser hors barrière,
Quand tu lui présentais ton travail de Titan !

Il faut qu'après sa mort Puget encor s'exile !
A toi qui te dressais au milieu de ta ville,
On dit : « Dehors, artiste ! et que l'or coule à flots ! »

Eh bien ! console-toi : tu n'as plus les troupeaux
De filles, de forbans pour bas-relief immonde, [1]
Mais tu vois le soleil, et la mer, et le monde !

LOU PROUMIÉ POUTOUN

Lou mounde èro tout nòu. Adam e sa coumpagno
Vivien despièi un jour dins l'Eden embauma ;
Sabien pancaro bèn ço qu'es que de s'ama ;
Estrenavon li flour, lou soulèu e l'eigagno.

Mai, lou segound matin, quand la verdo campagno
Se revihè sout l'iue de l'astre abrasama,
Rescountrèron toui dous si regard aflama,
E ie venguè subran coumo uno douço lagno.

Alor, en meme tèms, sènso saupre perqué,
Dins lis èr atupi si bouco se cerquèron,
E, s'estènt atrouvado, un moumen se touquèron !

A-n-aquéu brut divin lou mounde restè quet :
Aplanta sus si brout lis aucèu escoutèron,
E lis ange, jalous, d'eilamount regardèron !

NOTE

(1) La statue du Michel-Ange français se dressait entre la Bourse et

LE PREMIER BAISER

Le monde était tout neuf. Depuis un jour à peine
Vivait le premier couple en l'Eden embaumé,
Ignorant ce que c'est d'aimer et d'être aimé,
De tout, soleil, rosée et fleurs, ayant l'étrenne.

Mais, le second matin, lorsque la verte plaine
Se réveilla, sous l'œil du grand astre enflammé,
Leurs regards, où soudain un feu s'est allumé,
Se croisant, il leur vint comme une douce peine.

Alors, en même temps, et sans savoir pourquoi,
Dans les airs étonnés leurs bouches se cherchèrent ;
Leurs lèvres, se trouvant, un moment se touchèrent ;

A ce céleste bruit le monde, plein d'émoi,
Se tut ; sur leurs rameaux, les oiseaux écoutèrent
Et les anges, jaloux, de là-haut regardèrent !

---

le Grand-Théâtre de Marseille, avant d'être transportée au jardin Borély, en face de la mer.

ANSELME MATHIEU

(M. Anselme MATHIEU, né le 21 avril 1828, à Château-Neuf-du-Pape, plaisant village de Vaucluse, entre Orange et Avignon, de gens de la terre ne parlant que le provençal, fut le condisciple de Mistral au Lycée d'Avignon et à l'École de Droit d'Aix ; comme lui, il s'essaya, dès le collége, à chanter dans la langue de ses pères ; et l'on doit vraisemblablement faire remonter à cette époque ses jolies traductions provençales d'Horace et de Catulle. Il est lui-même le « Catulle » de la Provence. L'un des sept fondateurs, et l'une des colonnes du Félibrige, le Félibre des Baisers, (lou Félibre di Poutoun), comme on l'appelle, n'a donné jusqu'à présent au public qu'un seul recueil, avec la

---

LA PLUEIO

L'amour sus elo estend
Uno misteriouso oundado.
Lou Marquès DE LAFARO-ALÈS.

I

Amount sus li coutau,
O plueio, que sies bello !
Toumbes d'apereilamoundaut,
De tron mesclado, emé d'uiau
Que traucon li parpello.

Que sourne e quénti pòu,
Quand bramo la tempèsto,
Que la grelo claquejo au sòu,
E que Margai en soun linçòu
Acato lèu sa tèsto !

Acato lèu, Margai,
Ta tèsto emé ta vano,

traduction en prose en regard, LA FARANDOULO (la Farandole) divisé en trois parties : les Aubades, les Soleillades et les Sérénades, les chants de l'Aube, les chants du Midi, les chants du Soir. Les quarante-cinq pièces, dont le livre de MATHIEU se compose, comptent parmi ce que la Muse provençale a produit de plus gracieux, de plus exquis, de plus parfait. « Je crois, a écrit Mistral dans l'avant-propos de l'ouvrage, qu'il a plus que nous tous chanté et cueilli les fleurs du Gai-Savoir. Nul, en effet, pour le tour de la phrase, le nébuleux de la pensée, pour la variété et la souplesse de la strophe, ne ressemble plus que lui aux troubadours. » L'auteur de LA FARANDOLE a publié depuis, dans « l'Armana prouvençau », de nombreuses poésies et des contes en prose qu'il réunira tôt ou tard en volume. Le dialecte qu'il écrit est celui d'Avignon et d'Arles.)

LA PLUIE

> L'amour étend sur elle —
> Une onde mystérieuse.
> Le Marquis de Lafare-Alais.

I

Aux flancs des coteaux verts,
O pluie, es-tu donc belle,
Quand tu tombes du haut des airs,
De foudres mêlée, et d'éclairs
    Qui blessent la prunelle !

Quel ciel d'un noir profond !
Quelles peurs, quand l'orage
Beugle, et qu'au sol bat le grêlon,
Et que Margaï cache au fond
    De ses draps son visage !

O Margaï, crois-moi,
    Couvre vite ta tête ;

Car, pèr t'avé dins toun esfrai,
Un jouine diéu descènd bessai
　　Au mitan di chavano.

II

　E tu, plueio d'abriéu,
　　Tambèn que sies galanto,
Quand blasinejes, que lou riéu
Crèbo dóu rire, e que li gréu
　　Se chalon sus la planto !

　En degoutet redoun
　　Plouron lis aubaredo :
La terro a gagna soun perdoun...
Margai, souleio : sorte dounc,
　　Que veiras l'arc-de-sedo.

　L'arc-de-sedo parèi,
　　La plueio es fugitivo :
L'arc de l'amour, qu'en tout fai lèi,
L'autisme Diéu, lou Rèi di rèi
　　L'a tendu sus li nivo.

GATOUNO

AU FELIBRE JAN BRUNET

> Parpaiounet s'escarrabiho
> En li prenènt mai d'un poutoun.
> 　　A. B. CROUSIHAT.

　Gatouno,
　Malautouno,
Malautouno d'amour,
　Paureto !
　I floureto
Countavo si doulour :

Car, pour t'avoir dans ton effroi,
Peut-être un jeune Dieu vers toi
 Descend sur la tempête !
II
 Et toi, du Renouveau
 O pluie, es-tu charmante,
Lorsque de rire le ruisseau
Crève, et que le bourgeon nouveau
 Te fête sur la plante !

 L'arbre sur le gazon
 Dégoutte en pleurs de joie :
La terre a gagné son pardon....
Il fait clair soleil : tiens, vois donc,
 Margaï, l'arc-de-soie ! [1]

 Il paraît, l'arc soyeux ;
 La pluie est fugitive :
L'arc de l'amour, victorieux,
Le Très-Haut le tend sur les cieux
 De l'une à l'autre rive.

NORADE [2]

AU POËTE J. BRUNET.

> Petit papillon s'émancipe —
> En lui prenant plus d'un baiser.
> A.-B. CROUSILLAT.

 Norade,
 La malade,
La malade d'amour,
 Dolente,
 Se lamente
Aux fleurettes un jour :

Poulido
Margarido,
Duerbe lèu toun iue claus :
L'aubeto
Sus l'erbeto
Camino à pèd descaus.

Di colo
L'auro volo ;
Arribo en tremoulant ;
S'amaiso ;
Piéi te baiso
Un cop sus toun front blanc.

Mouleto,
Sis aleto
Eissugon de toun iue
L'eigagno
Qu'acoumpagno
Li nèblo de la niue.

Mai, pauro !
Iéu, ges d'auro
N'eissugara mi plour ;
Car gaire
Li fringaire
Entèndon à l'amour.

En aio,
Pèr la draio,
Un bèu drole parèis :
Gatouno,
Malautouno,
Au lio d'un bais n'a sièis.

« Petite
Marguerite,
Vite ouvre ton œil clos :
L'aubette
Sur l'herbette
Chemine à pieds déchaux.

La brise,
Indécise,
Des monts vole en tremblant ;
S'apaise ;
Puis te baise
Sur ton joli front blanc.

Son aile,
Toi, ma belle,
T'effleure entre tes sœurs,
Et sèche,
Molle et fraîche,
Ton œil baigné de pleurs.

O peine !
Nulle haleine
Ne séchera le mien ;
Le drôle
Qui m'enjôle
A l'amour n'entend rien. »

Vers elle,
D'un grand zèle,
Se hâtait un beau brun :
Norade,
La malade,
A six baisers pour un.

LA PAUROUSO

AU PINTRE AVIGNOUNEN PÈIRE GRIVOLAS

> Li chato, que soun lèsto,
> Van querre d'aigo au pous, un bro dessus la tèsto.
> CAMIHE REYBAUD.

— Eh ! de qu'as pòu ? De ta maneto
Just ai beisa li det, jouineto,
Just li det !... E pièi, que ié fai ?
Un poutoun encaro !...— Ai ! ai ! ai !

— Sus toun péu blound que se destreno
Ai pres un poutoun pèr estreno,
Just sus toun péu !... Pièi, que ié fai ?
Un poutoun encaro !.. — Ai ! ai ! ai !

— De toun coui, o ma visto èi guerlo.
Just ai beisa lou rèst de perlo,
Just li perlo !... E pièi, que ié fai ?
Un poutoun encaro !... — Ai ! ai ! ai !

— Ai un brèu beisa toun espalo,
De mounte toun fichu davalo,
Just un brèu !... E pièi, que ié fai ?
Un poutoun encaro !... — Ai ! ai ! ai !

— De tis iue blu, ma touto bello,
Just ai poutouna li parpello,
Just li parpello !... E que ié fai ?
Un pouton encaro !... — Ai ! ai ! ai !

— L'agoulènço de ti bouqueto,
Just n'ai beisa l'espino, Agueto,
Just l'espino !... E pièi, que ié fai ?
Un poutoun encaro !... — Ai ! ai ! ai !

LA PEUREUSE

AU PEINTRE AVIGNONNAIS PIERRE GRIVOLAS

> Les lestes jeunes filles vont quérir de
> l'eau au puits, un broc sur la tête.
>
> CAMILLE REYBAUD.

— Eh ! qui te fait tant peur, mignonne ?
Je t'ai baisé les doigts, poltronne,
Les doigts, pas plus !... et qu'est-ce là ?
Un baiser encore !... — Ah ! ah ! ah !

— Sur ta tresse blonde qui traîne
J'ai pris un baiser pour étrenne,
Oui, sur ta tresse !... et qu'est-ce là ?
Un baiser encore !... — Ah ! ah ! ah !

— De ton cou tout au plus, mauvaise,
Sont-ce les perles que je baise,
Le rang de perles !... qu'est-ce là ?
Un baiser encore !... — Ah ! ah ! ah !

— Au bas de ton fichu de laine
J'ai baisé ton épaule à peine,
A peine, à peine !... et qu'est-ce là !
Un baiser encore !... — Ah ! ah ! ah !

— De tes yeux bleus je n'ai pu guère
Baiser un brin que la paupière,
Que la paupière !... et qu'est-ce là ?
Un baiser encore !... — Ah ! ah ! ah !

— De ta bouche, fraîche églantine,
J'ai tout juste baisé l'épine,
Juste l'épine !... et qu'est-ce là ?
Un baiser encore !... — Ah ! ah ! ah !

— Perqué vas à la font, souleto ?
Perqué iéu t'ame tant, pouleto ?
Encaro un, mignoto !... enca dous !
Lou darrié sèmpre es lou plus dous.

LA VIGNASSO

AU FELIBRE PAULOUN GIERA

Mai frutado
N'en vési nado.
JAUSSEMIN.

Ai uno vigno à Castèu-Nòu,
Dins un valoun di Coumbo-Masco,
Sus lou revès d'un degoulòu :
Clafis ma tino, emplis mi flasco.

'Lou vin que jito es prefuma
Coumo un bouquet de ferigoulo,
Es un baume pèr l'estouma,
Es un flo d'or qu'au soulèu coulo.

Ma vigno es vièio, a dous cènts an :
Au son galoi di cantabruno,
Li masco, dison, en dansant
L'an pauficado en bono luno.

Au souleiant di blound roucas,
Dins un gres clafi de lausiho,
A pèr centuro de baucas,
D'éuse, de rudo e d'avaussiho.

— Au puits pourquoi viens-tu seulette
Et t'aimé-je tant, mon Aguette ?
Encore un, mignonne ! en voilà deux !
Le dernier vaut toujours le mieux.

LA VIEILLE VIGNE

AU POÈTE PAUL GIERA

> Plus riche en fruit —
> Je n'en vois aucune.
>
> JASMIN.

J'ai ma vigne dans un vallon
De Château-Neuf, aux Combes-Masques,
Au revers d'un ravin profond :
Elle me remplit cuve et fiasques.

Son vin a le parfum du thym ;
Par son bouquet il le rappelle ;
Pour l'estomac baume divin,
Au soleil flot d'or qui ruisselle.

Vieille de plus de deux cents ans,
Des sorcières, en bonne lune,
Chœurs au son des pipeaux dansants,
L'ont, dit-on, plantée à la brune.

Au soleil, sur des rochers blonds,
Dans de maigres terres pierreuses,
Elle a pour ceinture des joncs,
Hautes herbes, kermès, yeuses.

A de long bras entourtouia
Coume de vèntre de coulobre ;
E soun fuiage, au vendemia,
Sèmblo de flamo de cinobre.

Coume à la calo di rountau
Vesès varaia l'alabreno,
Dins li clapouiro dóu coutau
Peréu ma vigno se permeno.

Mai quand arribo lou tèms fres,
Lèu-lèu qu'espandis si brancage !
Si vise verd vènon espés
Coume un matas de lambruscage.

E de si gripo-roussignòu
E se rampouno e s'entrigasso,
Bèn miéus que sus li clapeiròu
Uno tousco de tiro-agasso.

Es bello alor à faire gau
Coume li chato de la Nerto,
Quand fan si brande fouligaud,
Descausso e lou front cen de nerto.

O ma vigno ! à la fin d'avoust,
Que lou rasin mesclo e purguejo,
I'a, de te vèire, mai de goust
Que la marino quand flouquejo.

Dins ti rasin tant roussinèu,
Que s'esvedellon sus ti pampo,
Un moust suau e rouginèu,
Degout à cha degout, s'acampo.

Ses longs bras sont plus tortueux
Que le ventre d'une couleuvre,
Plus rouge que cinabre, aux yeux
Des vendangeurs qui sont à l'œuvre.

De même qu'au bord d'un ruisseau
Une salamandre se traîne,
Dans les pierrailles du coteau
Ainsi ma vigne se promène.

Mais quand arrive le temps frais,
Comme s'épandent ses branchages !
Ses sarments verts sont plus épais
Qu'un fouillis de vignes sauvages.

Ses vrilles, piége à rossignol,
Se cramponnent enchevêtrées,
Mieux que ne s'accrochent au sol
Les clématites des pierrées.

Elle est alors belle à ravir,
Comme les filles de la Nerthe,
Qu'on voit, pieds nus, danser, bondir,
La tête de myrte couverte.

O ma vigne ! quand tes raisins
Tournent, à la fin d'Août, ta vue
Me plaît mieux que les flots marins
Qu'une brise à peine remue.

Dans tes grappes d'un blond doré,
Qui sur tes pampres se prélassent,
D'un moût rose clair et sucré
Les gouttes lentement s'amassent.

La joio gounflo l'alicant,
Lou rire espeto la counoiso :
Dins la clareto e lou blançan
Moustejon li cansoun galoiso.

Pièi, quand tis age soun gibet,
Vènon li tourdre, li merlato,
Li perdigau, coume au sambé,
Countourneja ti grandi mato.

La meringoulo touto en flour,
Bèn talamen tu sies bouniasso
Que la coungreies de ti plour,
Quand ièu te poude, o ma vignasso !

Sies tout lou bèn qu'ai au soulèu,
O tu, la vièio dóu terraire !
Mai tèn-te fièro, bèn que lèu
Te doune rego un soul araire.

Se d'àutri claus soun arrougant
Amor qu'i rèi vèndon si flasco,
Di Felibre caufes li cant,
O ma vigno di Coumbo-Masco !

NOTES

—

(1) L'arc-de-soie, nom de l'arc-en-ciel en Provence.

La joie y gonfle l'*alicant*,
Le rire y crève la *counoise* ;
Dans la *clarette* et le *blancan*
Pétille la chanson narquoise.

Puis, dès que se rident tes grains,
A tes grandes touffes des bandes
De perdreaux, merles et bec-fins,
Comme à l'appeau, volent, gourmandes.

Et la morille tout en fleurs,
Tant ta sève est inépuisable
Quand je te taille, de tes pleurs
Naît, ô ma vigne vénérable !

Tu fais au soleil tout mon bien,
Toi, la vieille de la contrée !
Sois fière, quoiqu'en moins de rien
Un seul areau t'ait labourée :

D'autres clos font les arrogants,
Trop vains de vendre aux rois leurs fiasques :
Des Félibres chauffe les chants,
Toi, ma vigne des Combes-Masques !

---

(2) On a mis Norade au lieu de Gatouno, nom plus agréable en provençal qu'en français.

(3) Les Combes-Masques, les vallées des fées ou enchantées.

(4) *Alicant, counoise, clarette, blancan*, variétés de raisins.

J. BRUNET

(M. Jean BRUNET, né à Avignon, vers 1830, un des sept jeunes hommes qui fondaient le Félibrige, le 21 mai 1854, dans le petit château de Fontségugne, appartenant à la famille Giéra, n'a publié

A-N-UN BROUT D'ÈURRE DINS UN LIBRE

D'ounte vènes, pichot brout d'èurre?
La tousco ounte t'an derraba,
Ounte es que s'estaco pèr viéure?
Digo-nous ounte t'an rauba?

Te culiguè 'no man jouineto;
Ères courous, afrescouli;
Dins soun libre la chatouneto
Te placè de si det poulit.

Oste di rouino abandounado,
Coume vai qu'un cor jouine e san
Laisso esta li roso embaumado,
E te gardo coume un cors-sant?

De ta funeralo verduro
Acataves pèr carita,
Belèu, la graso tristo e duro
Ounte dòr la jouino amista?

Car, èurre, sies l'ami di paure,
Di vièii paret, di toumbèu,
Dis aubre mort, que vas enclaure
E curbi d'un vièsti nouvèu.

à part qu'un opuscule : « BACHIQUELLO SUS LA LUNO »(Bagatelles sur la lune); ses poésies, en dialecte du Rhône, se trouvent éparses dans la collection de « l'Armana ». Il est le seul des fondateurs de l'école nouvelle, avec Paul Giéra[1], mort prématurément, qui n'ait pas réuni ses inspirations gracieuses en un volume.)

A UN BRIN DE LIERRE DANS UN LIVRE

D'où viens-tu, petit brin de lierre ?
Le pied d'où tu fus arraché,
Dans les fentes de quelle pierre,
Sur quel sol vit-il attaché ?

C'est une main jeune et gentille
Qui, frais et luisant, t'a cueilli;
C'est le doigt d'une belle fille
Qui t'a mis dans son livre ainsi.

Des ruines hôte morose,
Comment donc un cœur jeune et sain
Laissa-t-il l'odorante rose
Pour te garder comme un corps saint ?[2]

Dis-moi, ta funèbre verdure
Réchauffait-elle, par pitié,
La froideur de la pierre dure,
Où dort une jeune amitié ?

Car toi, l'ami du pauvre, ô lierre,
Tu l'es du tronc mort, du tombeau,
Du vieux mur, que ta touffe austère
Couvre d'un vêtement nouveau.

Oste di rouino abandounado,
Coume vai qu'un cor jouino e san
Ignoro la roso embaumado
E te gardo coume un cors-sant ?

Es que d'un amour senso taco
L'èurre es l'image souloumbrous ;
Car viéu e mor ounte s'estaco,
E soun amour es voulountous.

E doumaci que fai ansindo,
Un cor jouine, e tout pouëti,
Laisso li richi flour dis Indo,
Pèr tu, paure apensamenti !

NOTES

(1) Le félibre Paul Giéra, mort en 1861, a laissé quinze pièces en dialecte du Rhône qui, sous le titre *Li Galejado* (Les Facéties) font partie du recueil collectif UN LIAME DE RASIN, qu'ont publié MM. Roumanille et Mistral et qui contient les poésies provençales et la biogra-

Des ruines hôte morose,
Oui, comment un cœur jeune et sain,
Ignorant l'odorante rose,
Te garde-t-il comme un corps saint ?

Ah ! c'est qu'en toi l'amour sans taches
A son morne emblème ; ami sûr,
Tu vis et meurs où tu t'attaches ;
Ton amour d'égoïsme est pur.

Et c'est ainsi qu'il peut se faire
Qu'un jeune et poétique cœur
Aux fleurs des Indes te préfère,
Toi le pauvre et sombre rêveur !

---

phie de Castil-Blaze, d'Adolphe Dumas, de Jean Reboul, (de Nîmes) du docteur Toussaint Poussel et de Glaup (anagramme de Paul G., Paul Giéra).

(2) Comme un corps saint, locution provençale, pour dire : Comme une relique.

JEAN MONNÉ

(M. Jean MONNÉ, né vers 1840, dans le Roussillon, outre deux drames en cinq actes et en vers provençaux, a écrit un grand nombre de poésies que « l'Armana » et diverses Revues ont publiées et se propose d'en éditer prochainement un choix, sous le titre de

---

LOU BAN
A TEODOR AUBANEL

En camisolo de satin,
Un pichot coutihoun sus l'anco.
Tout just caussado em'un patin,
Foulastrejo dins la calanco.

La mar, à l'aubo, aquèu matin,
Coume un cor qu'amour espalanco,
Pèr Elo, de rai diamantin
Floco lou front dis erso blanco.

Lou flot s'enarco. Elo n'en ris :
E s'éu, risèire, au ro s'acroco,
Elo perèu s'aganto i roco ;

E, 'mé soun pèd d'emperairis,
Contro éu lucho e s'encagno, e l'oundo
l'espousco si perleto bloundo.

PERLO D'AMOUR

L'aubo just se levavo,
Sus li serre azurin,
E la cimo di pin
De rai se courounavo ;

FLOUR DE VÈUNO (Fleurs de l'Huveaune) du nom du petit fleuve qui se jette dans la mer au bout du Prado de Marseille. M. Jean MONNÉ, quoique habitant cette ville, n'en a pas adopté le dialecte ; il écrit ses fines poésies dans le dialecte du Rhône. Secrétaire de la Maintenance de Provence, lauréat de tous les concours du Midi, il est félibre majoral de la dernière promotion).

LE BAIN
A THÉODORE AUBANEL

En camisole de satin,
En cotillon court, la baigneuse,
Chaussée à peine d'un patin,
Dans la calanque¹ joue heureuse.

La mer pour Elle, ce matin,
Comme un cœur brisé d'amoureuse,
D'un frais rayon diamantin
Pare au front la vague écumeuse.

Le flot s'arc-boute. Elle s'en rit.
Rieur, à l'écueil s'il s'accroche,
Elle aussi se pend à la roche.

Et l'eau que son pied si petit,
Pied de reine, bat et repousse,
De perles blondes l'éclabousse.

PERLES D'AMOUR

L'aube aux pics qu'elle azure
Se levait ; des grands pins
Les rayons frais et fins
Couronnaient la ramure.

Long de noste camin,
L'Amour, que permenavo,
Dins li flour semenavo,
Li perlo dóu matin.

E tu plouraves, fremo,
— Iéu, culissènt li flour,
Ié beguère ti plour

E lou fló que me cremo :
— L'eigagno e li lagremo
Soun li perlo d'Amour.

LI GABIAN

A MARIO

Quand di pin entre li branco
Ourlo e rounflo lou vènt fòu ;
Que la mar a pèr revòu
De mountagno d'erso blanco,

E que, dins lou chaplachòu
Dirias que Planié s'escranco,
Vers l'abrigouso calanco
Li gabian courron à vòu.

Iéu peréu, contro moun amo
Quand lou mounde feroun bramo,
Que lou mau s'eirisso e mord,

E que l'aurige m'embrigo,
Ai uno calanco amigo :
La calanco de toun cor !

NOTES

(1) *Calanque*, anse, baie.

L'Amour qui d'aventure,
Côtoyait nos chemins,
Des perles des matins
Parsemait la verdure.

Et tu pleurais... Aux fleurs
Je bus avec tes pleurs
Le feu qui dans mon âme
S'alluma dès ce jour ;
— Rosée et pleurs de femme
Sont les perles d'Amour.

LES GOELANDS

A MARIE

Aux branches des pins quand roule
Le hurlement des vents fous ;
Que se dressent en courroux,
Les montagnes de la houle ;

Et sous d'effroyables coups
Qu'il semble que Planier [2] croule,
Vite à la calanque en foule
Les goëlands s'abritent tous.

Ainsi, quand sur moi le monde,
Hérissé, féroce, gronde,
Que me mord le mal vainqueur,

Sous l'orage j'ai de même
Une calanque qui m'aime :
La calanque de ton cœur !

---

(2) *Planier*, le Phare de Planier, sur un rocher à huit milles au Sud-Ouest de l'entrée du port de Marseille.

ALPHONSE DAUDET

M. Alphonse DAUDET n'a pas, à notre connaissance du moins, composé d'autres vers provençaux que sa «Cabano» que nous empruntons au n° d'avril 1880 de la «Farandole» de Paris. Cette courte

LA CABANO

Coumo fai bon, quand lou mistrau
Pico la porto 'mé si bano,
Estre soulet dins la cabano,
Tout soulet coumo un mas de Crau.

E vèire pèr un pichot trau
Alin, bèn liuen, dins lis engano,
Lusi la palun de Girau.

E rèn ausi que lou mistrau,
Picant la porto 'mé si bano,
Pièi, de tèms en tèms, li campano
Di rosso de la Tour-dóu-Brau !...

NOTES

(1) *Cabanon*, mot provençal, petite cabane légèrement construite. « Celui qui n'est pas assez riche, dit Méry, pour se donner quatre murailles ornées d'un toit en tuiles rouges et de quatre pins à cigales, se donne le Cabanon ».

pièce suffit à indiquer ce qu'aurait pu faire comme Félibre le célèbre auteur « des Amoureuses, du Petit Chose, des Contes du lundi, des Lettres de mon Moulin, et de ces beaux romans «Fromont jeune et Risler ainé, le Nabab, Jack, les Rois en Exil, Numa Roumestan », sans oublier son joyeux « Tartarin de Tarascon ». Quoique Alphonse Daudet, né à Nîmes, le 13 mai 1840, soit Languedocien, il a écrit sa «Cabano» en pur dialecte du Rhône et d'Arles.

LE CABANON [1]

Qu'il fait bon, quand au *Cabanon*
Le mistral heurte à coups de cornes,
Comme un *mas* de la Crau sans bornes,
Seul, tout seul, être à la maison ;

Et, par un trou de la cloison,
Voir luire dans les salicornes [2]
L'étang Giraud [3] à l'horizon ;

Et rien n'entendre au *Cabanon*
Que du mistral les coups de cornes,
Puis, vers la Tour-du-Brau,[4] le son
Des clochettes du blanc grignon ! [5]...

---

(2) Salicorne, végétal commun en Provence.

(3) L'étang de Giraud se trouve dans l'île du *plan de Bourg*, au sud e la Camargue.

(4 La Tour-du-Brau ou du Taureau.

(5) Grignon, nom des chevaux à demi sauvages de la Camargue.

PAUL ARÈNE

(M. Paul ARÈNE, né à Sisteron (Basses-Alpes) le 26 juin 1843, a publié dans divers recueils, la CIGALE, l'ARMANA, la FARANDOLE etc. un certain nombre de poésies provençales, écrites dans le dialecte du Rhône, et où se retrouvent toute la fraîcheur, toute la finesse, toute la grâce exquise de l'auteur de la GUEUSE PARFUMÉE, de JEAN DES FIGUES, de la VRAIE TENTATION DE SAINT ANTOINE, et de tant

BRINDE I CATALAN

Perqu'en meissoun avès begu,
Det tremoulant, cor esmougu,
Lou vin de misteri que caufo
Dins lou flascoulet vesti d'aufo ;
Perqué, fiéu dóu libre soulèu,
Voulès, galoi e sèns cadeno,
Coume aquéli d'Arle e d'Ateno
Pourta la cigalo au capèu ;
Perqu'avès iue fèr, négri pèu ;
Perqué gardas, courous e linde,
E mau-grat vòsti Franchiman,
L'oumour dóu viéi parla roumàn
E perqu'amas Mistrau qu'aman,
Catalan, iéu vous porte un brinde !

de charmantes CHRONIQUES qui font les délices des lecteurs de la RÉPUBLIQUE FRANÇAISE. On annonce de lui la prochaine publication d'un volume de NOUVELLES, sous ce titre bien méridional : AU BEAU SOLEIL. Il est heureux pour notre littérature nationale que M. Paul Arène ne se soit pas, non plus que son illustre ami Alphonse Daudet, laissé complétement ensorceler par la Fée « qui se cache au Château de Tarascon ». (Que de pages de fine prose française nous y aurions perdues !).

TOAST AUX CATALANS

Puisqu'à grands traits[2] vous avez bu,
Les doigts tremblants, le cœur ému,
Vous, libres fils du soleil libre,
Le vin mystique du Félibre
Au flacon d'alfa revêtu ;
Que vous voulez, gais et sans chaines,
Comme ceux d'Arles et d'Athènes,
Porter la cigale au chapeau ;
Que noirs de cheveux, bruns de peau,
Vous avez l'œil fier, intrépide ;
Que vous gardez pur et limpide,
En dépit de vos Franchimands,
L'honneur des vieux parlers romans ;
Puisque vous aimez, Catalans,
Comme nous, Mistral et sa gloire,
A votre santé, je veux boire

PLOU E SOULEIO

A MADAMISELLO ANAIS ROUMIEUX

> Plóu e souleio
> Sus lou pont de Marsiho

Lou vieiounge plouro ;
Nàutri cantavian,
Mascara d'amouro
Coume de boumian :
Cantavian Marsiho
Que sus un pont nòu
Ie plòu e souleio,
Ie souleio e plòu.

L'aigo poutounejo,
Tout en tremoulant,
Si grand paret frejo
E si pieloun blanc.
De pont tant requiste
Se n'es jamai vist :
Lou soulèu i'es triste,
Lou blasin ie ris.

Lou blasin l'arroso,
Pecaire !... Mai lèu
La coulour di roso
Ie vèn dóu soulèu ;
E li calignaire
Rèston aplanta,
Sachènt pas que faire
Ploura vo canta !

IL PLEUT ET IL FAIT SOLEIL

A MADEMOISELLE ANAIS ROUMIEUX

*Il pleut et il fait soleil
Sur le pont de Marseille.*

Morne est le vieil âge ;
Nous chantions, joyeux,
De mûre sauvage
Noircis jusqu'aux yeux ;
Nous chantions Marseille,
Pluie et soleil clair
Y faisaient merveille
Sur un pont neuf d'air.

L'eau lave, glacée,
De baisers tremblants,
Son arche irisée
Et ses piliers blancs.
Nul, depuis cette heure,
Pont pareil ne vit ;
Le soleil y pleure
Et l'averse y rit.

L'averse l'arrose,
Malheur ! mais vermeil,
De couleur de rose,
Le rend le soleil ;
Et l'amant sur place
Se sent arrêter :
Que faut-il qu'il fasse ?
Pleurer ? ou chanter ?

L'ivèr que deslamo
A'rout lou pont nòu ;
Aro es dins moun amo
Que soulèio e plòu ;
A'ro tout me bagno
E brulo lou cor :
Rai trempe d'eigagno,
O bèu blasin d'or !

NOTES

(1) Voir le beau poème de Mistral : l'*Amiradou* (le Belvéder) qui commence ainsi :

Au castèu de Tarascoun
I'a 'no rèino, i'a 'no fado,
Au castèu de Tarascoun
I'a 'no fado que s'escound.

Le pont neuf, si frêle,
Rompit à l'hiver ;
Mais l'âme où se mêle
Pluie et soleil clair,
Brûlée, arrosée,
Vous reçoit encor,
Trempés de rosée
O beaux rayons d'or!

« Au château de Tarascon — est une reine, est une fée, — au château de Tarascon — est une fée qui se cache.... » Cette fée, c'est la Provence elle-même, et sa langue, et sa poésie.

(2) La locution provençale, *en meissoun*, (en moisson), veut dire : beaucoup, en grande quantité.

THÉODORE AUBANEL

(AUBANEL (Joseph-Marie-Jean-Baptiste-THÉODORE) né à Avignon en 1829, fils d'un imprimeur et imprimeur lui-même, a, comme ROUMANILLE, contribué puissamment au succès de la Révolution littéraire du Midi, aussi bien par ses presses, d'où sortirent, sans parler des trois premières années de l'ARMANA PROUVENÇAU, les principales publications provençales, que par sa plume magistrale, l'une des mieux taillées qu'ait jamais eues au service de son imagination un grand poète, profond et passionné, doublé d'un artiste consommé du style. Après avoir révélé son nom et son talent par des poésies insérées dans LI PROUVENÇALO (les Provençales), dans l'ARMANA, et dans un recueil de NOELS où il se fit remarquer, à côté de Roumanille, comme un digne successeur des *Noëlistes* consacrés, SABOLY et PEYROL, il publia, en 1860, au lendemain de la triomphale apparition de MIREILLE, la MIOUGRANO ENTRE-DUBERTO (la Grenade entr'ouverte) avec traduction en prose en regard ; le succès fut immense, et la brune Zani vint grossir le groupe glorieux des amantes de poètes que la Muse a immortalisées. « L'amour, a écrit MISTRAL dans la préface du livre d'Aubanel, l'amour, cette divine abeille qui fait du miel si doux, quand la saison et le lieu lui conviennent, et qui, si quelque chose la contrarie, fait des piqûres si violentes, l'amour avait plongé dans son cœur un aiguillon terrible, impitoyable ; la malheureuse passion de notre ami était sans espérance, la maladie, sans remède ; l'amie de son cœur, la jeune fille entrevue dans le ciel clair de sa jeunesse, hélas ! s'était faite nonne. — Le bon jeune homme pleura sept ans sa bien aimée, et il ne s'en est pas encore consolé. »

La MIOUGRANO ENTRE-DUBERTO se divise en trois livres : le LIVRE DE L'AMOUR, contenant vingt-cinq pièces toutes consacrées à Zani, « Intermezzo ensoleillé d'un Henri Heine qui serait bon », a écrit M. Paul Arène ; l'ENTRE-LUEUR (l'Entre-lusido) qui se compose de onze poésies des tons les plus variés ; le LIVRE DE LA MORT, qui en compte onze aussi, mais toutes d'une couleur sombre, d'un pathétique poignant.

Aubanel a pris pour devise : *Quau canto — Soun mau encanto.* (Qui chante — Son mal enchante). Son chant, en effet, est un enchantement. Il n'a jamais cessé de le faire entendre depuis 1860, et les diverses publications du Midi ont donné de lui des poésies qui prouvent que son inspiration a grandi encore et gagné en force, en largeur et en couleur. Il suffit de citer : LES FORGERONS, si heureusement traduits par M. J. Saint-Rémy ; A UNE VÉNITIENNE, PLEINE LUNE, LE VOYAGE, VIEILLE CHANSON, LE CAPITAINE GREC, LES NOCES DE FEU, A L'AMIE QUE JE N'AI JAMAIS VUE, LE PORCHE DE SAINT-VICTOR, LA PERLE, LA SIRÈNE, LE BAL, LA VÉNUS D'AVIGNON ; et enfin la VÉNUS D'ARLES. Ces stances célèbres, déclamées par l'auteur lui-même, une belle nuit d'été, dans les ruines du Théâtre antique, aux fêtes que la Société de la Cigale y donna en 1877, ont révélé dans l'amoureux de Zani un puissant lyrique. La VÉNUS D'ARLES est inédite ; on la retrouvera avec bien d'autres belles pièces que les intimes seuls du grand poète connaissent, dans le recueil qu'il prépare : LES FILLES D'AVIGNON, et qui sera un événement dans la littérature.

Aubanel a aussi composé trois drames en cinq actes et en vers provençaux, LE PATRE, LE RAPT et LE PAIN DU PÉCHÉ. Ce dernier représenté, avec un éclatant succès, sur le théâtre de Montpellier, à l'occasion des fêtes latines, le 28 mai 1878, et, quelques jours après, sur le théâtre d'Alais, montre chez son auteur une grande puissance dramatique qui justifie son ambition d'être le fondateur du Théâtre provençal. Alphonse Daudet, dans le « Journal officiel » n° du 18 juin 1878, a consacré tout un de ses lundis au compte-rendu de ce drame où un autre bon juge, a trouvé quelque chose de shakpearien. N'oublions pas d'ajouter qu'Aubanel, comme Mistral, est un très remarquable orateur. Ses discours prononcés aux Fêtes de Pétrarque, de Forcalquier, de la CIGALE à Paris et à Sceaux l'ont placé, dit M. de Villeneuve-Esclapon, « à la tête de la partie jeune du Félibrige, celle qui, patriote avant tout, française et provençale à la fois, repousse toute idée de séparatisme, comme elle repousse toute inféodation à un parti. » Aubanel chante dans le dialecte d'Avignon et d'Arles.)

LA PEÇO XV DOU LIBRE DE L'AMOUR

> E l' jorn es clars e bèls e gènts,
> E l' solèlz lèva resplendènts
> Lo matin que spand la rosada ;
> E l's auzèls, pèr la matinada
> E pèr lo tèms qu'es en doussor,
> Cantan dessobre la verdor
> E s'alegron en lor latin.
>
> *(Rouman de Jaufré.)*

Dins li pradoun i'a de viouléto ;
Veici tourna li dindouléto ;
Tournamai veici lou soulèu,
    Plus rous, plus bèu ;
I'a de fueio sus li platano ;
L'oumbro ei fresco dins lis andano,
    E tout tresano !...
    O moun cor,
Perqué sies pas mort ?

La ribo ei verdo ; sus la ribo
Siéu coucha ; d'enterin m'arribo,
E di grands aubre e di bouissoun,
    Prefum, cansoun.
Touti li branco soun flourido ;
Tout canto, tout ris, car la vido
    Es tant poulido !
    O moun cor !
Perqué sies pas mort ?

LA PIÈCE XV DU LIVRE DE L'AMOUR

> Et le jour est clair, beau et gentil, et, avec le soleil resplendissant se lève le matin qui répand la rosée ; et les oiseaux, par la matinée et par le temps qui est en douceur, chantent sur la verdure et s'égaient en leur latin.
>
> (Roman de Jaufré).

Aux prés s'ouvre la fleur nouvelle ;
De nouveau voici l'hirondelle ;
Voici le soleil de nouveau,
    Plus roux, plus beau ;
La feuille au plane est revenue ;
L'ombre est fraîche dans l'avenue,
    Et tout remue !...
    Ah ! pourquoi,
Mon cœur, n'es-tu pas mort, toi ?

La rive est verte ; sur la rive
Où je me repose, il m'arrive
Des grands arbres et des buissons
    Parfums, chansons.
Toute branche embaume, fleurie ;
Tout rit, tout chante ; car la vie
    Est si jolie !
    Ah ! pourquoi,
Mon cœur, n'es-tu pas mort, toi ?

De si bastido, li chatouno,
Li chatouneto galantouno,
Cantant emé lou roussignòu,
    Vènon pèr vòu.
Courron, trapejon li floureto,
E parlon de sis amoureto :
    Soun pas souleto...
      O moun cor,
    Perqué sies pas mort ?

Ah ! que la joio reviscoulo !
Anen, fasès la farandoulo ;
Anen, dansas 'mé li jouvènt,
    Lou péu au vènt.
Vivo, enflourado, entre li roure,
An ! courrès, qu'èi brave de courre
    Risès, iéu ploure !
      O moun cor,
    Perqué sies pas mort !

E, chascun emé sa chascuno.
Dansaran fin-qu'au clar de luno
Mai la tiéuno revendra plu
    Dansa 'mé tu.
Ah ! pecaire, qu'èro braveto,
E que l'amave, la bruneto !
    Aro èi moungeto...
      O moun cor,
    Perqué sies pas mort ?

Des *bastides*, les jeunes filles,
Les jeunes fillettes gentilles,
Chantant avec les rossignols,
      Viennent par vols.
Elles courent dans les fleurettes
Et parlent de leurs amourettes,
     Mais pas seulettes...
        Ah ! pourquoi,
  Mon cœur, n'es-tu pas mort, toi ?

La joie éveille, enivre, affole !
Allons ! faites la farandole ;
Dansez avec vos poursuivants,
      Cheveux aux vents.
Courez, que votre pas effleure
L'herbe sous les rouvres, c'est l'heure ;
     Riez, je pleure !
        Ah ! pourquoi,
  Mon cœur, n'es-tu pas mort, toi ?

Et chacun avec sa chacune
Dansera jusqu'au clair de lune ;
Mais la tienne à la danse, hélas !
      Ne viendra pas !
Qu'elle était belle, la brunette !
Et que je l'aimais donc !.. Pauvrette !
     Elle est nonnette !..
        Ah ! pourquoi,
  Mon cœur, n'es-tu pas mort, toi ?

LI PIBOULO

AU FELIBRE ANSÈUME MATIÉU

I

Ta ramo tant aut escalo
Que ta tèsto, au ventoulet,
Arregardo sus l'espalo,
Sus l'espalo dóu coulet;

Bello lèio de grand pibo
Enfioucado dóu tremount,
Que veses sus l'autro ribo ?
Que veses d'aperamount ?

Souto l'auro bressarello
Que li fasiè tremoula,
Li pibo saludarello,
Li piboulo m'an parla :

— Vesèn rèn dins li grand terro
Que lis aubre e que li mas ;
La niue claro es à l'espèro
Dóu soulèu rouge qu'èi las.

— A l'espèro es pas souleto,
La niue : espère tambèn...
— Vesèn uno chatouneto
Bello coume lou printèm,

Que camino, que camino,
Lóugeireto à travès champ.
Roussignòu e cardelino
La saludon en passant.

LES PEUPLIERS

AU POÈTE ANSELME MATHIEU

I

Ta tête, au vent qui la frôle,
Monte si haut, qu'elle fait,
Passant par-dessus l'épaule
De la colline, le guet ;

De peupliers belle allée,
Enflammée aux feux du soir,
De là-haut, dans la vallée,
De là-haut que peux-tu voir ?

Tandis que leur front salue,
Au vent berceur ébranlé,
Les arbres de l'avenue,
Les peupliers m'ont parlé :

— Nous ne voyons, sur la pente,
Que les arbres et les *mas* ;
La nuit claire est dans l'attente
Du grand soleil rouge, las.

— Si la nuit attend et guette,
Je fais comme elle, j'attends !...
— Nous voyons une fillette
Belle comme le printemps,

Qui chemine, qui chemine,
Vive et leste, à travers champs.
Rossignol et penduline
L'accueillent des plus doux chants.

Es amado, la jouvènto,
Dis auceloun dóu païs,
Car, pèr tóuti bènfasènto,
N'a jamai davera 'n nis.

Ve-l'aqui roso e sereno,
Roso coumè lou matin,
Emé lou blad de si treno,
E soun jougne souple e prim. —

— Ah ! se l'espèro èi marrido,
Te vèire es un ur de rèi :
O, te vèire, ouro flourido,
Bèu bonur que toujour crèi !

Verdo lèio, tant ramudo,
Trasès l'oumbrun e la pas !
Bello lèio, fugués mudo ;
Fugués mut, colo e campas ! —

Souto l'auro bressarello
Que li fasié tressali,
Li pibo saludarello,
Li piboulo an trefouli !

II

Ta ramo tant aut escalo
Que ta tèsto, au ventoulet,
Arregardo sus l'espalo,
Sus l'espalo dóu coulet ;

Bello lèio de grand pibo,
Enfioucado dóu tremount,
Que veses sus l'autro ribo ?
Que veses d'aperamount ?

Elle est chère, la mignonne,
Aux oisillons du pays ;
Car pour tous elle si bonne,
Ne pilla jamais leurs nids.

La voilà fleur de jeunesse,
Rose comme le matin,
Avec le blé de sa tresse
Sur son buste souple et fin. —

— Si t'attendre, ma chérie,
Si t'attendre est dur pour moi,
Te voir est heure fleurie,
Te voir est bonheur de roi !

Etends, paisible feuillée,
Tes rameaux les plus discrets !
Sois muette, belle allée :
Champs, coteaux, soyez muets ! —

Tandis que leur front salue,
Tressaillant au souffle ami,
De plaisir dans l'avenue
Les peupliers ont frémi !

II

Ta tête, au vent qui la frôle,
Monte si haut qu'elle fait,
Passant par-dessus l'épaule
De la colline, le guet ;

De peupliers belle allée,
Enflammée aux feux du soir,
De là-haut dans la vallée,
De là-haut, que peux-tu voir ?

Souto l'auro bressarello
Que li fasiè tremoula,
Li pibo saludarello,
Li piboulo m'an parla :

— N'en vesèn toun amigueto
Courre coume un perdigau...
Ve-l'aqui vers la sourgueto,
Ve-l'aqui vers soun oustau.

A li rouito sus li gauto ;
A lis iue plen de belu,
E soun pichot cor ressauto
Souto soun poulit fichu.

E la cabro toujour lèsto
Ie vèn sauta ' l'endavan ;
Lou chin, pèr ie faire fèsto,
Ie japo e lipo li man,

Mai, sus lou pas de la porto,
I' a lou vièi qu'es aplanta ;
A di : — Chatouno, pèr orto,
D'ounte vèn qu'as tant resta ? —

N'en vesèn peréu la maire
Que s'entourno dóu jardin :
— As mai vist toun calignaire ?
Ve ! t'empestelle dedin !...

E la maire, de sa faudo,
Embandis tout ço qu'avié : —
Mounto, mounto, fouligaudo !... —
Soun deja dins l'escalié.

Tandis que leur front salue,
Au vent berceur ébranlé,
Les arbres de l'avenue,
Les peupliers m'ont parlé...

— Nous voyons courir ta belle
Comme un perdreau... La voilà
Vers la fontaine, et c'est elle
Près de sa maison déjà !

La rougeur est sur sa joue ;
Ses yeux sont pleins de lueurs ;
Son cœur, en sautant, secoue
Son joli mouchoir à fleurs.

Et la chevrette, de joie,
Vient bondir devant ses pas ;
Et pour la fêter aboie
Le chien, qui lèche ses bras.

Mais au seuil est le vieux père:
— Pourquoi, fille, quand tu sors,
Lui dit-il d'un ton sévère,
Es-tu si longtemps dehors ?

Nous voyons rentrer la mère
Du jardin : — Tu l'as revu
Ton galant ce soir, ma chère?
Je te mets sous clé, sais-tu !...

Et la mère devant elle
Vide là son tablier : —
Monte, folle sans cervelle !... —
Elles sont dans l'escalier.

Ai ! ai ! m'an di li piboulo,
Vesèn plus rèn... Que farà
La pauro ? Ço que treboulo
Èi qu'avèn ausi ploura. —

Souto l'auro bressarello
Que li fasié tremoula,
Li pibo saludarello,
Li piboulo an gingoula !

LIS INNOUCÈNT

OBRO TERNENCO

I

LOU CHIN DE SANT JOUSÈ

A JULI GIERA

Lou soulèu viro, e foro dis oustau
Tóuti s'envan cerca 'n pau la fresquiero.
Quéti bon rire ! arregardas, fan gau,
Lis enfantoun qu'au mièi de la carriero,
Danson un brande arrapa pèr la man...
   Un chin, de-longo, eila gingoulo :
Fai tremoula li maire, aplanto lis enfant,
   Soun crid que jalo li mesoulo !

— Per-de-que, maire, aquèu chin a japa ?
— N'en sabe rèn ! Sabe pas que vòu dire.
— O quet esfrai ! — Hè ! vous esfraiés pa ;
Poudès sauta, mis enfant, poudès rire :

Hélas ! dans la chambre close
Notre œil ne peut pénétrer...
Ce qui nous fait quelque chose,
C'est d'avoir ouï pleurer. —

Tandis que leur front salue,
Bercé par le souffle ami,
De douleur dans l'avenue
Les peupliers ont gémi !

LES INNOCENTS

TRILOGIE

I

LE CHIEN DE SAINT JOSEPH

Le soleil tourne ; aussitôt des maisons,
A la fraîcheur, voyez sortir le monde !
Quels rires gais d'enfants ! qu'ils sont mignons,
Tous par la main se tenant dans leur ronde...
Un chien là-bas par un long hurlement
    Trouble seul cette heure si belle :
Plus de jeux ! chaque mère en a le tremblement :
    Ce cri jusqu'aux moelles me gèle !

— Pourquoi ce chien, mère, a-t-il aboyé ?
— Je ne sais pas ce que cela veut dire.
— Oh ! que j'ai peur ! — Sans en être effrayé,
Tu peux sauter, enfant, et tu peux rire :

Dins lou quartié i'a pas ges de malaut. —
E tourna-mai lou chin gingoulo,
Tourna-mai restountis coume un tron sènso uiau,
Soun crid que jalo li mesoulo !

— I'a pas de que nous douna tant de pòu :
Es pièi qu'un chin que japo dins l'estable ;
L'an embarra : (pourrié n'en veni fòu !)
Vaqui perqué fai un sabat dóu diable !
Durbès la porto, anas querre la clau,
E veirés se toujour gingoulo. —
E ie duerbon... e jito, en sautant dóu lindau,
Un crid que jalo li mesoulo !

— Oi ! es Labri, lou chin de Sant Jóusè,
Qu'un paure pastre aduguè di mountagno ;
Èi bèn acò, car a, coume vesè,
Lou mourre blanc e la tèsto castagno ;
La niue passado, en partènt, l'an leissa,
E dóu làngui lou chin gingoulo,
E creiriéu que quaucun pamens vai trespassa,
Tant soun crid jalo li mesoulo !

— Labri ! Labri ! cridavon lis enfant,
Faguen ensèn quàuqui cambareleto...
Mai t'enchau pas, fougnes ; as belèu fam ?
Vaqui de pan ! — De si bèlli maneto
Lis innoucènt lèu-lèu l'an flateja....
Oh ! mai lou chin sèmpre gingoulo,
E li regardo, e crido, e noun vòu rèn manja,
E soun crid jalo li mesoulo !

Pas de malade en tout ce quartier-ci. —
    Mais le chien hurle de plus belle ;
Tonnerre sans éclair, de plus belle son cri
    Jusque dans les moelles me gèle

— Si peu doit-il nous donner tant d'effroi ?
Ce n'est qu'un chien aboyant dans l'étable ;
D'être enfermé le rend fou; c'est pourquoi
Il fait, ce soir, ce train épouvantable.
Cherchez la clef ! ouvrez ! Vous verrez bien
    S'il hurle ensuite de plus belle. —
En bondissant du seuil, il pousse un cri, le chien,
    Qui jusques aux moelles me gèle !

— De saint Joseph, tiens ! c'est le chien Labri,
    De la montagne amené par un pâtre ;
Vous le voyez, il a — c'est, bien sûr, lui !—
    Le museau blanc et la tête noirâtre ;
Ils l'ont, hier soir, laissé seul en partant !
    L'ennui l'aura pris... De plus belle
Il hurle encor ! quelqu'un doit trépasser pourtant !
    Son cri jusqu'aux moelles me gèle !

— Labri ! Labri ! criait chaque bambin,
    Cabriolons ensemble !... tends la patte !
Tu boudes donc?...As-tu faim ? mords ce pain ! —
    Et, sans tarder, de leur main délicate
Les Innocents de caresser le chien...
    Il n'en hurle que de plus belle !
Il les regarde, il crie, il ne veut manger rien,
    Son cri jusqu'aux moelles me gèle !

Labri ! Labri ! mai nous couneisses plus ! —
E chasque enfant, alor, s'escarrabiho,
E fai de bound pèr ie sauta dessus,
Tire sa co, s'aganto à sis auriho....
Toujour pameus lou chin crido plus fort ;
  Mai es pas pèr rèn que gingoulo :
Aquéu brama de chin es un brama de mort,
  Brama que jalo li mesoulo !

Eila, que vese ?... Es de pousso o de fum,
Sus lou camin.... Es lou vòu d'uno armado.
Auses de liuen crèisse soun tremoulun,
Arregardas quant d'espaso tirado !
Ome e chivau arribon tout relènt.
  E subran lou chin que gingoulo
Partigue 'n gingoulant au founs de Betelèn....
  Soun crid jalavo li mesoulo !

II

LOU CHAPLE

A M. MOQUIN-TANDON, DE L'INSTITUT

Pestelas, coutas vòsti porto,
Car li boumian que soun pèr orto,
Sabès pas, maire, mounte van ?
Escoundès, levas de davan
  E li bressolo e lis enfant ;
  Empourtas-lèi liuen d'aquest rode !..
Soun li bourrèu manda pèr noste rèi Erode !
Ni lagremo, ni crid li faran requiela.
  Escoundès lis enfant de la,
  Maire ! li van escoutela !

— Labri ! Labri ! tu ne nous connais plus ! —
Et chaque enfant autour du chien s'éveille,
Et fait des bonds pour lui sauter dessus,
Tire sa queue ou le prend par l'oreille.
Le chien se plaint toujours d'un ton plus fort ;
Est-ce pour rien que de plus belle
Il jette un hurlement — vrai hurlement de mort —
Qui jusques aux moelles me gèle ?

Mais qu'aperçois-je, encor dans le lointain ?
De la poussière ? ou bien de la fumée ?
Ce tourbillon fait trembler le terrain ;
L'épée au poing accourt tout une armée !
Hommes, chevaux ruissellent de sueur..
Le chien, qui hurle de plus belle,
Au fond de Bethléem part, semant la terreur...
Son cri jusqu'aux moelles me gèle !

II

LE MASSACRE

Fermez, barricadez la porte,
Mères, ce que la horde apporte,
L'ignorez-vous donc ? De devant
Les yeux féroces du brigand,
Otez la berce ! ôtez l'enfant !
Cachez-les ! que nul ne les voie !..
Car ce sont les bourreaux qu'Hérode nous envoie !
Vos larmes ni vos cris ne les fléchiront pas.
Vos beaux enfants de lait, hélas !
Vont mourir sous le coutelas!

O maire ! dedins li carriero,
Pèr fugi siegues pas tardiero ;
Encourrès-vous, sèns defali,
Que Betelen vai s'avali !
Sus vosto cor atremouli
Sarras vosto enfant que soumiho ;
Estoufas, de la man, si crid, se vous rouviho !
Lou grand chaple acoumenço... Entendès pas gula :
— Ounte soun lis enfant de la ?
Que li voulèn escoutela ?

Esclapen li porto barrado !
Un pau d'ajudo, cambarado !
Dins la porto d'aquest oustau
Jouguen, jouguen de la destrau !
— I'a pas rès l'subre lou lindau
Digue 'no femo touto blavo.
Mai la chourmo deja dins l'oustau escalavo :
— Dins li membre d'en aut avèn ausi quila !...
Lou voulèn, toun enfant de la !
Lou voulèn pèr l'escoutela ! —

Oh ! quènti cop ! quento batèsto !
Soun pas proun fort ; la maire èi lèsto,
A pres l'enfant ; mai lou bourrèu
Que tèn la maire pèr li péu,
Pico l'enfant qu'à soun mamèu
Tiravo encaro uno goulado !
Bon Diéu ! que soun espaso èro bèn amoulado !...
E l'enfant, en dous tros, barrulo apereila !
— Ounte n'i 'a mai d'enfant de la,
Que lis anen escoutela ? —

Mères, fuyez, prenez l'avance !
Courez, fuyez sans défaillance !
Ne vous laissez pas ralentir !
Bethléem va s'anéantir !
Sur votre cœur qu'il sent bondir
Serrez votre enfant qui sommeille ;
Etouffez de la main ses cris, s'il se réveille !
Les massacreurs en train hurlent : — N'avez-vous pas
De beaux enfants de lait là-bas ?
Ils mourront sous nos coutelas !

Brisons, brisons les barricades !
Un peu d'aide, les camarades !
Et de l'huis de cette maison
La hache nous fera raison !
— Il n'est céans ancun garçon,
Dit une femme toute blême.
Mais la horde au logis montait à l'instant même :
— Dans les chambres d'en haut quelqu'un crie en tout cas !
Ton enfant de lait, de ce pas,
Va mourir sous nos coutelas ! —

Oh ! quelle lutte ! quelle guerre !
Plus forte ou plus preste, la mère
Emporte l'enfant vagissant ;
Mais, aux cheveux la saisissant,
Le bourreau frappe l'innocent
Qui tire encore une lampée !
Bon Dieu ! qu'il avait bien aiguisé son épée !...
L'enfant en deux tronçons roule !... N'avez-vous pas
D'autres enfants de lait, là-bas,
Qui meurent sous nos coutelas ?

E, ço que sèmblo pas de crèire !
Erode, à la niue, venguè vèire
S'avien sagata tout lou vòu.
Betelèn, tout mut, fasié pòu !
Tèms-en-tèms, soun pèd, pèr lou sòu,
S'embrouncavo i cambo d'un drole.
Erode, en caminant, disié 'nsin ; — Qu'acò 's drole,
De n'entèndre, esto niue, res boufa, res parla !...
Ounte soun, lis enfant de la ?
Lis an tóutis escoutela ! —

O Rèi ! sies mèstre en aquesto ourò !
Que te fai Betelèn que plouro,
Que te fai d'èstre ensaunousi ?
Digo à ti bourrèu gramaci !
Dins toun palais, à toun lesi,
Vai faire un som dessus l'ermiño.
Un jour, qu'es pas bèn liuen, manja pèr la vermiño,
De toun sèti tant aut te veiren davala...
Soun pas tóutis escoutela,
Erode, lis enfant de la !

III

LI PLAGNUN

A VITOUR DURET

Sian maire, pourren plus jamai nous assoula :
An chapla
Nòsti bèus enfant de la !
Ai !

Puis Hérode — l'eût-on pu croire ? —
Vient voir lui-même à la nuit noire
Si l'essaim entier est détruit.
Bethléem fait peur ! pas un bruit !
Aux jambes d'un pauvre petit
Il heurte parfois dans la rue.
Hérode, en cheminant, se dit : — Rien ne remue !
Où sont-ils les enfants de lait ? Mes bons soldats,
Je crois, n'en épargnèrent pas !
Tout est mort sous leurs coutelas !

Roi, tu triomphes à cette heure !
Que te fait Bethléem qui pleure,
Et le sang dont tu t'es rougi ?
Dis à tes bourreaux : grand merci !
Dans ton palais fais sans souci
Ton somme à loisir sur l'hermine.
Un jour qui n'est pas loin, mangé par la vermine,
De ton siége si haut, ô roi, tu descendras...
Tous les enfants de lait n'ont pas
Succombé sous le coutelas !

III

LES LAMENTATIONS

Nous sommes mères, rien ne nous consolerait :
Ils ont fait
Mourir nos enfants de lait !
— Aïe !

— L'enfant qu'amave tant, l'enfant qu'ai fa teta,
Qu'ai muda,
Dins mi bras l'an sagata !
Ai !

— Lou miéu, emai tetèsse, èro adeja grandet,
È si det
S'arrapèron au teté.
Ai !

D'esfrai l'enfant quilavo, e, d'un cop de coutèu,
Lou bourrèu
Lou derrabè dóu mamèu !
Ai !

— Lou miéu avié trauca li dos dènt de davan...
Paure enfant !
Siéu cuberto de soun sang !
Ai !

— Èro moun bèu proumié. Vouguère proun lucha...
L'an chaucha,
Sout li pèd l'an escracha !
Ai !

— Siéu véuso, e pèr soulas n'aviéu qu'un dins l'oustau,
Tout malaut :
I'an douna lou cop mourtau !
Ai !

— N'aviéu dous : èron bèu, mis enfant, èron blound...
Ounte soun,
Mi pàuri pichot bessoun ?
Ai !

— L'enfant que j'ai moi seule emmaillotté, nourri,
Mon chéri,
Dans mes bras il a péri !
— Aïe !

— Le mien, déjà grandet, tétait encor ; sa main
A mon sein
Se cramponna, mais en vain.
— Aïe !

D'effroi l'enfant criait, et, d'un coup de couteau,
Le bourreau
Du teton sevra l'agneau !
— Aïe !

— Le mien avait déjà deux quenottes perçant...
L'innocent
M'a couverte de son sang !
— Aïe !

— Moi, c'est mon beau premier. En vain je me débats..,
Sous leurs pas
L'écrasent les lourds soldats !
— Aïe !

— Veuve, j'avais pour joie un enfant maladif
Et plaintif :
Ils l'ont tué, le chétif !
— Aïe !

— J'en avais deux : c'étaient deux blonds petits garçons,
Deux bessons...
Où sont-ils, pauvres mignons ?
— Aïe !

— N'en couneissèn plus ges, tant lis an trafiga !
Fau cerca
Sèns pousquè li destousca.
Ai !

E courre de pertout, noun sabe ço que fau
E m'envau
Espinchant d'amount, d'avau!
Ai !

— Sènso te vèire, enfant, vole pas m'entourna...
Ounte ana ?
Iéu pode plus camina !
Ai !

E pamens vourriéu bèn encaro t'embrassa,
E bressa
Ti membrihoun estrassa !
Ai !

— As rèn vist mis enfant ? — Ai pas mai vist li tièu
Que li miéu :
Li maire n'an plus de fiéu !
Ai !

— Sian maire e jamai plus nous pourren assoula :
An chapla
Nòsti bèus enfant de la !
Ai !

— On cherche, on ne peut rien découvrir ! Massacrés,
Déchirés,
Ils sont si défigurés !
— Aïe !

Et je cours au hasard, et je viens, et je vais,
Et ne sais,
O mon Dieu, ce que je fais !
— Aïe !

— Enfant, comment sans toi de ces lieux m'arracher ?..
Où chercher ?
Moi, je ne puis plus marcher !
— Aïe !

Pourtant eussé-je encor volontiers embrassé
Et bercé
Ton petit corps dépecé !
— Aïe !

— As-tu vu mon enfant ? — Je n'ai vu ni le tien
Ni le mien :
Ah ! les mères n'ont plus rien !
— Aïe !

— Nous sommes mères ! Rien ne nous consolerait !
Ils ont fait
Mourir nos enfants de lait !
— Aïe !

FRANÇOIS DELILLE

(M. François DELILLE, né à Marseille vers 1820, longtemps professeur de mathématiques à Paris, est tout à la fois un savant, un félibre majoral et un poète français. Il se propose de réunir sous le titre de : FLOUR DE PROUVÈNÇO (Fleurs de Provence) avec traductions et notes, les poésies qu'il a données dans ces derniers temps aux divers périodiques du Midi, l'ARMANA, la CALANQUE, LOU BRUSC, (la Ruche), l'ALOUETTE DAUPHINOISE, la FARANDOLE

LA PERLO DI BAUS

En crevelant l'areno di ribiero,
O bèn en esfatant li clapas di meniero,
Lou crevèu que tamiso o lou martèu picant
    Dé-fes à l'iue fai briha 'n bèu diamant.

  De-fes, tambèn, la couquiho marino
Grapelouso en dessus, resplendènto en dedin,
Nous porge sus soun nacre uno perleto fino
A rebat rose, blanc, jaune, verd, azurin.

Ansindo, en escalant li colo de Prouvènço,
Un jour arribe i Baus ; ère las, aviéu fam :
Sublime èro l'endré, mai aviéu la cresènço
Que i'avié forço pèiro e pas gaire de pan.

  M'ère engana. Dins lou paure vilage,
    Au regard dóu vièi castelas,
I'avié 'n brave oustalet, un plasènt ermitage
Oufrissènt un bon lié, bono taulo e soulas.

etc. Il est en outre l'auteur d'un recueil intitulé CHANTS DES FÉLI-BRES, où nous avons puisé de précieux renseignements bibliographiques et où il a eu, comme nous, l'ambition de faire connaître et admirer la Muse provençale, en traduisant en vers français ses plus belles inspirations. Peut-être eût-il mieux atteint son but, en donnant les originaux en regard de ses copies. — Les deux poésies qu'il nous a permis d'insérer ici, montrent dans son talent de la sensibilité, du naturel et de la fraîcheur. M. Delille a été maintes fois couronné dans les concours littéraires du Midi.)

LA PERLE DES BAUX [1]

    En passant le sable des rivières,
    En cassant la roche des carrières,
Parfois dans le tamis, comme sous le marteau,
Brille un diamant fin et de la plus belle eau.

    Parfois aussi la coquille marine,
Graveleuse au dehors et splendide au dedans,
Dans sa nacre à la vue offre une perle fine
Aux reflets azurés, rosés, verts, jaunes, blancs.

C'est ainsi que, grimpant sur les cols de Provence,
Je vins un jour aux Baux ; j'étais las, j'avais faim.
Sublime était l'endroit, mais j'avais la croyance
D'y trouver les cailloux par tas, et pas de pain.

    Je me trompais. Dans le pauvre village,
Vis-à-vis du château que le temps abolit,
Un honnête logis, un plaisant ermitage
M'offrit délassement, bonne table et bon lit.

E la fiho de l'oste, uno chato Baussenco,
Fresco coumo uno flour sus li mourre creissènt,
M'aduguè moun repas, e la bello Arlatenco,
Muto, me lou servié, mai d'un èr sourrisènt.

L'endeman partiguère, e noun sènso tristesso ;
 Mai au moumen qu'anave davala,
Rouginello vers iéu s'avancè moun oustesso,
 E me diguè de soun tant dous parla :

— Moun segne, ai un album rouge, à trancho daurado :
Quand vènon à l'oustau de moussu coume vous,
Li prègue de m'escriéure eicito uno pensado :
Voulès-ti, vous tambèn, me leissa 'n mot courous ?

— Bèn voulountié, madamisello ! ié diguère. —
E, prenènt moun creioun, tout d'un-tèms meteguère
 (D'aquelo flour dis Aup alenant lou perfum),
  Aquésti vers sus soun album :

  Oh ! coume sara poulideto,
  Quand sara vestido en nouvieto,
  La douço e gènto chatouneto
Que, coume un bèu diamant dedins lou gres enclaus,
  Lusis sus li roco di Baus !

1879

MORTO EN ARLE

Sabès qu'en-aut tout es la vido,
Sabès qu'en-bas tout n'es que mort.
Juli Canounge. *Bruno-la-Bloundo.*

A viscu, la bello Arlatenco
Que m'èro apareigudo eilamount, vers li Baus !
 Oh ! plouras-la, chato Baussenco ;
Vosto amigueto dort dins l'eterne repaus.

Et la fille de l'hôte, avenante fillette,
Fraîche comme des prés la virginale fleur,
M'apportant mon repas, me le servit, muette,
Mais d'un air souriant, qui me fit joie au cœur.

Le lendemain, je dus partir, non sans tristesse ;
Au moment où j'étais tout prêt à m'en aller,
Rougissante, vers moi s'avança mon hôtesse,
  Qui me dit dans son doux parler :

— Seigneur, de mon album rouge et doré sur tranches
Aux messieurs comme vous qui se logent ici,
Je demande d'orner d'un mot les pages blanches :
Voulez-vous m'y laisser une pensée aussi ?

 — Bien volontiers, dis-je, mademoiselle !
Et prenant mon crayon, je mis, — je me rappelle —
(Aspirant le parfum de la fleur des déserts)
  Sur son album ces quelques vers :

  Qu'elle sera belle, habillée
    En mariée,
L'enfant, chez qui douceur à grâce est alliée,
Et qui, beau diamant au sein du grès enclos,
  Brille sur les roches des Baux !

MORTE DANS ARLES

> Vous savez que là-haut tout est la vie,
> Vous savez qu'ici-bas tout n'est que mort.
> JULES CANONGE, *Brune-la-Blonde*.

 Elle a vécu la jeune Belle
Qui là-haut, vers les Baux, m'apparut un matin !
 Filles des Baux, pleurez sur elle :
La jeune amie, hélas ! dort du sommeil sans fin.

Au diamant l'aviéu coumparado,
Car n'avié tout l'esclat, touto la pureta !
Perlo di Baus, l'aviéu noumado,
Deguno aguènt mai qu'elo esperit e bounta.

Elo nascudo sus li colo,
Au soulèu prouvençau, dins l'impèri dóu vènt,
E falié que l'aureto folo
Vaneguesse à l'entour de soun front inoucènt

De sa cabeladuro fino
Avié besoun que l'èr frustèsse li bèndèu,
E que, souto sa mousselino,
Dounesse lou regounfle à si sen vierginèu.

Enfant de la grando naturo,
Ansin creissè, vint an, en frescour, en bèuta ;
Pèr pas peri, la roso puro
Sus soun mount nadalen aurié degu resta.

Mai la jouvènto de quau parle,
De-vers lou Rose, un jour, davalè 'mé si gènt,
E, dins un sourne quartié d'Arle,
S'es, ai las ! de sa vido agouta lou sourgènt.

Di vilo vous valon rèn l'aire
E li carriero ounte noun se vèi lou soulèu :
Fugissès-li, fiéu dóu terraire,
Que sias na, que vivès dins li pauris amèu.

Estas, estas dins la campagno :
Aqui sarès toujour ounèste, bon e san ;
L'ome es fort quand vèn di mountagno :
Dins li vilo, si forço e si vertu s'en van...

Je l'avais naguère égalée
Au diamant, comme elle éclat et pureté,
Et Perle des Baux appelée ;
Nulle autre n'ayant plus d'esprit ni de bonté.

Née entre nos collines grises,
Dans l'empire du vent, au soleil provençal,
Il lui fallait les folles brises
Se jouant alentour de son front virginal ;

Et si sa chevelure fine
Avait besoin que l'air effleurât ses bandeaux,
Il fallait, sous sa mousseline,
Qu'un libre souffle enflât ses jeunes seins jumeaux.

Enfant de la grande nature,
Vingt ans elle put croître en fraîcheur, en beauté ;
Elle aurait dû, la rose pure,
Rester, pour vivre, au mont natal jamais quitté !

Mais hélas ! avec sa famille,
Vers le Rhône on la vit descendre ; et de ses jours
La source où nul rayon ne brille,
Dans un sombre quartier d'Arles tarit son cours.

Des villes l'air est délétère ;
Et la rue, où jamais le soleil ne se voit,
Fuyez-la, vous, fils de la terre,
Qui naissez, qui vivez sous un agreste toit.

Restez, restez dans nos campagnes :
Vous serez toujours sains, et bons, et probes, là ;
L'homme est fort qui vient des montagnes ;
Dans les villes, vigueur et vertu, tout s'en va,

Es pèr i'estre anado qu'es morto,
La vierge di cresten que tant amiravian;
E, ciéutadin, fasèn escorto
A la fiho di mas, que n'avié pas vint an.

Li chato d'Arle, que l'amavon,
L'an seguido à soun cros, plourant sout si velet;
E iéu, dins lou tèms que pregavon,
Ai fa, d'aquesti vers, pèr elo un blanc bouquet.

A viscu, la bello Arlatenco
Que m'èro apareigudo eilamount, vers li Baus!
Oh! plouras-la, jouvo Craenco:
Vosto amigueto dort dins l'eterne repaus

1880

NOTE·

(1) La jeune provençale dont il est question dans cette pièce et la suivante, comme dans la *Morte des Baux* de M. de Gagnaud qu'on trouvera plus loin, s'appelait Mademoiselle Maria Moulin. Son père tenait l'unique hôtellerie de cette étrange ville des Baux, aujourd'hui presque déserte, vraie Pompéi du moyen-âge, pour nous servir de l'expression de M. Paul Arène, qui a donné dans le *Tour de France*

C'est de la ville qu'elle est morte,
La Vierge des sommets, en son jeune printemps,
Et, bourgeois, nous formons escorte
A la fille des *mas* qui n'avait pas vingt ans.

A sa tombe elle fut suivie
Des filles d'Arle en pleurs sous leur voile ; et j'ai fait,
Pendant que leur chœur pleure ou prie,
J'ai fait, moi, de ces vers pour elle un blanc bouquet.

Elle a vécu, la jeune Belle,
Qui là-haut, vers les Baux, m'apparut un matin !
Filles de Crau, pleurez sur elle :
La jeune amie, hélas ! dort du sommeil sans fin !

---

un charmant récit de sa visite à cette ruine. Il y parle de Mademoiselle Maria Moulin, de « ses beaux yeux de quinze ans, et de son galant costume arlésien tout dentelle ou velours, le jupon fastueux qui laisse voir le petit pied, le fichu plissé découvrant la nuque, et l'ornement de tête à la fois gracieux et fier avec son ruban plat largement brodé et sa coiffe à jour relevée en coquille. » Et l'on comprend que Félibres et Cigaliers aient souvent célébré avec enthousiasme cette poétique figure qui devait sitôt disparaître.

A. DE GAGNAUD

(M. Léon de BERLUC-PERUSSIS, qui signe ordinairement ses poésies du pseudonyme A. de Gagnaud, ancien président de l'Académie d'Aix, Félibre majoral, est né à Apt, en 1835. Il a exercé une salutaire influence sur la Renaissance littéraire du Midi, en combattant les exagérations de la première heure qui entraînèrent certains Félibres jusqu'à proscrire absolument de leurs œuvres la langue de la grande Patrie et à n'employer que celle de la petite. Il a fait comprendre à presque tous que les deux langues pouvaient vivre côte à côte dans les lettres, de même qu'elles vivent dans le peuple. Prêchant d'exemple comme MM. Paul Arène, Maurice Faure, Jules Gaillard, Aimé Giron, Gaut et Bistagne, il écrit et chante avec la même supériorité dans la langue de Mistral et dans celle de Racine. Le sonnet est le genre de poème qu'affectionne et où excelle ce Félibre essentiellement ingénieux et délicat. Il a publié, de 1874 à 1878, à Aix, ville qu'il habite une partie de l'année, l'ALMANACH DU SONNET, où il avait pour collaborateurs les meilleurs sonnettistes provençaux et français. On re-

---

LA MORTO DI BAUS

A FRANCÉS DELILLE

Miechouro de tèms tout bèu just l'ai visto,
Un vèspre d'avoust qu'i Baus sian mounta,
E dins iéu, despièi, soun dous record isto.

Aurias dit Faneto o Lauro : bèuta,
Este de barouno e gràci d'artisto,
Avié tout pèr elo, emai braveta.
Davans soun lindau erian asseta :
Uno miechoureto à peno l'ai visto.

grette que ses poésies, éparses dans la collection de cet Almanach, dans les SONNETS CURIEUX ET SONNETS CÉLÈBRES de Le Duc, dans la MONOGRAPHIE DU SONNET de Veyrières, dans l'EXPOSITION RÉTROSPECTIVE D'AUTOGRAPHES et les autres recueils isographiques d'Alexis Rousset, dans le NOUVEAU PARNASSE FRANÇAIS et les POÈTES CONTEMPORAINS (Leipzig), dans l'ALBUM MACÉDO-ROUMAIN (Bucharest), etc., n'aient pas encore été réunies en volume ; elles le seront certainement un jour et feront regarder leur auteur comme le Joséphin Soulary de la Provence.

Un des titres de M. de Berluc, dont la famille, établie en France depuis des siècles, est originaire d'Italie, à la reconnaissance des lettrés des deux côtés des Alpes, est la part principale qu'il a prise à l'organisation des fêtes internationales, si brillamment célébrées à Avignon, en 1874, pour le cinquième centenaire de la mort de Pétrarque.

Sera-t-il permis enfin à celui qui écrit ces lignes d'exprimer publiquement ici sa vive reconnaissance envers l'homme de goût exquis et d'inépuisable obligeance qui seul lui a rendu possible l'exécution de sa tâche témérairement entreprise?)

LA MORTE DES BAUX

A FRANÇOIS DELILLE

Je l'ai vue à peine une demi-heure,
Quand je suis aux Baux, un soir d'août, monté ;
Son frais souvenir, depuis, me demeure.

On eût dit Phanette ou Laure : à beauté,
Grand air, grâce artiste et supérieure,
Elle mariait sagesse et bonté.
Près d'elle, devant sa porte, resté,
Je l'ai vue à peine une demi-heure,

Pamens, sus moun cor, tis estànci tristo.
An, coume de plour, plan-plan degouta,
E m'es un soulas que ta man requisto
En de vers maubren nous l'ague esculta.

S'un jour vers li Baus pode mai mounta,
Au pas de la porto ounte l'aviéu visto
Vole miechoureto ana m'asseta
E ie legirai tis estrofo misto.

L'IVÈR IS AUP

A MA FIHO

Glas'e mistrau an lou gouvèr :
En lagremo toumbon li fueio ;
L'aurasso li porto à la sueio ;
Adiéu, cèu pourpau, oumbrin vert !

L'amo, tambèn, a soun ivèr :
La pampo dóu cor se despueio,
E di jour que la flour se cuièo,
Rèsto rèn, qu'un remembre fèr.

Au daut, pamens, di gràndi pènto,
La sapino, eterno jouvènto,
Verdejo encaro sout la nèu.

Ansinto lou cendrun de l'amo
Gardo un recaliéu riserèu
Tant que rèsto un cor que nous amo.

Sur mon cœur pourtant ta stance qui pleure
Goutte doucement ; l'être regretté,
En ton vers de marbre, à nos yeux qu'il leurre,
Par ta main choisie est rendu sculpté.

Je voudrais, aux Baux un jour remonté,
Sur ce même seuil, une demi-heure
Assis de nouveau par un soir d'été,
Lire les doux vers où ta voix la pleure.

L'HIVER AUX ALPES

A MA FILLE

Gel et mistral régnent dans l'air ;
Comme un pleur tombe chaque feuille,
Que le bourbier bientôt recueille.
Adieu, vert ombrage et ciel clair !

L'âme aussi, l'âme a son hiver ;
Du cœur le pampre aussi s'effeuille,
Et le temps, où la fleur se cueille,
N'est plus qu'un souvenir amer.

Mais dans sa jeunesse éternelle
Sous la blancheur universelle
Le pin des monts verdoie un peu.

Aux cendres de l'âme de même
Rit une étincelle de feu,
Tant qu'il reste un cœur qui nous aime.

LOU PAN D'AMOUR
A TEODOR AUBANEL

> Manjas d'aise lou pan d'amour,
> Se n'en manjo pas chasque jour.
> T. AUBANEL.

N'en voudrian tasta cade jour
Dóu pan sabourous de l'amour !

L'amour, pèrfes, dòu Cèu devalo,
E voulastrejo à noste entour ;
Mai se voulèn l'aganta l'alo,
Vers lis auturo celestialo
Quatecant lando, e pèr toujour.

Se n'en pasto pas cade jour
D'aquéu pan goustous dé l'amour !

II

Entre mitan de milo plour,
Quau noun fai soun pantai d'amour ?

Vesèn, de-fes, coumo uno estello
Qu'esbrihaudo pèr sa clarour :
Soun trelus abro la parpello ;
Mai, lou matin, vèn palinello,
E s'amosso quand vèn lou jour.

Es un pantai l'eterne amour :
I'a d'eterne, eici, que li plour !

III

Li voudrian ausi cade jour
Li dóuci cansoun de l'amour.

LE PAIN D'AMOUR
A THÉODORE AUBANEL

> Savourez bien le pain d'amour ;
> On n'en mange pas chaque jour.
> THÉODORE AUBANEL

I

On voudrait goûter chaque jour
Le pain savoureux de l'amour !

Parfois l'amour, que l'âme appelle,
Vole du ciel à notre entour ;
Mais voulons-nous saisir son aile,
Vers sa région éternelle
Il fuit soudain, et sans retour.

On n'en pétrit pas chaque jour
De ce pain exquis de l'amour!

II

Qui n'a pas, dans notre séjour
De pleurs, fait son rêve d'amour ?

Parfois de sa vive lumière
L'étoile éblouit le pastour :
Elle lui blesse la paupière ;
Pâlie à l'aube matinière,
Elle s'éteint, quand vient le jour.

Pur rêve, l'éternel amour !
Des pleurs ce monde est le séjour !

III

On voudrait ouïr chaque jour
Les douces chansons de l'amour.

De-fes, claro e siavo, descende
Ta voues, pouèto, dins lou gourg ;
Lou cor tressauto quand l'entènde,
L'amo la mai duro se rènde :
Esvarto, uno ouro, si doulour.

O mèstre, emé ti vers d'amour,
Brèsso nòsti cor cade jour !

LA LECO

« Qu'es galant, sout sa lauzo, aquéu pichot eiròu
Clafi de gran rousset ! — Pauras, es uno leco !
Se t'aganto, segur t'espoutis pèr lou sòu ;
Se i'escapes, d'asard, sara pas sènso deco. »

Mai lou passerounet m'ausis rèn. Vaqui, fòu,
Alabre, que s'encourre à la granio, e beco.
Uno plumo a frusta la pèiro, dins soun vòu :
Lou cadafau subran s'amoulouno, e lou seco.

E me disiéu : «Tambèn vautre, pàuris uman,
Asardous, dessena, quant de cop vòsti man
Desbrandon lou roucas que sus vautre susploumbo !

Pitassas dóu plasé ! lis age emple d'asprun,
E, subre voste cap, lèst à vous metre en frun,
Sentès pas crania lou frejau de la toumbo. »

Parfois descend, limpide et tendre,
Ta voix, poète, au gouffre sourd ;
Le cœur tressaute de l'entendre.
Le plus rebelle doit s'y rendre :
Sa peine fuit... un temps trop court.

O Maître, avec tes vers d'amour,
Berce nos âmes chaque jour !

LE PIÈGE [2]

« Que cette petite aire avec son blé doré
Rit sous sa pierre plate ! — Oiseau, la mort t'y guette :
C'est un piège !... En sors-tu, ce n'est que déchiré,
Sanglant ; et plus souvent s'y brise au sol ta tête. »

Mais il ne m'entend pas, l'oisillon effaré ;
Il court, vorace et fou, vers le grain, et becquette...
D'une plume en son vol ne fût-il qu'effleuré,
L'échafaud, s'écroulant, broira la pauvre bête.

Je me disais : « Et vous aussi, tristes humains,
Hasardeux, hors de sens, combien de fois vos mains
Ebranlent le rocher fatal qui vous surplombe !

Aux grappes du plaisir vous mordez âprement,
Sur vos fronts que menace un brusque écrasement,
Ne sentant pas craquer la pierre de la tombe. »

LOU PICHOUN MALAU

Er dóu *Fil de la Vierge*

« O Pastre, pourtas lèu vosto ouferto à Mario,
   A soun enfant ;
Iéu, ie pode p ana : ma tèsto desvario,
   Ploure de sang !
Li milo Aleluia que s'auson de tout caire
   Traucon moun cor ;
Car siéu maire tambèn, e moun pichoun, pecaire,
   Es mita mort ! »

Ero uno dono richo é d'ouslau envejable
   De Betelen,
Que se despoutentavo à dous pas de l'estable
   De cansoun plen.
La joio e l'amarun se tocon dins la vido,
   E, pàuri fòu,
Nóstis ouro de gau, de longo, an pèr seguido
   Lagremo e dòu !

E disié : — « S'èro pas lou mau que nous massolo,
   Bravo meina,
Es pas dins uno grùpi, es dins nosto bressolo,
   Que sariés na.
Dóu meus te vau manda, jacènt benastrugado,
   De fassetoun,
De làni tout bèu just sourti de la bugado,
   Pèr toun nistoun. »

LE PETIT MALADE

Noël sur l'air du *Fil de la Vierge* de Scudo.

« Portez vite, bergers, votre offrande à Marie,
    Au Dieu naissant ;
Moi, je reste, sentant approcher la folie,
    Pleurant du sang !
Les mille *Alleluia*, que m'apporte la brise,
    Percent mon cœur ;
Car je suis mère aussi, mais mon fils agonise...
    Tout mon bonheur ! »

Ainsi de Bethléem une puissante dame
    Se lamentait,
A deux pas de l'étable, où pour une humble femme
    Le ciel chantait.
Joie et chagrin amer se touchent dans la vie ;
    Et, pauvres fous,
Chaque heure de bonheur qui nous tombe est suivie
    De pleurs chez tous.

Elle disait encor : « Sans le mal qui nous tue,
    Enfant si beau,
Tu n'aurais pas pour naître eu la terre battue,
    Mais ce berceau ;
Je t'enverrai du moins, bienheureuse Accouchée,
    Pour ton poupon
Une blanche brassière au clair soleil séchée
    Et qui sent bon ! »

E quand venguè la niue, dóu tèms que soumihavo
L'enfant doulènt,
(Degun saup s'es verai, o bèn se pantaiavo)
La Vièrge vèn.
Ie porge, em'un poutoun, sa peitrino sacrado,
E lou malau
Pas plus lèu n'en beguè la proumiero goulado,
Adiéu lou mau !

PÈR UN CROS

QUE S'ALESTIS DINS UNO CAPELLO DÓU CAMPESTRE PROUVENÇAU

Qu'un jour mis os, emé vòsti relicle, o reire,
Esperon, mescladis, lou soubeiran revèire.

Mounde, óublido-me dins ma sourno bòri !
Mai qu'un rai d'estiéu rigue à la paret :
Qu'un cant de cigalo, un brama d'aret,
Venguen pièi bressa moun long dourmitòri ;

Emai, qu'en passant, li gènt de l'endré,
De mi vièi parènt lausant lou noum flòri,
Fagon : « Eu, peréu, èro bon e dre,
E d'aquel oustau gardaren memòri » ;

'Mai que, quand vendra, de-fes, dins l'escur,
Prega vers moun cros, ma chato au front pur,
Mescle uno lagremo à l'aigo-signado,

En pas t'atendrai, jour d'eterne gau,
Ounte, emé li rèire, emé la meinado,
Amount bastiren un nouvèu fougau !

La même nuit, la Vierge, à l'heure qu'il sommeille,
Vers le pauvret
Vient.., est-ce dans un rêve? est-ce pendant la veille?
Nul ne le sait.
Marie, en le baisant, lui tend son sein candide
Et virginal,
Et, dès qu'un trait de lait mouille la gorge aride,
Adieu le mal !

POUR UN TOMBEAU

QUE L'ON PRÉPARE DANS UNE CHAPELLE RURALE DE PROVENCE

> Qu'un jour mes os, avec vos reliques, ô aïeux.
> — attendent, mêlés, le souverain revoir.

Dans mon sombre séjour que le monde m'oublie !
Pourvu qu'à ses parois un chaud rayon sourie,
Pourvu que la cigale, en chantant au soleil,
La brebis en bêlant bercent mon long sommeil ;

Que l'habitant des *mas*, gardant, en compagnie
Des noms de tous les miens, ma mémoire bénie,
Dans ces lieux où la mort espère le réveil,
Dise : « Il fut bon et droit ; il fut bien leur pareil » ;

Que parfois, vers le soir, mon ombre paternelle
Voie une tendre fille, au front pur, aux doux yeux,
Répandre un peu d'eau sainte et quelques pleurs pieux,

En paix je t'attendrai, jour de joie éternelle,
Où, l'enfant rejoignant son père et ses aïeux,
Nous nous rebâtirons un foyer dans les cieux !

MOUN OUSTALET

> Es pichoun l'oustau de ma maire.
> Es enca trop grand: sian tant gaire!

I'a pas, dis Aup enjusqu'au Rose,
Castèu que me fague tant gau
Qu'aquest galant pichot oustau,
Que dirias un crevèu de nose.

Entre li cor afeciouna,
Uno brié d'ami, quàuqui libre,
Aqui, cade ivèr, vive libre,
A tira de plan.. d'armana.

Sara pas long pèr lou retraire :
De mòble de Paris n'i' a ges,
Franc bessai d'aquèu pichoun brès,
Souto lou pertra de moun paire ;

E pièi, pèr marca li repas,
Esto pendulo que rabuso :
Quand sias urous, troto, la guso,
E, se sias doulènt, vai au pas.

Vès mi libre sus moun pupitre :
N'i' a pas gaire, diran li gènt ;
Mai, lou sabès, li bons enguènt
Noun se mesuron à calitre.

Es tout d'obro de Prouvençau,
Si vestiduro soun gavoto ;
N'i' a pamens dos d'un pau faroto :
S'entend « *Mirèio* « e « *Calendau.* »

MA MAISONNETTE

> Elle est petite la maison de ma mère.
> Elle est encore trop grande ; nous sommes *si peu*.

De noix ce n'est qu'une coquille ;
Et du Rhône aux Alpes pourtant
Nul château ne me rit autant
Que ma maisonnette gentille.

Entre deux cœurs aimants, bien chers,
Un choix d'amis, quelque bon livre,
Des plans.... d'almanach, j'y viens vivre
En liberté, tous les hivers.

La peinture en est courte à faire :
Là, point de meubles de Paris,
Sauf ce berceau peut-être, mis
Sous ce vieux portrait de mon père.

Et puis, pour marquer les repas,
Cette pendule qui radote :
Est-on joyeux ? la gueuse trotte ;
Triste ? Elle ne va plus qu'au pas

Mes livres sont sur mon pupitre :
— Eh quoi, si peu ? — diront les gens.
Croient-ils donc que les bons onguents
Se mesurent au décalitre ?

Tous ouvrages en Provençal,
A la rustique reliure :
Deux ont plus coquette parure,
J'entends *Mireille* et *Calendal*.

Dins si cadre regardas vèire
Ate, Vau-cluso e Four-cauquié,
Ounte la Vierge dóu clouquié
Vous sourris, dirias, sout soun vèire.

Pièi l'*Album*, libre simpati,
Ounte ai acampa vòsti caro,
Tòuti vàutri que vese encaro,
Vautre tambèn que sias parti!

Lou soulèu is èstro dardaio.
Larg coumo la man, lou jardin
Es tout clafi de jaussemin
Qu'escalon de-long li muraio.

Un jour, nous parara dóu caud,
Lou marrounié que ma fiheto
A semena dintre l'erbeto :
Es deja coume un panicaut.

Vai crèisse emé li souleiado ;
Bebé, que l'asaigo souvent,
Dis qu'à sa sousto, l'an que vèn,
Se fara de bèlli goustado.

Entanterin, pausas lou pèd
Plan-planet long de la viseto,
Que noun boulessias la dineto
Que s'alestis pèr la titè.

Mai, vès-eici cousin, cousino.
Lèu, en avans cordo e baloun !
E tant desbrandon lou saloun
Que n'en vèn sourdo la meirino.

Sous leur verre voyez reluire
Apt et Vaucluse, et se pencher
La bonne Vierge du clocher
De Forcalquier pour vous sourire.

Voilà, livre cher entre tous,
L'*Album* qui groupe vos images,
Vous dont je puis voir les visages,
Vous aussi partis loin de nous !

Le soleil aux vitres dardaille,
Le jardin grand comme la main,
Est tout encombré de jasmin
Grimpant au long de la muraille.

Un jour nous défendra du chaud
Le marronnier planté dans l'herbe
Par ma fillette : arbre superbe !
Comme un champignon déjà haut !

Les soleils le rendront prospère :
Bébé, qui l'arrose sans fin,
Dit qu'à son abri l'an prochain,
De fins goûters se pourront faire.

Longez doucement l'escalier
De peur d'écraser la dinette
Que pour la poupée on apprête
Avec un soin particulier.

Mais voilà cousin et cousines !
Vite, en avant corde et ballon !
Grand'mère est sourde en son salon
Des cris de ces voix enfantines.

O moun galant pichot oustau,
As ges d'armarié ni de gardo ;
En passant, pas res t'arregardo ;
Degun dis : « Aqui rèsto un tau. »

Es pèr acò que moun cor t'amo,
Car sies enveja de degun ;
Coumo uno serro si perfum,
Gardes li doulour de moun amo.

Vuei, pamens, toun umble lintau
En pourtau triounflant s'enarco,
E sies un palais de mounarco,
D'abord qu'as assousta Mistrau.

NOTES

(1) Le sonnet, l'*Hiver aux Alpes*, a été traduit en vers italiens par Enrico Cardona, de Naples.

(2) Le sonnet, le *Piège*, a été traduit en vers italiens par Domenico Ciampoli de Naples, auteur des *Fiori esotici*.

(3) Le sonnet, *Pour un Tombeau*, a obtenu le prix de poésie en langue d'oc au troisième concours de la Société des Langues Romanes, en 1879.

O ma gentillette maison
Sans écusson comme sans garde,
Aucun passant ne te regarde,
Ni du maître ne dit le nom.

C'est pour cela que tu m'es chère.
Nul ne t'envie : et de mon cœur
Tu conserves chaque douleur,
Comme ses parfums, une serre.

Cependant en arc triomphal
Ton linteau se dresse à cette heure ;
D'un roi tu deviens la demeure,
Quand tu peux abriter Mistral.

---

(4) *Ma Maisonnette*, qui a obtenu une médaille au premier concours triennal de la Société des Langues Romanes, en 1875, a été traduite en vers italiens par M. Giuseppe Spera.

Aux nombreuses distinctions qu'ont values à M. de Berluc ses charmantes poésies, la Société nationale d'encouragement au bien vient d'en ajouter une non moins flatteuse et non moins méritée en lui accordant une médaille d'honneur, à cause du caractère moralisateur de ses écrits et de son active propagation du bien.

JULES GAILLARD

(M. Jules GAILLARD était un jeune avocat d'Avignon, quand il envoya au concours ouvert à l'occasion du mi-millénaire de la mort de Pétrarque, ce sonnet qui lui valut la médaille d'or offerte par

---

A PETRARCO

SÓUNET QU'A GAGNA UNO MEDAIO D'OR I JO FLOURAU AVIGNOUNEN

> Di roussignòu e di troubaire
> Vejaqui l'ouro... (*Calendau.*)

Li roso qu'as jitado en de « plueio flourido »
A ta Lauro, es de flour que noun se passiran :
L'amour es lou soulèu que n'a fa l'espelido,
E pèr eigagno vivo es de lagremo qu'an ;

Lou perfum de ti roso e de ti margarido
Se noumo pouësio ; e pèr acó vous fan
Un eterne printèms de glòri benesido
Mounte enfin, tóuti dous, caminas triounfant.

Un amourous trelus aro vous envirouno ;
Chasque siècle, à soun tour, vous jito sa courouno
E saludo, en passant, vosto inmourtalita ;

E rèn qu'en aprouchant de ta divino amado
Pèr ie porge uno flour à peno perfumado,
De-fes vous rèsto au front un rai de sa bèuta.

l'Académie d'Aix ; il a, depuis, quitté le Midi pour Paris, et la « Nouvelle Revue » que dirige madame Edmond Adam et la « Farandole » le comptent ou l'ont compté parmi leurs meilleurs collaborateurs. Qu'il nous pardonne d'avoir essayé de mettre en vers français son beau sonnet, écrit en pur dialecte du Rhône, qu'il eût mieux que personne traduit lui-même, s'il l'eût jugé à propos).

A PETRARQUE

> Des rossignols et des troubadours
> Voici l'heure...
> MISTRAL. *Calendal* (Chant 1)

Les roses, que sur Laure en averse fleurie
Tu jetas, ne sont point de passagères fleurs :
L'amour est le soleil qui leur donna la vie,
Et pour fraîche rosée elles ont eu des pleurs.

Leur suave parfum se nomme poésie ;
Elles vous font, versant sous vos pas leurs senteurs,
Ce printemps éternel d'une gloire bénie,
Où tous deux vous marchez, tardifs triomphateurs.

Un amoureux éclat toujours vous environne ;
Chaque siècle, à son tour, vous jette sa couronne
Et salue, en passant, votre immortalité ;

Et parfois, d'approcher de ta divine aimée
Pour lui tendre une fleur à peine parfumée,
Au front nous reste un pur rayon de sa beauté !

MADAME LAZARINE DANIEL

(Madame Lazarine DANIEL (la Félibresse de la Crau) née à Forcalquier et qui date ses poésies provençales de « l'Etang de Déseau-

L'ESPÉRO DE LA VIERGE

L'estello au cèu beluguejavo,
La bono santo Ano fielavo
Contro Mario, à soun lindau.

— Se fai tard, maire, dis la fiho :
Vès que s'acampon li familho,
Sarié bèn lou tèms dóu repau !

— Travaia pèr li sànti causo
Es uno obro que nous repauso,
Respond Ano, despachen-nous.

S'aprocho l'ouro benesido,
E sabes bèn quau a chausido
Lou Diéu que s'es fa toun espous.

E sèmpre lou gai fus anavo,
E l'estello que se clinavo
Fasié lume coume un soulèu !

Em'acò la vierge ravido,
Novo dins la meiralo vido,
Pregavo, óublidant li banèu.

Mai la Grand que jamai es lasso,
Alestis banèu e bourrasso,
E li faisso e li fassetoun.

mes, » les a publiées pour la plupart dans l'ARMANA PROUVENÇAU, dans le journal LA CIGALE D'OR, dans LA CALANQUE, dans LE JOURNAL DE FORCALQUIER. Nous connaissons aussi de cette félibresse au talent si pur des vers français que nous louerons assez en disant qu'ils sont dignes de ses vers provençaux).

L'ATTENTE DE LA VIERGE

L'étoile au ciel luit, diaphane ;
Sur son seuil, la bonne sainte Anne
Près de Marie est à filer.

— Mère, il se fait tard, dit la fille ;
Voyez rentrer chaque famille,
Reposez-vous de travailler !

— Lorsque pour une sainte chose
L'on travaille, l'œuvre repose,
Répond Anne ; dépêchons-nous.

Elle est proche l'heure bénie,
Et tu sais celle qu'a choisie
Le Dieu qui s'est fait ton époux.

Et gaîment le fuseau chemine;
Et l'étoile au ciel qui s'incline,
Luit comme un soleil ! et pourtant,

Novice à ces doux soins de mère,
La Vierge, ravie, en prière,
Pose les langes un instant.

Mais l'aïeule, d'un grand courage,
Prépare brassière, corsage,
Et langes de molleton fin.

Vaqui que la bressolo es prèsto :
Durbissès li porto celèsto,
Prouféto dóu sant Enfantoun !
. . . .

Mai èro escri — doulént mistèri, —
Que, liuen d'Ano e dóu galant lié,
Diéu naissirié dins la misèri,
Sus la paio d'un rastelié.

Estang de Deseume, 1878

Voilà le berceau prêt : c'est l'heure
D'ouvrir la céleste demeure,
Prophètes de l'Enfant divin !

. . . .

Mais il était dit, — dur mystère, —
Que Dieu sur la paille devait
Naître en la crêche de misère
Loin d'Anne et du lit de duvet.

A l'Etang de Déseaumes, 1878.

PAUL DES HÉBRIDES

(M. Paul des HÉBRIDES est un pseudonyme qui cache le savant abbé Jean-Baptiste TERRIS, vicaire-général de Fréjus, auteur de travaux d'hagiographie et d'histoire littéraire et de poésies

VAI VÈNI

Vai veni, tout es lèst. Es aqui la bressolo
    Bèn caudeto; ounte dourmira;
Es aqui lou troussèu bèn plega; camisolo,
    Làgni, pedas, rèn mancara.

Vai veni ! Tout l'oustau es en aio e rafolo ;
    Rampli tout, lou bèu desira :
Mai la gènto femeto, oh! dirias pas qu'ei folo ?
    Penso à l'angeloun que vendra.

Vène dounc, fru proumié d'un tant poulit mariage,
Paire e maire soulet fan pas tout un meinage ;
    Ié manco encaro un enfantoun.

Pèr que l'obro de Diéu longo-mai s'espandigue,
A l'ile di jardin fau la flour qu'espeligue,
    Au nis lou cant dis auceloun !

provençales et françaises, qui lui ont valu de nombreuses médailles dans les concours ouverts par les Félibres et les Académies du Midi. Il a prononcé, en 1875, aux fêtes de N. D. de Provence à Forcalquier un SERMOUN PROUVENÇAU, regardé à bon droit par les connaisseurs comme l'œuvre oratoire la plus remarquable de la littérature d'oc).

IL VA VENIR

Il va venir ! voilà sa tiède couche prête !
  Voilà son trousseau préparé :
Pas de lange oublié ; la layette est complète ;
  Tout est soigneusement serré.

Il va venir ! voilà tout le logis en fête !
  Il remplit tout, le désiré :
Pour sûr, la jeune femme en a perdu la tête !
  Elle pense à l'ange espéré.

Viens donc, viens, premier fruit d'un si doux mariage,
Père et mère tout seuls ne font pas un ménage ;
  Il manque un enfant au berceau.

Pour que l'œuvre de Dieu sans fin s'épanouisse,
Il faut que tout jardin ait son lis qui fleurisse,
  Comme tout nid, son chant d'oiseau !

ALPHONSE MICHEL

(M. Alphonse MICHEL, né à Mormoiron (Vaucluse) et qui a organisé l'école des Félibres du Var, où il est juge de paix, a publié un recueil de chansons et d'aimables poésies provençales sous le titre

CANSOUN DE NOÇO

PÈR LOU MARIAGE DE MOUN AMI J. L. EMÉ MADAMISELLO F. R.

Èr : *O Bella Napoli.*

La vido es un desert
  Negras, aurouge,
Clafi de lio souvert,
  D'endré ferouge ;
E pèr lou travessa,
Se fau teni 'mbrassa ;
  Car lou mariage
  Soustèn lou viage.

Lou que resto soulet,
  Dison li libre,
Trinasso un gros boulet
  Dins soun jalibre.
Pèr èu vénon jamai
Li risènt mes de Mai,
  E sa cafourno
  Es sèmpre sourno,

Estènt liga d'amour
  L'ome e la fremo
Oublidon si doulour
  E si lagremo ;

de LOU FLASQUET DE MÈSTE MIQUÈU (Le Flacon de Maitre Michel). La grâce de son inspiration lui a valu le surnom d'*Anacréon du Félibrige*. Il a donné en outre de nombreuses pièces à l'ARMANA PROUVENÇAU, et autres périodiques, notamment au BRUSC, où nous en avons remarqué une adressée à Victor Hugo à l'occasion de sa quatrevingtième année. M. Alphonse Michel se sert du dialecte du Rhône).

CHANSON DE NOCE
POUR LE MARIAGE DE MON AMI J. L. ET DE MADEMOISELLE F. R.

Air : *O bella Napoli.*

La vie est un désert
   Sans eau, sans ombre,
D'aridité couvert,
   Farouche et sombre ;
Vous qui le traversez,
Tenez-vous embrassés :
   Car mariage
   Aide au voyage

Qui reste seul se met
   Pour ces passages
   Au pied un gros boulet,
   Disent les sages ;
Jamais ses tristes yeux
Ne voient Mai rire aux cieux ;
   Dans sa caverne
   Règne un jour terne.

Quand l'amour a lié
   L'homme et la femme,
Ils ont vite oublié
   Leurs peines d'âme :

Veson dins soun camin
Que roso e jaussemin :
  Tout i'es beloio,
  Trelus e joio.

Pièi vènon lis enfant,
  Gaio espelido,
Pèr lis amo qu'an fam
  Frucho benido.
Regounfle de cansoun,
D'amour de languisoun ;
  Car la famiho
  Es pouësio....

Ami, dins lou desert
  D'aquesto vido,
A vièure urous e fièr
  Tout vous counvido ;
Car pèr lou mièus passa
Vous tendrés embrassa :
  O, lou mariage
  Soustèn lou viage.

Ils n'ont sur leur chemin
Que rose et que jasmin.
   Tout luit, flamboie,
   Est fête et joie.

Et puis un gai matin,
   Enfants d'éclore,
Fruits bénis que la faim
   Du cœur dévore.
Pleins de ris, de chanson,
De douce affection,
   Par eux la vie
   Est poésie...

Amis, dans les déserts
   De cette vie
A vivre heureux et fiers
   Tout vous convie ;
Car vous les traversez,
Vous tenant embrassés :
   Oui, mariage
   Aide au voyage.

VICTOR LIEUTAUD

(M. Victor LIEUTAUD, né à Apt (Vaucluse) le 8 mai 1844, dernièrement encore conservateur de la Bibliothèque de la ville de Marseille, n'est pas seulement un jeune savant dont on s'accorde à louer le haut mérite, mais aussi un Félibre de valeur, comme suffisent à le prouver les deux sonnets que nous donnons de lui. Il n'a pas réuni en volume ses poésies qui ont été souvent couronnées dans les concours et que les amateurs sont réduits à chercher dans la col-

---

LI CHIVAU CAMARGO

Blanc coume un ile, ardènt, la narro de fiò pleno,
A sa conco Netuno atala li tenié,
E quand, mescla i daufin, i tritoun, i sereno,
Jugavon, aurias di de ciéune un abeié.

Mai se lou vènt siblavo o se, lachant li reno,
Emé soun ficheiroun lou Diéu, piéi, li pougnié,
Coume un vòu de gabian, entre aigo e cèu, sèns peno,
Fusavon, se trufant dis orro brefounié...

Un jour, pamens, de si cauno prefoundo e blouso,
S'escampèron landant, ferouge, liuen dóu Diéu.
Un isclo alin lusis esterlo, salabrouso :

Se i'abrivon, e tant i'agradè lou cassiéu,
Li blàvi sansouirasso, e li palun sagnouso,
Que la Camargo, vuei, es pleno de si fiéu¹

lection de l'ARMANA PROUVENÇAU, de la REVUE DES LANGUES ROMANES, du BRUSC, etc. Nous mentionnerons entre autres un « sonnet », traduit de Pétrarque, couronné aux fêtes d'Avignon, en 1875 ; une pièce en vers assonancés, d'une inspiration très haute, MARIUS, qui a gagné la Cigale d'or, aux fêtes latines de Montpellier en 1878, et un AMOUR qui a gagné la branche de chêne en argent aux fêtes de Barcelone, en 1880. On lui doit des traductions en vers provençaux de quelques-unes des poésies de Catulle et d'Horace. On lui doit aussi des travaux d'érudition fort remarquables. Il a en préparation un ouvrage d'histoire littéraire dont le sujet est le Félibrige qu'il connait mieux que personne. Il en est le chancelier.)

LES CHEVAUX CAMARGUES

Blancs comme un lis, soufflant du feu dans leurs haleines,
Neptune les tenait à sa conque attelés ;
De cygnes on eût dit un vol, quand aux sirènes,
Aux dauphins, aux tritons ils se jouaient, mêlés.

Mais si le vent sifflait, ou si, lâchant les rênes,
Le Dieu, de son trident, les piquait, — affolés,
Ils fusaient, se riant des tourmentes soudaines,
Entre le ciel et l'eau vrais goëlands envolés.

Voici qu'un jour pourtant ils s'échappent, sauvages,
De leurs antres profonds et clairs, loin de leur Dieu !
Ils voient de loin une île aux stériles rivages,

Abordent, et leur race est si bien au milieu
Des grands déserts de sel, des joncs, des marécages,
Qu'elle emplit la Camargue et pullule en tout lieu !

REVIRADO

Quand l'ome pico un chin, la bèsti lacho e basso
Se rebalo à si pèd e lou vèn caressa
En ié lipant li man : — fiéu d'uno noblo raço,
Jusqu'aqui la cadèno a pouscu l'abeissa !

Mai quand l'ome escoundu dedins l'oumbro negrasso,
Tiro su 'n fièr lioun e fai que lou blessa,
Lou grand rèi dóu desert se reviro e l'estrasso :
Perdouno pas lou cop que l'a pas revessa.

Toun èr dous, toun iue faus, ta lengo qu'embelouso
M'an peréu matrassa souto un vièi porge, aièr,
Siéu touca, mai noun mort, maladrecho ufanouso !

Ah ! saupras que siéu pas lou chin que japo e sèr,
Que, bèn mai qu'un lioun ai l'arpio despietouso,
E que porte en moun pitre un cor d'ome, aut e fièr.

RIPOSTE [1]

Quand l'homme frappe un chien, la bête, lâche et basse,
A ses pieds se traînant, cherche à le caresser
Et lui lèche les mains !...Fils d'une noble race,
Jusqu'à ce point sa chaîne a donc pu l'abaisser !

Mais, dans l'ombre tapi, quand au lion qu'il chasse
L'homme tirant son coup ne fait que le blesser,
Le grand roi du désert se retourne, et terrasse.
Et dévore qui n'a pas su le renverser.

Ton air doux, ton œil faux, et ta langue traîtresse
De même m'ont atteint sous un vieux porche, hier,
Je suis touché, non mort, insigne maladresse !

Ah ! loin d'être le chien qui gronde, puis caresse,
J'ai l'ongle du lion qui déchire la chair,
Et dans mon sein un cœur d'homme bat haut et fier !

NOTES

(1) *Revirado* exprime l'action de se retourner brusquement pour faire face à un ennemi qui vous attaque par derrière. Je ne sais si le mot *Volte-face* rendrait bien cette idée.

ANDRÉ AUTHEMAN

(M. André AUTHEMAN, né à l'Isle-sur-Sorgue (Vaucluse) indépendamment de nombreuses poésies, insérées pour la plupart dans l'ARMANA PROUVENÇAU, et parmis lesquelles nous pouvons men-

LOU POUTOUN DE JUDAS

Judas, sadou de rage, à soun aubre pendié;
Lou demòni tentaire en qu revèn soun amo
Volo à-n-éu, bacelant dins l'aire que fendié
De sis alo d'aram roujo coumo la flamo.

L'agantè pèr lou nous que l'avié 'strangoula :
Balalin ! balalan ! si man lou bandiguèron
Dins l'abime infernau de bitume brula,
E subran os e car en siblant cruciguèron.

Satan, dre coume un I dins l'orre recaliéu
Lou regardè long-tèms, long-tèms emé delice,
Cercant dins lou tresor dis etèrni suplice
Un suplice proun grand pèr lou que vendè Diéu.

A la fin, l'aubourant dintre sis arpo ardènto,
Vers la siéuno aduguè la fàci dóu dana,
Pièi de sa bouco negro, e saunouso, e pudènto,
Ié rendè lou poutoun qu'au Crist avié douna.

1879

tionner une ode AU ROI RÉNÉ, couronnée dans un concours, a publié, en une brochure in-8°, un petit poème comique intitulé : LIS AUVARI DE ROUSTAN (Les Mésaventures de Rostan), dont la gaieté fait un absolu contraste avec l'énergie sauvage de la belle pièce que nous reproduisons ici et prouve la variété du talent de ce Félibre.)

LE BAISER DE JUDAS

Soûl de rage, Judas à son arbre pendait ;
Le Démon tentateur, à qui revient son âme,
Vole à lui, soutenu dans les airs qu'il fendait
Sur des ailes d'airain rouge comme la flamme.

Il le prit par le nœud qui l'avait étranglé ;
Puis ses mains, balalin ! balalan ! l'envoyèrent
Dans l'abîme brûlant de bitume brûlé
Où soudain os et chair en sifflant grésillèrent.

Satan, droit comme un I dans le gouffre de feu,
Le regarda longtemps, longtemps, avec délices ;
Il cherchait au trésor des éternels supplices
Un supplice assez grand pour qui vendit son Dieu.

Enfin, le soulevant entre sa griffe ardente,
Vers la sienne amenant la face du damné,
De sa bouche saigneuse, âcre, noire, impudente,
Il lui rend le baiser qu'au Christ il a donné.

LOUIS ROUMIEUX

(M. Louis ROUMIEUX, né à Nîmes en 1829, publia d'abord des poésies en patois languedocien avec son ami A. BIGOT, l'auteur des BOURGADIEIRO ou Chansons du Bourg ; mais il ne tarda pas à adopter les réformes linguistiques préconisées par les Félibres provençaux et se séparant de son collaborateur, composa dès lors, dans le dialecte du Rhône, des pièces des genres les plus divers dont il a formé son recueil de : LA RAMPELADO (Le Rappel). «Dans la RAMPELADO, a écrit Roumanille en sa charmante préface, il y a de tout: pas de Félibre plus varié que Roumieux. Sa Muse passe, le rire sur sa fine bouche et le bouquet à sa fine taille ; elle a le nez en l'air et lève le pied joliment. Elle rit à tous et tous lui rient... Etoiles du ciel, fleurs de la terre, elle a tout, et le reste ; et tout fin comme l'ambre, et fin comme le vent.» Outre sa RAMPELADO dont la première édi-

LOU DISSATE

NOUVÈ

A MOUN AMI A. BIGOT

Èro un dissate que plóuvié,
E tant fort lou nivo gisclavo,
E tant dru la raisso siblavo,
Que, sus la Judèio, semblavo
Qu'en aigo lou cèu se foundié
E qu'eiçavau s'endavalavo ;
Pamens maugrat lou marrit tèm
E lou marinas que boufavo,
Uno Vierge de Betelèn
Souleto au lavadou lavavo...

tion fut vite épuisée, M. Roumieux, qui rendrait des points à André Pommier lui-même pour les « jeux de rimes, » a publié à part LA MAS-CARADO (la Mascarade) incomparable tour de force de versification, et la JARJAIADO, poème comique et satyrique sur les aventures en Paradis d'un certain « Jarjaio, » de son vivant portefaix à Tarascon. Un poète aussi gai devait être attiré vers la comédie ; il en a composé plusieurs, en effet, toutes fort amusantes : QUAU VOU PRENDRE DOS LÉBRE A LA FES N'EN PREND GES (Qui veut prendre deux lièvres à la fois n'en prend point) 3 actes en vers ; la BISCO (la Fâcherie) 2 actes en vers ; LA LEIÇOUN DE FRANCÈS, saynète en vers. M. Roumieux enfin a fondé le journal provençal « Dominique » depuis, la « Cigale d'or » — Aucune traduction, par malheur, n'accompagne le texte de la RAMPELADO pour le mettre à la portée des lecteurs français.)

LE SAMEDI

NOEL

A ANTOINE BIGOT

Un samedi, jour du sabbat,
Sifflait une si grosse ondée,
La nue était si débondée
Qu'il semblait que de la Judée
En eau se fondît et tombât
Le ciel sur la terre inondée...
Bien qu'il ne cesse de pleuvoir
Et que le vent souffle avec rage,
Une Vierge lave au lavoir
De Bethléem, d'un grand courage...

> Es Mario !... E zèu !
> Sa man angelico
> A cop de bacèu
> Pico, pico, pico
> Bourrasso e banèu !

Èro dissate, e di Jusiòu
La poupulasso deja lèsto
A celebra soun jour de fèsto,
Vers lou cèu aubourant la tèsto,
Cridavo : — « I'a proun tèm que plòu !
Moun Diéu, ameisas la tempèsto ! »
Mai fasié toujour marrit tèm,
E sèmpre lou marin boufavo,
E la Vierge de Betelèn
Au lavadou sèmpre lavavo...

> Es Mario !... E zèu !
> Sa man angelico
> A cop de bacèu
> Pico, pico, pico
> Bourrasso e banèu !

E li Jusiòu, vesènt alor
La lavarello afeciounado,
Emé la voues enferounado :
— « Dins aquesto santo journado,
Ié fan, mespreses de gai cor
La lèi que Diéu nous a dounado ?
Sies l'encauso dóu marrit tèm !
E sèmpre lou marin boufavo,
E la Vierge de Betelèn
Au lavadou sèmpre lavavo...

C'est Marie !... Et tôt
Sa belle main d'ange
Frappe comme il faut,
Frappe, frappe lange,
Et couche, et maillot !

C'était donc sabbat, et déjà
Des Juifs la populace prête
A célébrer son jour de fête,
Et vers le ciel levant la tête,
Criait : « Assez d'eau comme ça !
Seigneur, apaisez la tempête ! »
Mais il ne cesse de pleuvoir ;
Le vent de mer souffle avec rage ;
Et la Vierge lave au lavoir
De Bethléem, d'un grand courage...

C'est Marie !... Et tôt
Sa belle main d'ange
Frappe comme il faut,
Frappe, frappe lange,
Et couche, et maillot !...

Les Juifs alors, à son labeur
Voyant la laveuse acharnée,
Disaient d'une voix indignée !
« Dans une si sainte journée
Tu braves de gaîté de cœur,
La Loi que Dieu nous a donnée !
C'est toi qui fais ainsi pleuvoir ! »
Le vent de mer souffle avec rage,
Et la Vierge lave au lavoir
De Bethléem, d'un grand courage...

Es Mario !... E zéu !
Sa man angelico
A cop de bacèu
Pico, pico, pico
Bourrasso e banèu !...

Soun fais de linge èro pas grèu :
N'avié pas mai, la paure maire !
Amor d'acò voulié lèu faire,
Car soun nistoun au jas, pecaire !
Tout nus, espèravo un banèu !...
Podon ie crida : s'enchau gaire
Di Jusiòu e dóu marrit tèm !...
E sèmpre lou marin boufavo,
E la Vierge de Betelèn
Au lavadou sèmpre lavavo !

Es Mario !... E zèu !
Sa man angelico
A cop de bacèu
Pico, pico, pico
Bourrasso e banèu !

Lou linge es propre : es pas trop lèu !
Mai quau lou seco emé la raisso ?
— Quatecant, fugènt à la baisso,
Lou nivo sus la terro laisso
Giscla milo rai de soulèu !...
Di Jusiòu s'abouquè la maisso :
Fasié pas plus de marrit tèm ;
Uno douço aureto boufavo ;
E la Vierge de Betelèn
Dóu lavadou se retournavo !...

C'est Marie !... Et tôt
Sa belle main d'ange
Frappe comme il faut,
Frappe, frappe lange,
Et couche, et maillot !

Le paquet de linge est menu ;
C'est tout ce qu'a la pauvre mère.
Elle a grand'hâte de le faire,
Car dans la crêche attend, pechère !
Un lange, son enfant tout nu;
Les clameurs ne l'émeuvent guère.
Il ne cesse pas de pleuvoir,
Le vent de mer souffle avec rage,
Et la Vierge lave au lavoir
De Bethléem, d'un grand courage..

C'est Marie !... Et tôt
Sa belle main d'ange
Frappe comme il faut,
Frappe, frappe lange,
Et couche, et maillot !...

Comme neige le linge est blanc !
Mais comment sécher sous l'averse ?
La nuée au ciel se disperse;
De mille rayons la traverse
Un beau soleil, vif et brûlant ;
Des Juifs se tait la voix perverse.
Enfin il cesse de pleuvoir !
Partout souffle une brise heureuse ;
Et s'en retournant du lavoir
Rentre à Bethléem la laveuse...

Es Mario, zèu !
A sa man pourtavo
Blanc coume la nèu
Soun fais que brihavo
I rai dóu soulèu !...

En souvenènço d'aquéu jour
E de la Vierge benurado,
I'a pas dissate de l'annado
Que noun veguen dins la journado
Dóu gai soulèu la resplendour,
Quand farié qu'uno espinchounado !...
S'un dissate fai marrit tèm
E qu'ausiguen sibla l'aureto,
Pensan au jour qu'à Betelèn
La Vierge lavavo souleto ;
Quand pièi faguè bèu,
Qu'à sa man pourtavo,
Blanc comme la nèu,
Soun fais que brihavo
I rai dòu soulèu...

A DOUS NOVI

Èr : *Très-jolie* de madame Angot
A L'ESTATUAIRE AMY DE TARASCOUN

O Bèu-Caire,
Poulit caire !
Sies la terro dis Amour :
Li chatouno
Galantouno
Ie grèion coume li flour

C'est Marie !... Et tôt
Sa main vers la crèche
Porte le maillot
Qui brille et se sèche
A ce soleil chaud !

En souvenir de ce jour-là
Et de la Vierge couronnée,
Il n'est samedi de l'année
Où le soleil dans la journée
N'ait lui, ne luise ou ne luira,
Lueur au moins momentanée !
Un samedi voit-on pleuvoir ?
Le vent siffle-t-il avec rage ?
Pensons à la Vierge au lavoir
Lavant seule d'un grand courage ;
Puis en main bientôt
Portant vers la crèche
Le divin maillot
Qui brille et se sèche
A ce soleil chaud !...

A DEUX NOUVEAUX MARIÉS

Air : *Très jolie* de Madame Angot.

AU STATUAIRE AMY, DE TARASCON

O Beaucaire,
Sur ta terre,
Des Amours séjour aimé
Les fillettes
Gentillettes
Poussent comme fleurs en mai.

Tambèn, quinto culido,
S'en fai tóuti lis an !
Pas pu lèu espelido,
Arribon li galant.
« Vous amau, mignounetto,
E vous ? » fan li jouvènt.
— Bloundino emai bruneto,
Respondon : « l'an que vèn ! »

    O Bèu-Caire etc.

E zóu ! li mes esquihon
Entre milo poutoun ;
Zóu ! lis aucèu bequihon
La roso e li boutoun....
Es lou printèms; tout canto,
Tout ris, tout es urous ;
Soun pur alen encanto
Lou cor dis amourous.

    O Bèu-Caire etc.

Lèu, li parèu s'acampon,
E Diéu saup coume n' i' a
Qu'i quatre vent escampon
Lis èr dóu caligna !
Parlon pièi de mariage,
E se passo pas l'an
Que noun fagon lou viage
Dóu Maire au Capelan.

    O Bèu-Caire etc.

Aussi que de cueillettes
Il s'en fait tous les ans !
Quand s'ouvrent ces fleurettes
Accourent les galants.
« Nous vous aimons, mignonnes,
Et vous ? » font les garçons.
— « Bah ! disent les friponnes,
L'an prochain, nous verrons !

  O Beaucaire, etc.,

Et zou ! le temps s'écoule
A s'entrebaisotter !
Les oiseaux vont en foule
Aux roses becqueter...
C'est le printemps ; tout chante,
Tout rit, tout est heureux;
Sa pure haleine enchante
Le cœur des amoureux.

  O Beaucaire, etc,.

Zou ! les couples qui s'aiment
S'assemblent un beau jour.
Et Dieu sait combien sèment
Aux vents les airs d'amour !...
On parle mariage ;
L'an n'est pas expiré
Que l'on fait le voyage
Zou ! du maire au curé.

  O Beaucaire, etc.

Iuei, venès de lou faire,
O Novi crespina,
Lou viage dis amaire
Tant dous à camina.
Pèr coumpli l'escourrido,
Basto ! mi bèu jouvènt,
Dins la draio flourido
Fuguès tres l'an que vèn !

O Bèu-Caire etc.

LOU MASET DE MÈSTE ROUMIÉU

Èr que mèste Roumiéu a fa

Lou maset de Mèste Roumiéu
Es un maset coume n'i'a gairè :
De-segur, dins tout lou terraire,
Se n'en vèi gès coume lou siéu.

Poudès cerca dins la garrigo :
S'en n'en trouvas un coume aquéu,
Diéu de moun nas fague uno figo
E dous siblet de mi boutéu !

Lou maset, etc.

Requinquiha, blanc coume l'ile,
Courouna de flour e de gréu,
Dins soun enclaus morgo, tranquile,
L'auro, la pluejo e lou souléu.

Lou maset, etc.

Dans le terme ordinaire.
Heureux jeunes époux,
Vous venez de le faire
Ce voyage si doux ;
Mais pour que tout vous rie
Jusqu'au bout du chemin,
Sur la sente fleurie
Soyez trois l'an prochain !

  O Beaucaire, etc.

LE MAZET[1] DE MAITRE ROUMIEUX

CHANSON

Le mazet de Maitre Roumieux
En est un comme on n'en voit guère :
Bien sûr, dans la contrée entière
On pourrait longtemps chercher mieux.

Vous pouvez fouiller la *garrigue* ;
S'il s'y trouve de tels mazets,
Dieu de mon nez fasse une figue
Et deux sifflets de mes mollets !

Le mazet, etc,

Blanc comme un lis, frais, en toilette,
Couronné de bourgeons, de fleurs,
Il nargue, en une paix complète,
Soleil et vent, pluie et chaleurs.

Le mazet, etc.

Voulès lou vèire ? An ! d'aut'! en routo !
Alenaren i Tres-Pielouu ;
Vers Castanet bèuren la gouto
O tastaren lou court-bouioun.

Lou maset, etc.

Sèn arriba. Mi cambarado,
Digas-me se vous ai menti !
Quouro avès vist dins l'encountrado
Maset tant bèu e mies basti ?

Lou maset, etc.

Intras : veirés sus li muraio
De tablèu rudamen pinta,
Un grand naufrage, uno bataio,
Paris dins touto sa bèuta.

Lou maset, etc.

Es pas bèn grand : i jour de fèsto,
Souvènti-fes sèn à l'estré ;
Mai, se fai caud, pausan la vèsto ;
Barran la porto, se fai fre.

Lou maset, etc.

Sarié tèms de se metre à taulo
E de tasta lou goust dóu vin.
I'a'n bon fricot de cagaraulo,
I'a de merlusso e de lapin.

Lou maset, etc.

Vous voulez le voir ? bon ! en route !
Aux *Trois-Piliers* [2] nous soufflerons,
Vers Castanet boirons la goutte,
Ou son court-bouillon tâterons.

Le mazet, etc

Camarades, voilà l'entrée :
Dites-moi, vous ai-je menti ?
Quand vites-vous dans la contrée
Si beau mazet, et mieux bâti ?

Le mazet, etc.

Des tableaux ornent la muraille,
Rudement peints en vérité :
Un grand naufrage, une bataille,
Paris dans toute sa beauté.

Le mazet, etc.

Ce n'est pas bien grand, sans conteste ;
Aux fêtes on est à l'étroit ;
Fait-il chaud ? on quitte la veste ;
On clôt la porte s'il fait froid.

Le mazet, etc.

Il est temps de nous mettre à table.
Gaîment arrosons de son vin
Un plat d'escargots délectable,
De la merluche et du lapin.

Le mazet, etc.

Sèn court de biasso ? dins la vigno
I'a de tout; trouvan, sèns sourti,
Un cros pèr la pesco à la ligno..
Pàuri peissoun, vous van rousti !

Lou maset, etc.

I'a d'aiet, de poumo-de-terro,
De nabet, de cebo, de fru...
Ie manco pas que la misèro,
O, se i'es, meno pas de brut.

Lou maset, etc.

Mèste Roumiéu, qu'aimo la casso,
I perdigau calo de las.
Tóuti li fes que fai fougasso,
Se counsolo em' un cacalas.

Lou maset, etc.

E, d'aquèu tèms, quau jogo i boulo,
Quau s'amuso au viro-bouquet,
Quau derrabo de ferigoulo,
Quau pren de flour pèr un bouquet.

Lou maset, etc.

Quand vèn la niue, tòutis en filo,
D'ùni rièent, d'àutri cantant,
Davalan plan-plan à la vilo,
E redisèn, en nous quitant :

Lou maset, etc.

Est-on court de vivres ? la vigne
Offre de tout ; et sans sortir,
On y peut pêcher à la ligne...
Chers poissons, vous allez rôtir.

Le mazet, etc.

Et puis on a pomme de terre,
Ail, navet, oignon, et du fruit...
Il n'y manque que la misère,
Du moins n'y fait-elle aucun bruit.

Le mazet, etc.

Maître Roumieux aime la chasse;
Il court tendre aux perdreaux des lacs;
Toujours content si peu qu'il fasse ;
Bredouille, il en rit aux éclats.

Le mazet, etc.

Entre-temps, l'un joue à la boule,
L'autre s'amuse au bilboquet;
Qui va couper thym ou ciboule ;
Qui se cueille un joli bouquet.

Le mazet, etc.

Le soir, *piane-piane*, à la file,
Certains riant, d'autres chantant,
Nous redescendons à la ville,
Et répétons en nous quittant:

Le mazet, etc.

MANDADIS
A MOUN PAIRE

Es pèr tu, ve moun brave paire,
Qu'a rima me siéu mes en trin :
Longo-mai, s'a l'ur de te plaire,
Au maset digues moun refrin !

Lou maset de Mèste Roumiéu
Es un maset coume n'i'a gaire :
Bèn segur, dins tout lou terraire,
Se n'en vèi ges coume lou siéu.

1867

NOTES

(4) Un mazet est une petite villa, où les Nimois viennent, à leurs heures de loisir, goûter l'ombre et le frais. Ils en ont construit beaucoup dans leurs *garrigues*, collines pierreuses sans terre végétale et

ENVOI
A MON PÈRE

C'est pour toi, vois-tu ? mon bon père,
Qu'à rimer je me mis en train.
Longtemps, s'il a l'heur de te plaire,
Redis au mazet mon refrain :

Le mazet de maître Roumieux
En est un comme on n'en voit guère :
Bien sûr, dans la contrée entière,
On pourrait longtemps chercher mieux.

---

sans eaux, brûlées par un soleil ardent, qui s'étendent au nord de Nîmes.

(2) Les *Trois Piliers* se trouvent à l'ouest de Nîmes ; ce sont les restes d'une chapelle de la Vierge, qui servirent de potence au XVIe siècle.

ERNEST ROUSSEL

(M. Ernest ROUSSEL de Nîmes, comme son ami Roumieux, a fai
des travaux fort intéressants sur l'histoire du Félibrige, entre autres,
l'AUBO FELIBRENCO, ouvrage en un volume in-12, où les premières années de la Renaissance littéraire de la Provence sont racontées

BLAD DE LUNO

   Dins ti draiòu, bello Prouvènço,
Quand la luno fai lume i parèu amourous,
Se meissouno aquéu blad, roussinèu e goustous,
Pan d'amour benesi, bèu pan de la Jouvènço!

   Gauto sus gauto, tóuti dous,
Tremoulant d'estrambord e perèu de cregnènço,
Caminon plan-planet long di frais blanquinous,
E lou blound espigau espelis de plasènço.

E vejeici ço que, galejaire e ravoi,
Un vèspre, nous countè lou pastre Mèste Ambroi,
Paure vièi que toujour n'en countavo quaucuno :

« Pas necite, disié, d'èstre segaire ardènt :
Fugués tant soulamen calignaire e jouvènt
   Acamparés lou blad de luno. »

avec une compétence toute particulière. M. Roussel, en effet, est entré dans ce mouvement dès le principe et a publié dans l'ARMANA PROUVENÇAU d'assez nombreuses poésies, en dialecte du Rhône, qu'il n'a pas encore jugé à propos de recueillir. Nous en donnons un gracieux échantillon.)

BLÉ DE LUNE

SONNET.

Dans tes sentiers, belle Provence,
Lorsque la lune luit aux couples amoureux.
Se récolte ce blé, blond et délicieux,
Pain béni de l'amour et de l'adolescence.

Joue à joue, ils s'en vont tous deux,
Le long des frênes blancs que la brise balance,
Emus, craintifs, d'un pas lent et silencieux,
Et le bel épi d'or éclôt de jouissance.

Et voici ce qu'un soir contait d'un ton gaillard
Le pâtre Maître Ambroise, aimable et gai vieillard,
Qui toujours en avait à raconter quelqu'une :

« Pas besoin, disait-il, d'être un ardent faucheur ;
Il suffit d'être jeune avec l'amour au cœur
Pour moissonner le blé de lune. »

CHARLES BOY

(M. Charles BOY, né à Montdragon (Vaucluse) est fixé à Lyon, où il est le secrétaire de la Société littéraire de cette grande ville et chef du groupe des félibres en voie de formation. Il a accompagné d'un APERÇU SUR LA LITTÉRATURE PROVENÇALE la traduction qu'il a publiée d'une ÉTUDE SUR LA LITTÉRATURE CATALANE ;

A-N-UN FELIBRE

A l'auceloun fau la graniho,
A la fournigo un gran de bla,
A ma pichoto de bon la,
Au paire lis iue de sa fiho ;

I jouini cor lou barbela,
I chatouno un pau de babiho,
I calignaire la ramiho ;
A iéu me fau noste parla.

Me desaragne coume pode,
Agroumouli dins quest grand rode
Ounte blasigno tout l'estièu ;

E i'ai de fes uno grand fèsto :
Ei quouro passo e que s'arrèsto
Quauque felibre dóu bon Diéu.

Lioun, 25 de mars 1880.

Il a traduit également de l'espagnol un DRAME LYRIQUE AU XIIIe SIÈCLE ; il prépare, et ce sera son œuvre capitale, une étude définitive sur Louise Labé, la *belle Cordière*. Le sonnet que nous donnons montre qu'il chante en provençal aussi bien qu'il écrit en français. M. Boy appartient à la seconde génération du Félibrige.)

A UN FÉLIBRE
(M. L. DE BERLUC-PERUSSIS)

Il faut aux fourmis le blé mûr,
A l'oiseau, la graine qu'il pille,
A ma petite, un bon lait pur,
Au père les yeux de sa fille.

Il faut que fillette, pour sûr,
Jase, et que jeune cœur sautille ;
L'amant veut le couvert obscur,
Et moi, notre parler qui brille.

Ici, dans mon coin, tout l'été,
De brume et de pluie attristé,
J'ai quelquefois un jour de fête

Où je me *désaraigne* un peu :
C'est quand chez moi passe et s'arrête
Quelque Félibre du bon Dieu !

MADAME D'ARBAUD

(Madame d'ARBAUD, née Valère Martin, que l'on appelle la *Felibresso dòu Cauloun* (la félibresse du Gaulon ou Calavon), du nom d'un petit affluent de la Durance qui prend sa source dans les Basses-Alpes et sur les bords duquel elle chante, a réuni un certain nombre de ses poésies provençales dans un volume intitulé : LIS AMOURO

MADALENO E LOU TAVAN

MADALENO :

Mai perqué vènes, tavan roux,
Zounzouneja dins ma chambreto ?
Voulastrejes sus ma tauleto
Coume se preniés per de flous,
Mi libre tant fres e courous.
Perqué fugissés la campagno ?
Aqui, tavan, sariés pas miéu ?
Auriés d'auceloun per coumpagno,
L'èr, lou soulèu emé l'eigagno
E tóuti lis obro de Diéu.
Perqué veni dins ma chambreto
Zounzouneja, qué ! tavan roux ?
Iéu siéu qu'uno pauro drouleto
Que pode pas te rendre urous...
Responde, siegues pas crentous !

LOU TAVAN

Madaleno,
L'auro aleno ;
Canto plus lou roussignóu ;
La flour pendoulo ;
De la piboulo
La fueio toumbo i rajeiròu.

DE RIBAS (les mûres des rives). D'après l'unique spécimen que nous donnons du talent poétique de cette felibresse, on peut préjuger combien ce talent est plein de distinction et de charme et se fait remarquer par une délicatesse de sentiment et d'expression toute féminine. Madame d'Arbaud complète avec Madame Roumanille et Madame Lazarine Daniel, le poétique trio des félibresses de la Provence.)

MADELEINE ET LE HANNETON ROUX

Madeleine.

Hanneton roux, charmant rôdeur,
Pourquoi viens-tu dans ma chambrette ?
Tu bourdonnes sur ma tablette ;
Prendrais-tu donc pour une fleur
Mon livre à la fraîche couleur ?
N'es-tu pas mieux dans la ramure
Avec l'oiseau pour compagnon ?
Pourquoi fuir rosée, et verdure,
Et clair soleil, et brise pure,
Et toute la création ?
Pourquoi venir dans ma chambrette,
Hanneton roux, charmant rôdeur ?
Je ne suis, moi, qu'une fillette
Qui ne peux rien pour ton bonheur...
Hanneton roux, réponds sans peur !

Le Hanneton roux.

Madeleine,
Sous l'haleine
Des vents froids se tait l'oiseau ;
La fleur se penche,
Et de la branche
Les feuilles tombent au ruisseau.

I baragno
Plus d'aragno ;
La fournigueto s'escound ;
La cacalauso
Tout aro es clauso ;
La toro fielo soun coucoun.

La fresquiero
Matiniero
A trauca moun blound mantèu ;
E moun alèto
Qu'es dèja bleto
Auprès de tu cerco un toumbèu.

MADALENO

T'a dounc agrada ma chambreto ?
N'en siéu ravido, tavan roux !
Verai, noun pode, ièu paureto !
De ti jour alounga lou cous,
Piéisque passes emé li flous ;

Mai toun vounvoun tant me saup plaire,
Douço bestiolo dòu bon Diéu,
Qu'alenirai ta mort, peçaire !
Sant Francés t'aurié dit : Moun fraire !
Siéu-ti dounc pas ta sorre, ièu ?

Senso regrèt, car rès te plouro,
Se vèn ta fin, bon tavan roux,
Arrèsto-te davans mis Ouro,
E sus l'or que toun alo aflouro,
Endorme-te d'un som urous.

Plus d'aragne
En campagne ;
L'escargot clôt sa maison ;
La fourmilière
S'enfonce en terre ;
Le magnan file son cocon.

Le froid pince,
Et trop mince
A l'aube est mon blond manteau ;
Ma petite aile,
Déjà bien frêle,
Auprès de toi cherche un tombeau.

Madeleine.

Elle t'a donc plu, ma chambrette ?
J'en suis heureuse ! De tes jours
Il est trop vrai que moi, pauvrette,
Je ne puis allonger le cours,
Avec les fleurs tu meurs toujours.

Mais ton murmure m'a su plaire ;
Et je voudrais de tout mon cœur
Te rendre la mort moins amère ;
Saint François t'aurait dit : Mon frère !
Et moi, ne suis-je pas ta sœur ?...

Sans regrets, car nul ne te pleure,
De ta fin, bon hanneton roux,
Sur mon paroissien attends l'heure,
Et sur l'or, que ton aile effleure,
Endors-toi d'un sommeil très doux !...

BENEZET BRUNEAU

(M. Bénézet BRUNEAU, né à Avignon en 1852, secrétaire de l'école félibréenne de cette ville, qui porte le nom d'école du Florège, a eu quelques unes de ses poésies couronnées dans les concours du Midi,

LOU PALAIS DI PAPO

De qu'es aquéu palais emé sis auti tourre
Que testejon, sereno, amound'aut dins lou cèu,
Qu'au mai regarde en l'èr, au mai fau que m'auboure
Pèr vèire, de la cimo, envoula l'aubanèu ?

Que soun aquèli bàrri agrafa sus un mourre
Que coton lou mistrau, afrounton lou soulèu,
De la noblo cieuta douminan lou tablèu
E dòu Ventour mourgant la forço de si roure ?

Es l'ounour prouvençau, soun drapèu i'a flouta
Alor que nosti reire èron en liberta
E mantenien si dré contro l'iro di raço ;

N'en sian fier, é s'un jour nosto barco d'àpro
Soumbravo, aurian encaro après la traito aurasso
La glòri d'Avignoun escricho sus soun ro.

notamment aux Jeux Floraux d'Apt en 1877, aux fêtes de la *Cigale*, célébrées la même année à Arles et à la fête de Florian, à Sceaux en 1879. Il n'a pas encore recueilli ses poésies qu'il a semées dans les diverses publications périodiques ouvertes aux productions des Félibres. Il écrit le dialecte d'Avignon et d'Arles.)

LE PALAIS DES PAPES

Qu'est-il ce vieux palais, dont les tours souveraines
Montent au fond du ciel dans l'azur se noyer,
Si bien que l'œil, tourné vers leurs cimes sereines,
En peut à peine voir s'envoler l'épervier?

Que sont, sur ce roc fier, ces murailles hautaines
Qui vont là-haut mistral et soleil défier,
Dominant de leur masse Avignon tout entier
Et narguant, ô Ventour, la force de tes chênes?

C'est l'honneur provençal, et c'est là qu'a flotté
Le drapeau des aïeux, quand de leur liberté
Ils maintenaient les droits contre une hostile rage!

Eh bien! si notre proue un jour vient à toucher
Et sombre, nous aurons encore après l'orage
Notre gloire gravée au flanc de ce rocher!

ELZEAR JOUVEAU

(M. Elzéar JOUVEAU, né à Caumont (Vaucluse) en 1847, est un modeste facteur de la poste d'Avignon, à la fois félibre provençal, poète français et compositeur de musique. Il se propose de former avec ses poésies disséminées dans l'ARMANA PROUVENÇAU, le CA-

LOU POUTOUN AIETA

Jan, un jour, luchetavo au claus dis Argentoun,
E venié de gousta d'uno lesco aietado
Quouro veguè veni de darrié la plantado
La chato dóu Pounchu, la bello Janetoun.

Jan avié d'un cop pur arrousa lou croustoun,
E l'on aurié pouscu sus sa gauto enrouitado
Atuba d'amadou... Jano resto espantado....
Éu s'aprocho, l'aganto, e ié raubo un poutoun,

Un poutoun e pièi dous. N'i'aurié fa de dougeno !
Semblavo qu'à la chato acò noun fasié peno.
Mai coume un tresen cop lou drole revenié, —

Dóu revès de sa man eissugant sa bouqueto,
La bello Janetoun, un brigounet mouqueto,
Ié fai : Jan, finissès, qu'avès manja d'aiet !

IÉU T'AME ANSIN

O Marieto, lou bon Diéu
T'a tout douna pèr pousqué faire
Lou bonur de quaucun. Pecaire !
Siéu paure, t'ame : fai lou miéu.

CHO-FIO, le TROUBADOUR, le BRUSC, la REVUE FRANCAISE, le MIDI LITTÉRAIRE etc. un recueil bilingue, intitulé : LOU LIBRE DE MA VIDO (Le Livre de ma vie) et compte publier ensuite sous le titre : LI PIÉU-PIÉU (les Gazouillements) une collection de chansons, dans les deux langues, dont il a lui-même composé les airs.)

BAISER A L'AIL

Jean qui bêchait un jour dans le clos d'Argenton,
De son pain frotté d'ail goûtait sous la coudrette,
Quand derrière la haie il vit une fillette
Venir, et reconnut la belle Jeanneton.

Jean avait de vin pur arrosé son crouton,
Et sa joue était rouge au point qu'une allumette
S'y serait enflammée. Interdite, Jeannette
Recule. Il la rattrape et lui prend, le luron,

Un baiser, et puis deux... Il en eût pris douzaine !
A la belle le jeu ne cause nulle peine,
Semble-t-il. Comme Jean y revient de nouveau,

D'un revers de sa main, Jeanne essuyant sa bouche,
Lui dit, d'un ton moqueur, plus encor que farouche,
— Finissez ! vous avez mangé de l'ail, mon beau !

JE T'AIME AINSI

Dieu ne t'ayant refusé rien
De ce qu'il faut pour pouvoir faire
Le bonheur d'un homme, pechère !
O Mariette, fais le mien.

Me digues plus, perdigaleto :
Noun siéu pèr vous proun poulideto...
Iéu t'ame ansin.

Crèi-me, de tu moun cor a fam.
L'ounour vau mai que la richesso ;
Tu pèr fourtuno as la sagesso,
E sies bono coume lou pan.

Me digues plus, etc.

Que fague laid, que fague bèu,
Dins lou champ sies toujour pèr orto ;
Mai s'à ti man as de car morto,
Se sies brulado dóu soulèu,

Me digues plus, etc.

Qu'èi ço qu'apellon la bèuta ?
Es uno flour trop lèu passido !
Tóuti li chato soun poulido,
Quand an l'ounour e la santa.

Me digues plus, perdigaleto :
Noun siéu pèr vous proun poulideto...
Iéu t'ame ansin.

Cesse pour moi, perdreau de fille,
De te dire trop peu gentille...
    Je t'aime ainsi.

C'est de toi que mon cœur a faim.
Honneur pour moi passe richesse ;
Ta fortune, c'est ta sagesse,
A toi, bonne comme le pain.

Cesse pour moi, etc...

Qu'il fasse laid, qu'il fasse beau,
L'on te voit aux champs travailleuse ;
Et quoique ta main soit calleuse,
Que le soleil brûle ta peau,

Cesse pour moi, etc...

Eh ! qu'est-ce donc que la beauté ?
Une fleur trop vite flétrie !
Toute jeune fille est jolie
Qui joint à l'honneur la santé.

Cesse pour moi, perdreau de fille,
De te dire trop peu gentille...
    Je t'aime ainsi.

ALPHONSE TAVAN

(M. Alphonse TAVAN, né le 9 mars 1833 à Château-Neuf-de Gadagne (Vaucluse), est un des sept fondateurs du félibrige. Simple ouvrier de la terre, il n'avait pas vingt ans quand il composa sa délicieuse chanson des *Frisons de Mariette*. Devenu soldat et envoyé à Rome pour y tenir garnison, la fièvre paludéenne faillit l'emporter et, après sa libération du service militaire, le força d'abandonner, pour un emploi au chemin de fer, le noble, mais pénible travail des champs; toutefois, même au milieu de la ville, gardant intacte son inspiration première, il fut toujours :

> Ce chantre rustique
> Qui mêle son humble cantique
> Au chant des grillons bruns dont l'œil suit son hoyau.
> (*Mireille, chant VI*)

Il put toujours dire, comme dans sa belle pièce à Mlle M. B. que nous espérions pouvoir donner tout entière et dont nous citerons du moins une strophe :

> Humble est mon vers; c'est en cachette,
> C'est seule que la violette
> Fleurit et parfume les airs;
> Aux soleils, aux gels, aux bruines,
> Dans les mottes, sous les épines,
> Mon vers naît au fond des *champines*,
> Mon vers sent le sauvage et se plaît aux déserts.

MES DE MAI

A MIS AMI DE CASTÈU-NOU

> Dins li pradoun i'a de vióuleto !
> Veici tourna li dindouleto.
> TÉODOR AUBANEL.

La nèu s'es enanado,
La roso es retournado,

Il se maria, eut une fille, savoura pendant un temps trop court les joies de la famille, pour lesquelles il était si bien fait, et eut bientôt à pleurer la perte de sa femme et de son enfant. Avec quelles vraies larmes, tous ceux-là le savent, qui ont lu le beau recueil de ses poésies intitulé : AMOUR E PLOUR. « D'ordinaire, a dit Tavan, dans la préface biographique de son livre, la vie du poète se trouve dans ses vers, et dans les miens, il faut que je vous le confesse, ma vie y est toute : moi, enfant de la terre, qui n'ai guère vu, guère étudié et guère appris, je ne pouvais faire autrement que de chanter ce que j'avais senti, mes joies et mes douleurs, autant dire ma vie. Aussi, ces chants rustiques ne sont pas des chants en l'air, mais des chants vrais. »

La sincérité, la vérité de l'inspiration et de l'accent, voilà le caractère propre de ce recueil, qui fut couronné au concours philologique et littéraire de la Société pour l'étude des langues romanes de Montpellier le 31 mars 1875 et a gagné le prix offert par le Conseil général de l'Hérault (un vase de bronze). Aucune traduction française littérale ne rend, malheureusement, accessible aux lecteurs du Nord, ce beau livre qu'accompagne cependant un glossaire, qui remédie à cet inconvénient dans la mesure du possible. La langue d'AMOUR E PLOUR est le dialecte d'Avignon et d'Arles.

L'ARMANA et la CALANCO ont donné de nouvelles pièces de Tavan, qui a aussi en portefeuille une comédie : LI MASC (les Sorciers) mêlée d'ariettes dont quelques unes ont été publiées dans AMOUR E PLOUR et que nous avons traduites pour notre anthologie.)

LE MOIS DE MAI

> Aux prés s'ouvre la fleur nouvelle,
> De nouveau voici l'hirondelle.
> (Théodore AUBANEL)

La neige est disparue,
La rose est revenue,

Touto la matinado
Lou roussignòu l'a di ;
Amoundaut l'alauveto,
Piéutant sa cansouneto,
Counvido li floureto
A lèu-lèu s'espandi.

Fasen-nous de courouno
De nerto e d'aubespin ;
Anen souto li pin ;
Trouva nòsti chatouno :
Chato e Jouvènt, fasen l'amour,
Es arriba lou tèms di flour !

Jouvènto fouligaudo,
Que l'amour esbrihaudo,
Quitas mantiho e faudo
E coutihoun espés ;
En primo vestiduro
Dansas sus la verduro,
E la cabeladuro
Voulastreje au vènt fres !

Fasen-nous de courouno, etc.

Afama di caresso
D'uno jouino mestresso,
A la font d'alegresso
Iéu vole m'abéura !
Vène lèu, ma poulido,
Moun cor abra te crido...
Sus la tepo flourido
A tu se durbira.

Fasen-nous de courouno, etc.

Sur la branche feuillue
Le rossignol l'a dit :
Et là-haut l'alouette,
Sifflant sa chansonnette,
Invite la fleurette
A s'ouvrir; tout revit.

Tressons-nous des couronnes
De myrte et d'aubépin;
Allons sous le vieux pin
Retrouver nos mignonnes :
Filles, garçons, faisons l'amour,
Le temps des fleurs est de retour !

Joyeuse et folle fille,
Que l'amour émoustille,
Quitte cape, et mantille,
Et cotillon épais;
En légère parure
Danse sur la verdure,
Avec ta chevelure
Voltigeant au vent frais.

Tressons-nous des couronnes, etc.

J'ai faim de la caresse
D'une jeune maîtresse;
Aux sources d'allégresse
Je veux boire aussi, moi!
Viens vite, ma jolie!
Après toi mon cœur crie...
Viens ! sur l'herbe fleurie
Il va s'ouvrir à toi.

Tressons-nous des couronnes, etc.

BRANDE

A L'AMI JANET REBELIN

> Dins si quinge an èro Mirèio,
> F. MISTRAL.

Intres dins ti quinge an, Nanoun,
  Mai sies ben vergougnouso ;
Vène, dansen un rigaudoun...
  Vai, fugues pas crentouso,
    Nanoun,
  Vai, fugues pas crentouso !

Sies bello, m'agrades, Nanoun,
  Ta caro es amourouso,
Toun dous regard dejà m'a poun...
  Vai, fugues pas crentouso,
    Nanoun,
  Vai, fugues pas crentouso.

Iéu t'ame coume un fou, Nanoun,
  Porge ta man paurouso ;
Mignoto, anen, digues pas noun...
  Vai, fugues pas crentouso,
    Nanoun,
  Vai, fugues pas crentouso.

Pos souleto esgaia, Nanoun,
  Moun amo segrenouso ;
Pènjo vers iéu toun fin mourroun...
  Vai, fugues pas crentouso,
    Nanoun,
  Vai, fugues pas crentouso.

BRANLE

A L'AMI JEAN REBELIN

> Dans ses quinze ans était Mireille
> F. MISTRAL

Tu cours sur tes quinze ans, Nanon,
  Oh! mais es-tu honteuse!
Viens-t'en danser un rigodon...
    Va, ne sois pas peureuse,
      Nanon,
    Va, ne sois pas peureuse.

Ta beauté me plait fort, Nanon,
  Ta mine est amoureuse,
Ton doux regard m'entre profond...
    Va, ne sois pas peureuse,
      Nanon,
    Va, ne sois pas peureuse.

Je t'aime comme un fou, Nanon,
  Sois un brin courageuse;
Tends-moi la main; ne dis pas non...
    Va, ne sois pas peureuse,
      Nanon,
    Va, ne sois pas peureuse.

Tu peux seule égayer, Nanon,
  Mon âme soucieuse;
Avance-moi ton bec mignon....
    Va, ne sois pas peureuse,
      Nanon,
    Va, ne sois pas peureuse.

Douno-me lou bonur, Nanoun :
Sus ti gauto courouso
Laisso-me prendre un bon poutoun...
Vai, fugues pas crentouso,
Nanoun,
Vai, fugues pas crentouso.

Pièi nous maridaren, Nanoun.
E te rendrai urouso :
Saren coume dous parpaioun...
Vai, fugues pas crentouso,
Nanoun,
Vai, fugues pas crentouso.

LOU FLAJOULET

AU COUNFRAIRE LOUIS ASTRUC

> Que me doune un poutoun de sa bouco.
> *Cantico di Cantico*, Chap. I, V. I.

Jogo, flajoulet,
Un èr pèr Goutouno,
La bruno chatouno
Dóu biais risoulet ;
E tu, ventoulet,
Vai la faire rire,
Vai vite ie dire
Que ploure e souspire
D'amour tout soulet !

Menan nòsti moutoun ensèn à la verduro ;
Moun chin Labri nous li coucho davan,
E nàutri dous arrapa pèr la man,

Donne-moi le bonheur, Nanon :
Que je prenne, ô charmeuse,
Sur ta joue un baiser, un bon !...
Va, ne sois pas peureuse,
Nanon,
Va, ne sois pas peureuse.

Puis, nous nous marirons, Nanon,
Je veux te rendre heureuse :
Deux gais papillons ! dira-t-on....
Va, ne sois pas peureuse,
Nanon,
Va, ne sois pas peureuse.

LE FLAGEOLET

AU CONFRÈRE LOUIS ASTRUC

> Qu'il me donne un baiser de sa bouche
> CANTIQUE DES CANTIQUES

Siffle, flageolet,
Un air pour Didette,
La brune fillette
Au minois qui plaît;
Toi, zéphir follet,
Va la faire rire
Va vite lui dire
Qu'ici je soupire
D'amour, tout seulet.

Nous paissons nos moutons ensemble sur la côte,
Mon chien Labri nous les chasse devant,
Et tous les deux, par la main nous tenant,

Coume dous amourous permenan sus l'auturo,
Mai iéu l'ame, Goutouno, e n'ai pancaro ausa
Ie durbi lou cantoun de moun cor abrasa.
L'ame trop, que martire !
Pecaire ! estènt à soun cousta,
Ause rèn que la regarda,
E, toujour, coume vau bada,
Vène rouge, tremole, e... rèste sèns rèn dire.

Jogo, flajoulet, etc.

Goutouno, ma poulido,
Es l'ange di bastido,
Es la roso espandido,
Es lou brihant soulèu
Que me douno la vido.
Soun cou es blanquinèu,
Si gauto soun flourido,
Soun front es pur e bèu
Coume uno aigo clarido ;
Coume un canta d'aucèu
Sa voues candis l'ausido ;
Soun regard es un mèu
Pèr l'amo endoulourido ;
Au champ, es ajouguido,
A la glèiso es candido...
Di chato de l'amèu
Es bèn la plus poulido !

Jogo, flajoulet, etc.

Vautre, qu'ausès ma cansouneto,
Aucèu, peréu, sias amourous ;

Comme deux amoureux, nous allons côte à côte.
Mais je l'aime, Didette, et je n'ai pas osé
Encor ouvrir le coin de mon cœur embrasé.
    J'aime trop, quel martyre !
    Je ne sais rien qu'en raffoler,
    Je ne fais que la contempler,
    Et quand je vais pour lui parler
Je deviens rouge, et tremble, et... reste sans rien dire !

    Siffle, flageolet, etc.

    Didette, ma jolie,
    Est l'ange du coteau,
    La rose épanouie,
    L'astre du renouveau
    Qui me donne la vie !
    Qu'elle est blanche de peau !
    Que sa joue est fleurie !
    Son front est pur et beau
    Comme l'eau du ruisseau !
    Autant qu'un chant d'oiseau,
    Sa voix charme l'ouïe ;
    Son regard, miel nouveau,
    Guérit l'âme meurtrie ;
    Elle rit sous l'ormeau,
    Dans l'église elle prie...,
    Des filles du hameau
    C'est bien la plus jolie !

    Siffle, flageolet, etc.

Attentifs à ma chansonnette,
Oiseaux, vous êtes amoureux ;

Mai vautre, auceloun, sias urous ;
Vosto coumpagno vous bequeto !
Aprenès-me, bràvis aucèu,
Lou grand secrèt dis amoureto :
Siéu un calignaire nouvèu,
Tout crentous de moun amigueto.
Digas-ie que l'ame pèr iéu
Quand vendra culi de vióuleto ;
Aigo benurado dóu riéu
Que toques si pèd, si manelo,
Soulet mirau de ma pouleto,
Que la veses tant poulideto,
Digo-ie, digo-ie peréu,
Digo-ie bèn, fresco sourgueto !

    E tu, flajoulet,
    Jogo enca plus ferme !
    Que la flour dis erme,
    Lou roussignoulet,
    Lou gai ventoulet,
    L'aigo à poulit rire,
    Que tout i'ane dire
    Que ploure e souspire
    D'amour tout soulet !

LI FRISOUN DE MARIETO

A JOUSÈ ROUMANILLE

> Si pèu perfuma, si pèu negre
> A l'asar voulavou, alègre.
>   TEODOR AUBANEL.

I'a'no chatouno à Castèu-nòu,
Ajouguido, reviscoulado,

Mais du moins vous êtes heureux,
Votre compagne vous becquette !
Apprenez-moi, charmants oiseaux,
Le grand secret en amourette :
En amour, moi, des plus nouveaux,
J'ai peur devant une fillette.
Dites-lui, quand sur vos coteaux
Elle cueille la violette,
Que je l'aime, et de ma brunette
Toi qui touches les pieds si beaux,
O le plus heureux des ruisseaux,
Toi, seul miroir de ma poulette,
Toi qui la vois si joliette,
Dis mon amour à ma Didette !
Dis-le, source aux limpides eaux !

    Et toi, de plus belle,
    Siffle, flageolet :
    Que la fleur nouvelle,
    Le rossignolet,
    Le zéphir follet,
    L'onde au joli rire,
    Tout aille lui dire
    Qu'ici je soupire
    D'amour, tout seulet.

LES FRISONS DE MARIETTE

A JOSEPH ROUMANILLE

> Au hasard de la brise folle
> Sa noire chevelure vole.
>   Théodore AUBANEL

Il est au bourg de Château-Neuf
Une fillette appétissante,

Fresco e lisqueto coume un iòu ;
Plais à tóuti mi cambarado.
Pèr iéu, ço que m'agrado proun,
Es si péu fin, si frisouléto,
Es de soun front li filo bessoun ;
Que soun poulit li dous frisoun
De la pichoto Marieto !

Dèu aguè per lou mai sege an ;
Dison qu'es uno miniaturo.
Segur, a'n pichot biais galant
Em'uno fineto figuro.
Acò's rèn, en coumparesoun
De ço que ie jogo à l'aureto,
Si péu que fan lou vertouioun !
Oh ! que soun poulit li frisoun
De la pichoto Marieto !

Quand lou vèspre, au vènt fres e gai,
Sis amigo s'escarrabihon,
Alor fau vèire emé que biai
Si dous frisoun se recouquihon !
Ni negre, ni castan, soun blound
Coume uno espigo de seisseto ;
S'envan en tiro-tabouissoun.
Oh ! que soun poulit li frisoun
De la pichoto Marieto !

Pièi, diguen-lou, ie van tant bèn !
Jamai la plus bello Arlatenco
A vist jouga si péu au vènt
Coume nòsto castèu-nouvenco ;

Fraîche et luisante comme un œuf,
Gaie, éveillée et verdissante.
Elle plaît à tous nos garçons.
Moi, ses fins cheveux en frisette
Surtout me paraissent mignons ;
Qu'ils sont jolis les deux frisons
De la petite Mariette !

A peine en ses seize ans, elle est,
Dit-on, une miniature.
Certe, elle a petit air coquet
Et fine petite figure.
Mais qu'est-ce au prix de ces flocons,
De ces anneaux que la fillette
Livre à l'air en gais tourbillons ?
Oh ! qu'ils sont jolis les frisons
De la petite Mariette !

Lorsqu'au vent frais et gai du soir
Elle et ses compagnes sautillent,
Avec quelle grâce — il faut voir ! —
Ses deux frisons se recoquillent !
Comme un épi mûr ils sont blonds ;
De façon toujours gentillette
Ils s'en vont en tire-bouchons...
Oh ! qu'ils sont jolis les frisons
De la petite Mariette !

Puis sa coiffure lui sied tant !
Jamais plus belle Arlésienne
N'eût cheveux jouant mieux au vent
Que notre Castelnovienne !

Que s'enanon d'eici, d'amount,
Se courbon, façon l'estireto...
Esparpaia vo'n-un mouloun,
Oh ! que soun poulit li frisoun
De la pichoto Marieto !

Valòn la peno, ti fanfan,
Ti coco tant bèn aliscado !
Auses bouta toun catagan
Countro li péu de ma frisado ?
Vai la regàrda d'escoundoun
Quand dansara 'mé si sourreto,
E vendras dire emé resoun :
Oh ! que soun poulit li frisoun
De la pichoto Marieto !

Mai, s'en alucant si péu rous
Vouliéu veni soun calignaire ;
D'èlo se pièi ère amourous,
Sarié lou plus bèu de l'afaire !
E, se ie fasiéu un poutoun,
Mounte pausariéu ma babeto ?
De vous lou dire es pas besoun :
Oh ! que soun poulit li frisoun
De la pichoto Marieto !

Pichot frisoun descaussana,
Merviho de noste vilage,
Que degun posque vous geina
De vanega sus soun visage !
Que la mountagno, lou valoun,
Li bos, lou vènt e la sourgueto,

Qu'ils s'enroulent, qu'ils tombent longs,
Ou qu'ils fassent la vaguelette,
Soit ramassés, soit vagabonds,
Oh ! qu'ils sont jolis les frisons
De la petite Mariette !

Toi qu'enorgueillit ta *fanfan*
Ou ta coque si bien lissée,
Ose mettre ton catogan
Près des boucles de ma frisée !
Quand elle danse à nos chansons,
Viens la regarder en cachette,
Et tu diras pour cent raisons :
Oh ! qu'ils sont jolis les frisons
De la petite Mariette !

Mais si lorgner ces blonds cheveux,
Par aventure, allait me faire
Tomber de la fille amoureux,
Ce serait le beau de l'affaire !
Je donne un baiser, supposons...
Où pensez-vous que je le mette ?
Par mon refrain je vous réponds :
Oh ! qu'ils sont jolis les frisons
De la petite Mariette !

Chers petits indisciplinés,
Merveille de notre village,
Ah ! par rien ne soyez gênés,
Flottez libres sur son visage !
Que monts, sources, bois et vallons
Chantent toujours ma chansonnette !

Sèmpre redigon ma cansoun :
Oh ! que soun poulit li frisoun
De la pichoto Marieto !

BONO ANNADO A MOUN AMIGO

A MADAMISELLO...

> Li femo soun li flour dóu jardin de la vido.
> LOUIS ROUMIEUX.

Eh bèn ! l'as visto, aquelo annado,
Coume lèu-lèu s'es debanado,
Emé jour blanc e negre jour !
Ansin nosto videto passo :
Nouvè revèn 'mé li fougasso,
Nous-autre avèn gens de retour.

L'estiéu revèn emai l'autouno ;
Mai tu, revendras plus, chatouno !
Quand toun printèms sara 'scampa,
Veiras plus reveni ti roso :
E toun front lisc, ti gauto roso,
Bello, dous cop flouriran pa.

Mai, qu'acò noun te fague peno,
Car moun amour jamai s'abeno :
Tóuti lis an, t'ame que mai ;
E dins cènt an, se sian en vido,
Saras pèr ièu autant poulido
Que vuei, dins toun bèu mes de Mai.

Moun cor es uno font fidèlo
Ounte toujour te veiras bello :

Et tous ensemble redisons :
Oh ! qu'ils sont jolis les frisons
De la petite Mariette !

BONNE ANNÉE A MON AMIE

A MADEMOISELLE...

> Les femmes sont les fleurs du jardin de la vie.
> Louis ROUMIEUX.

Eh bien ! tu l'as vu, cette année,
Comme elle s'est vite égrenée,
Le jour blanc avec le jour noir !
Notre courte vie ainsi passe ;
Noël revient, et sa fouace ;
Partis, nul ne peut nous revoir

L'été revient, et puis l'automne
Pour toi pas de retour, mignonne
Que ton mois de Mai fuie, hélas !
Tu ne reverras plus tes roses ;
Ton front pur, tes pommettes roses
De nouveau ne fleuriront pas !

Mais, pour cela, ne sois pas triste ;
Car mon amour à tout résiste,
Grandit toujours ; et dans cent ans,
Si nous sommes encore en vie,
A mes yeux tu seras jolie,
Comme aujourd'hui dans ton printemps !

Mon cœur est la source fidèle
Où toujours tu te verras belle ;

Bònis amour noun prenon fin ;
E quand partèn d'aquèsto terro,
Anan au cèu que nous espèro,
E nous i'aman en serafin.

Amo-me dounc, ma bèn-amado ;
Regreten pas aquelo annado
Que vèn, aièr, de s'abima.
Amen-nous dounc, ma touto bello !
E proufichen de la nouvello
Pèr nous encaro mai ama.

Bon an à tu, ma douço amigo !
E liuen de tu la mendro brigo
Di méndri peno d'eici-bas !
Qu'amour, plasé, gràci, jouinesso,
Bonur, benèstre e poulidesso
T'espeligon souto li pas !

Ma douço amigo, bono annado !
E que la mai siegues amado
D'aquéu que vos ama lou mai !...
E quau es dounc lou calignaire
Q'urous sus tóuti sàup te plaire ?...
M'as di qu'es iéu... S'èro verai !...

S'èro verai, pèr mis estreno,
E s'acò te fasié pas peno,
Voudriéu... lou dise ?... fai me dounc,
Pèr bèn acoumença l'annado,
Fai-me, ma bello, uno brassado,
E te farai milo poutoun !

Un amour vrai n'a pas de fin :
Et, quand nous quittons cette terre,
Nous allons dans une autre sphère
Aimer comme le séraphin.

Aime-moi donc, ma bien-aimée !
De l'année, hier abîmée,
Chassons les regrets superflus !
Aimons-nous, ô ma toute belle !
Et profitons de la nouvelle
Pour nous aimer de plus en plus.

Bon an à toi, ma douce amie !
Que loin de toi, même s'enfuie
L'ombre des peines d'ici-bas !
Qu'amour, plaisir, beauté, jeunesse,
Santé, bonheurs de toute espèce
S'épanouissent sous tes pas !

Ma douce amie, année heureuse !
Sois toujours aimée, amoureuse
Aussi de qui t'aime le mieux !
Et cet heureux qui sut te plaire ?
C'est moi ! m'a dit ta bouche chère :
C'est moi !... si c'était vrai, grands dieux !

Ah ! si c'était vrai !.... comme étrenne,
— Hors que cela ne te fit peine, —
Pour bien fêter ce premier jour :
Donne-moi, dirais-je — oh ! je n'ose ! —
Un baiser de ta lèvre rose !
Je t'en rendrai mille en retour !

BROUIAMEN

A MADAMISELLO...

L'amour n'est que plus doux après les démêlés
Et l'on s'en aime mieux de s'être un peu brouillés.
TH. CORNEILLE.

Bello chatouno, digo dounc,
Tant de brassado e de poutoun
T'an rèn leissa dins la memòri ?
De noste amour rousèn e pur,
De noste amour, noste bonur,
Digo, t'en souvèn plus l'istòri !

La niue souto ti ridèu blanc
Quand dormes, innoucènto enfant,
L'amour te dis rèn à l'auriho ?
Quand dormes, un sounge d'amour
Te dis pas que t'ame toujour,
Que ta fougno me desvario !

E quand vihes sènso sounja,
Entèndes pas voulastreja
Quaucarèn dintre ta chambreto ?
Es moun amo que te seguis,
Es moun amo que se languis,
Que repasses tis amoureto !

Es moun amo e moun tèndre cor
Que volon lèu faire l'acord ;
Es moun amo que t'ai dounado
Es moun paure cor toujour tièu,
Es touti dous qu'un sort catièu
N'a treboula li destinado.

BROUILLE

A MADEMOISELLE...

L'amour n'est que plus doux après les démêlés
E l'on s'en aime mieux de s'être un peu brouillés.
　　　　　　　　　　　Th. CORNEILLE.

Eh quoi ! tant d'embrassades ! quoi !
Tant de baisers n'ont-ils, dis-moi,
Rien laissé, belle, en ta mémoire ?
Quoi ! de notre amour rose et pur,
De notre bonheur dans l'azur
As-tu donc oublié l'histoire ?

Sous tes blancs rideaux, quand tu dors,
Enfant, sans trouble et sans remords,
L'amour ne vient-il rien te dire ?
Quand tu dors, un songe charmant
Ne te dit-il pas qu'un amant
De tes froideurs pleure et soupire ?

Et quand tu veilles sans songer,
Dis, n'entends-tu pas voltiger
Quelque chose dans ta chambrette ?
Ah ! c'est mon âme qui te suit;
C'est ma pauvre âme qui languit
Après l'amour qu'elle regrette !

C'est mon âme et mon tendre cœur
Qui voudraient un accord meilleur,
Mon âme que je t'ai donnée,
Et mon cœur à toi pour jamais ;
C'est tous deux dont un sort mauvais
Trouble et gâte la destinée.

Repasso lèi, nòstis amour...
Quant de bèu vèspre e de bèu jour !
T'ensouvèn plus ? sóuto la touno
La luno claro nous vesié,
E, sounjarello, sourrisié
Quand nous fasian uno poutouno !

E qu'èro bon, lou serenau,
Quand lou prenian sus toun lindau !
Nòsti dos tèsto se clinavon
L'uno vers l'autro, e nous disian
Em' afecioun de mot bèn plan,
E nòstis amo tresanavon !

Toun rire espelissié lou miéu,
E moun regard dintre lou tiéu
Emé delice se negavo :
E touti dous nous belavian ;
De long moumen nous teisavian,
E, tout soulet l'amour parlavo !...

Ah ! noste cèu es esta blu !...
D'aquéu bèu tèms t'ensouvèn plu,
Que, quand me rescontres, amigo,
Regardes d'un autre cousta ?
Adounc, toun amo n'a garda
De tant d'amour pas uno brigo ?

Ah ! lou jour que nous sian brouia
Ère segur desmemouria,
Lou trop de bonur m'aclapavo ;
Mai se sabiés mi treboulun,

Repasse-les donc, nos amours....
Que de beaux soirs et de beaux jours !
T'en souviens-tu ? sous la tonnelle
La lune claire nous voyait,
Et, songeuse, elle souriait,
Quand nous nous baisions devant elle !

Et que le serein était bon,
Pris sur le seuil de ta maison !
Nos deux têtes l'une vers l'autre
S'inclinaient, et des mots bien doux
S'échangeaient tout bas entre nous :
Le divin bonheur que le nôtre !

Et ton rire appelait le mien ;
Mon regard, noyé dans le tien,
Y puisait une calme ivresse ;
Nous nous taisions un long moment ;
C'était par nos yeux seulement
Que s'exprimait notre tendresse.

Qu'il fut bleu notre ciel... Hélas !
Tu ne te le rappelles pas,
Puisque je te vois, quand je passe
D'un autre côté regarder !
Ton âme n'a donc su garder
De tant d'amour pas même trace !

Ah! quand nous nous sommes brouillés,
Mes esprits, certe, étaient troublés,
Le bonheur me tournait la tête !
Mais si tu savais mes regrets,

Bello fachado, e mi plourun,
Pèr iéu, tourna, te fariés bravo.

Lou mes de Mai es de retour,
L'amour sourris permei li flour,
Lou cor s'esmòu... O ma tant bello,
Tout s'amo, tout canto e tout ris !...
Ve ! li dindouleto, à si nis
Tournon amourouso e fidèlo !...

Fai coum' éli, revène à iéu ;
Tourno esgaia moun cor plantiéu.
E coume uno aigo risouleto
Coulo entre si dos ribo en flour,
Entre mi bras, o mis amour !
En pas coulara ta vidèto !

Car, volé plus la treboula,
Saras l'eigueto dóu vala,
Bello, puro, amado, clarido...
La flour, l'aubre e l'aucèu sarai :
T'embaumarai, t'assoustarai,
Te cantarai, o ma poulido !

PROUVÈNCO E TROUBADOUR

A FREDERI MISTRAL

> O flour, erias trop proumierenco !
> Nacioun en flour, l'espaso trenco
> Toun espandido !...
>
> CALENDAU.

Malur à l'enfant que renègo
La maire que l'a fa teta !
Quand fuguessian à milo lègo

Mes larmes, tu t'adoucirais ;
La paix entre nous serait faite.

Mai, le beau mois, est de retour,
Parmi les fleurs sourit l'amour ;
Le cœur s'émeut.... Vois, ô ma belle,
Tout s'aime, tout chante, tout rit ;
Vois, l'hirondelle vers son nid
Retourne, amoureuse et fidèle !

Fais comme elle, viens réjouir
Ce cœur qui ne sait que gémir ;
Comme d'un ruisseau coule l'onde
Dans son lit de fleurs, tu verras
Couler ta vie entre mes bras
Dans une paix douce et profonde.

Et ne crains pas que de nouveau
Je veuille un jour en troubler l'eau
Belle, pure, claire et chérie ;
Je veux, ensemble arbre, oiseau, fleur,
T'abriter, t'embaumer d'odeur,
Et te chanter, ô ma jolie !

PROVENCE ET TROUBADOURS
A FRÉDÉRIC MISTRAL

> Vous aviez, fleurs trop tôt écloses,
> Devancé la saison des roses !
> L'épée, ô peuple en fleur, trancha ta floraison !
>   CALENDAL

Malheur au fils qui de sa mère
Peut renier les seins sacrés !
Quant à nous, par la terre entière

Dóu nis que nous a recata,
Sèmpre pourtaren aut lou drapèu de ta glòri,
O noste país bèu e flòri !...
Nous remembran nòstis aujòu
Sus l'Europo atentivo enaurant la patrio,
E'no douço rumour flatejo nòsto auriho
Au brut dóu passat que s'esmòu !

L'aiglo roumano es abatudo,
La Prouvènço vèn d'espóussa
Un darrié brèu d'esclavitudo
E si cansoun an coumença ;
A l'amour, l'imenèu demando si treñello :
Nosto princesso Doucinello
S'unis à Ramoun-Berenguié ;
Di coumbo dóufinenco i vau de Catalougno
L'aureto nous adus lis acord di zambougno
E li clamour di chivalié. (1)

O nòsti paire, à queto escolo
Anerias dounc vous asseta,
Que de l'Europo plan e colo
Tresanon à voste canta ?...
La Grèço sajo e fièro e que sus tóuti jito
La clarta de soun lum, l'Egito
Qu'escalo is astre e fai li diéu, (2)
Roumo que pèr doumta lou mounde entié s'abrivo,
Digas ? vous an après la façoun agradivo
De voste esprit fin e sutiéu ?

Noun, noun. Lou soulèu qu'escandiho
E maduro nòsti meissoun —

Du nid fussions-nous séparés,
Nous porterions bien haut le drapeau de ta gloire,
Provence ! et garderions mémoire
De ce que nos aïeux ont fait !
Car devant leur grandeur l'Europe s'émerveille ;
Une douce rumeur vient flatter notre oreille
Au bruit du passé qui renaît !

Sur le sol gît l'aigle romaine ;
La Provence, libre, a brisé
Le dernier anneau de sa chaîne,
Et ses chansons ont commencé ;
A l'Amour, c'est l'Hymen qui demande sa tresse :
Doucinelle, notre princesse,
S'unit à Raymond Béranger ;
Et des monts dauphinois aux pics de Catalogne
Clameurs des chevaliers, accords de la zampogne,
Nous arrivent dans l'air léger !

Dites quelle école, quels maîtres
Vous virent assis sur leurs bancs,
Pour que l'Europe, ô nos ancêtres,
Ait tressailli toute à vos chants !
La Grèce qui partout projette sa lumière ;
Cette Egypte qui, la première,
Scrutant le ciel, trouve les Dieux,
Rome qui, pour dompter le monde entier, s'élance,
Ont-elles façonné sous leur vieille science
Votre esprit souple, ingénieux ?

Non, le soleil, l'astre de vie,
Qui chauffe et mûrit nos moissons,

Coungreio soul la meloudio
Que vujas dins vòsti cansoun ; (3)
L'art es un doun de Diéu : dóu roussignòu que canto
Lou bresihage nous encanto ;
Li femo adoucisson li mour...
Es tant dous d'èstre ama ! L'Europo s'estasio
A vosto melicouso e siavo pouësio,
Car voste vers es tout amour !

L'amour ! aquelo flour poulido,
Aquelo flour dóu mes de Mai,
Ateno l'avié pas culido,
Li Mouro e li Latin nimai ; (4)
Vous-àutri sias vengu : la floureto óudourouso,
Embaumo vosto amo amourouso,
L'amour vous alargo si doun :
Escampant vòsti cor, courrès tóuti li terro :
Bernat de Ventadour enébrio l'Anglo-terro,
Giraud de Bournélh, l'Aragoun.

Vès l'Italio e l'Alemagno,
Coume se souvènon de vous ! (5)
Vosto flour crèis, vosto flour gagno
Li serre li mai auturous :
Beatris la divino e Lauro l'estelado,
Sus l'aubo roso encimelado,
S'emplanon amount dins l'azur,
Car Petrarco e lou Dante an senti vosto flamo,
An beisa vosto flour, an coumprés vòstis amo,
An respira voste amour pur ! (6)

Erias trop bèu... Mai la tempèsto
Agouloupo nosto nacioun,

Seul, engendra la mélodie
Que vous versez dans vos chansons.
L'art est un don de Dieu : du rossignol qui chante
Le gazouillement nous enchante ;
La femme fit le troubadour.
C'est si doux d'être aimé ! l'Europe s'extasie
Devant la voix de miel de votre poésie,
Car votre vers est tout amour.

L'amour ! cette plante jolie,
Cette fleur de mai, de sa main
Athènes ne l'a pas cueillie,
Ni le More, ni le Romain ;
Vous venez, et la fleur, la fleur délicieuse
Embaume votre âme amoureuse,
Et l'amour vous fait don sur don !
En répandant vos cœurs, vous parcourez la terre !
Bernard de Ventadour enivre l'Angleterre,
Giraud de Borniel, l'Aragon.

Et l'Italie, et l'Allemagne
Ne vous oublièrent jamais ?
Votre fleur croit, votre fleur gagne
Jusqu'aux plus orgueilleux sommets !
Béatrix la divine, et Laure l'étoilée
Planent d'une même envolée,
Dans l'aube rose en plein azur,
Car Dante, car Pétrarque ont senti votre flamme,
Ont baisé votre fleur, ont pénétré votre âme,
Ont respiré votre amour pur !

Vous étiez trop beaux !... la tempête
Emporte notre nation ;

E subran voste cant de festo
Se chanjo en crid d'endignacioun :
Quand lou Nord sournaru, jalous, ferouge, alabre,
Coume lou gaudre dins un vabre,
Toumbo sus vautre, e qu'aquéti fleu
Estoufo dins lou sang vostis èr d'alegresso,
O Pèire Cardinau ! (7) emé quénto ardidesso
Ti vers descaroñ li bourrèu !...

Adessias, tensoun, pastourello ;
Adessias, gènti court d'amour;
La negro niue vous enmantello,
E tout muto dins l'aire sour... (8)
Mai dóu pège escranca resto encaro la mato,
Un pople un moumenet s'amato,
Mai se relèvo tard o tèms ;
Lou sagatun regreio e la sabo es plus forto ;
E la galanto flour que tóuti cresien morto
Bèu mai l'eigagno e lou printèms.

Dins ta poulido souvajugno
Tu que t'escoundes encanta,
O gai castèu de Font-Segugno !
Sabes coume s'es reviéuda
Aquéu canta d'amour ?... Escapa de l'aurige,
Souto lou nom de Felibrige,
Lou Prouvençau a reverdi ;
E coume un grand rousié que douno à canestello,
Au risoulet graciéu de nòbli damisello,
Dins lou mounde s'es espandi.

Aro sian mèstre¹ e Roumaniho
Pòu s'endourmi sus soun pres-fa ;

Et soudain votre chant de fête
Devient cri d'indignation
Lorsque le Nord sournois, jaloux, féroce, avide,
Comme un torrent au flot livide
Sur vous tombe et que le fléau
Etouffe dans le sang vos concerts d'allégresse,
O Pierre Cardinal ! de quelle hardiesse
Tes vers soufflettent le bourreau !

Adieu, Tenson et Pastorale !
Adieu, gentilles cours d'amour !
C'est la nuit, la nuit sépulcrale
Et tout se tait dans cet air sourd !
Mais de l'arbre brisé vit encore la souche ;
Un moment un peuple se couche ;
Il se relève au bout d'un temps ;
Le rejeton repousse, et la sève est plus forte ;
Et la galante fleur, que tous estimaient morte,
Boit la rosée et le printemps !

O Font-Segugne, en ta retraite
Où tu te caches enchanté,
Tu l'entendis ce chant de fête,
Ce chant d'amour ressuscité !
Echappé de l'orage, et redressant sa tige,
C'est sous le nom de Félibrige
Que le Provençal reverdit ;
Et, comme un grand rosier aux mille fleurs nouvelles,
C'est au sourire aimé de nobles demoiselles
Que sur le monde il s'étendit.

Ah ! sur son œuvre Roumanille
Peut dormir... Nous sommes vainqueurs !

Benesi siegue l'engenio
Ounte venèn nous rescaufa !...
La Grèço à soun pouèto aubouravo de tèmple ;
Prouvènço, seguis soun eisèmple !
As lou tiéu, brulo toun encèns !
Avèn nosto Iliado, avèn nosto Oudissèio,
Aven emé Mistrau, *Calendau* e *Mirèio*,
Poudèn leissa courre lou tèms !

MA MESTRESSO

A FELIS GRAS

> Moun esprit, pecaire, s'emberluco
> E tout amourousi dou bèu pantai qu'aluco
> S'esperd en vano ravarié...
>
> M. FRIZET.

Vivo lou lioun fèr que bouto en frun sa gàbi,
Estranglo lou doumtaire e s'envai libre e rèi !
Vivo l'amour que douno un tant sublime enràbi,
L'amour, pan blanc di cor d'elèi !...
Iéu barbèle e me chale ; ai ma passioun : me fiche
Di pouderous emai di riche ;
Ço qu'ame es bèu, suau e grand !
Iéu, l'aveni risènt à mis iue se destrio,
Ai la fe que trasporto, ai l'espèro qu'esbriho,
Siéu amourous coume à vint an !

Siéu amourous bèn mai, o, bèn mai ! Ma mestresso
Es divo. En bèuta passo e Minervo e Vènus ;
D'elo raive, e'n pantai ie manje de caresso
Si pèd descaus, si teté nus.
Ma mestresso es divesso. Ah ! pèr bela sa fàci,
Pèr merita si bòni gràci,

Grâce au génie, astre qui brille,
Où nous venons chauffer nos cœurs !
La Grèce à son poète érigea plus d'un temple :
Toi, Provence, suis son exemple ;
— Au tien brûle aussi ton encens !
L'Odyssée et sa sœur ont chez toi leur pareille :
Ton Mistral t'a donné Calendal et Mireille,
Tu peux laisser courir le temps !

MA MAITRESSE

A FELIX GRAS

... Hélas ! mon esprit s'éblouit,
Et tout plein de l'amour du beau rêve qu'il suit,
Se perd en vaine rêverie.

M. Frizet.

Vive le lion fauve et qui, brisant sa cage,
Etrangle son dompteur, puis s'en va, libre et roi !
Vive l'amour, d'où naît cette sublime rage !
Pareil amour s'allume en moi !
Je soupire et jouis ; et j'aime ; et je dédaigne
Le riche, le puissant qui règne ;
Ce que j'aime est si beau, si grand !
Un riant avenir à mes yeux se déploie ;
J'ai la Foi qui transporte et l'Espoir qui flamboie :
A vingt ans même aimai-je autant !

J'aime plus, oui, bien plus ! Ma maitresse est déesse.
Elle passe en beauté Pallas même et Vénus.
Toujours je rêve d'elle ; en songe je caresse
Ses pieds déchaux et ses seins nus.
Ma maitresse est déesse ! Ah ! pour la voir en face,
Pour mériter sa bonne grâce,

Pèr aussa soun velet d'azur,
Pèr ie dire : pareis, briho sus nòsti terro,
Milo e milo galant se fan metre en galèro...
　　Mouri pèr elo, que bonur !

Amourous despaciènt, quand nosto amo s'alargo
Vers la fièro divesso, ami di pitre fort,
Nous la fau, o senoun prenènt la vido à cargo,
　　Courrèn l'embrassa dins la mort.
Que bonur de crida : Vivo, vivo la bello !...
　　Quand nosto tèsto reboumbello
　　Dins la gamato dóu bourrèu,
De noste còu — lou sang gisclo, fumo, coungreio ;
E veirés, dins l'endré, que la maire patrio
　　Farà d'enfant forço plus bèu !

Lou Crist, noste grand priéu, soun plus caud calignaire,
Vouguè la prouclama, mai li prèire furious,
(Sabès ço qu'arribè,) li prèire entre dous laire
　　Lou clavelèron sus la crous.
Lou Crist la prouclamè ; li martire atestèron ;
　　E lis idolo cabussèron
　　De sis auturous pedestau.
Ami, prouclamen-la ! l'inchaiènço nous clavo :
Abren lou flo de joio, e brulen lis entravo
　　Que tènon nòsti cor esclau !...

Que — la bello ! — manefle e felouu l'abourrissou ;
An ourrour de soun noum, an crento de si rai ;
Car à si rai, feloun e catau s'esvalissou,
　　E lou pople l'amo que mai !
Lou pople la demando e li tiran tremolon,

Pour lever son voile d'azur,
Pour lui dire : « Ici-bas brille, ô reine suprême ! »
Mille et mille galants bravent le bagne même...
　　Mourir pour elle, ô bonheur pur !

Amants impatients de notre fière reine
Qui ne souffre d'amour que celui d'un cœur fort,
Il nous la faut ; ou nous prenons la vie en haine,
　　Et nous l'embrassons dans la mort !
Quel bonheur de crier : « Vive, vive la belle ! »
　　Lorsque notre tête pour elle
　　Roule au noir panier des bourreaux,
De notre cou le sang jaillit, fume, féconde !
Et la mère patrie, en ce lieu même, au monde
　　Donnera des enfants plus beaux !

Le Christ, notre grand chef et son plus chaud fidèle,
Voulut la proclamer ; pour étouffer sa voix,
Les prêtres furieux clouèrent le rebelle
　　Entre deux voleurs sur la croix.
Le Christ la proclama ; les martyrs l'attestèrent,
　　Et de leur piédestal jetèrent
　　Les vieilles idoles à bas.
Ami, proclamons-la ! Si nos cœurs sont esclaves,
Cloués par l'indolence, ah ! brûlons ces entraves !
　　Libérons nos cœurs et nos bras !

Notre belle !... flatteurs et félons la haïssent !
Ils abhorrent son nom ; ses rayons leur font peur ;
A ses rayons, flatteurs et grands s'évanouissent :
　　Le peuple, lui, l'aime de cœur !
Le peuple la réclame ; et le despote sombre

E lêu, dins la sourniero, amolon
Si coutèu pèr la sagata..
Siéu dóu pople e moun cor i'a douna ma tendresso,
E vous dise lou noum de ma bello mestresso :
Ma mestresso es la LIBERTA !

NOTES

(1) L'état de la France méridionale favorisa le génie de ces poètes (*Li Troubaire*) et inspira la mollesse de leurs chants. Depuis la fin du neuvième siècle, à côté de cette France du nord, si ravagée, si désolée par les invasions et les mauvais gouvernements, par les guerres intestines et la rapacité des seigneurs ; une France du midi avait reçu des lois plus douces et une vie meilleure, la fondation du petit royaume d'Arles ou de Provence, divisé plus tard en comté de Barcelonne et en comté de Toulouse; le gouvernement de plusieurs petits princes qui passèrent obscurs, heureusement pour leurs sujets, l'union de la princesse DOULCE avec RAMOND-BÉRENGER, comte de Barcelonne, l'influence des Espagnols, qui, à cette époque là étaient fort avancés en civilisation et avaient beaucoup emprunté du génie brillant et de la galanterie chevaleresque des Maures; toutes ces causes firent fleurir dans la Provence les arts et la gaie science.

(*Histoire de la poésie*, par l'abbé Henry.)

(2) L'Egypte est la première qui ait étudié l'astronomie. C'est l'Egypte qui inventa les dieux.

(3) Les anciens troubadours n'ont rien imité dans leurs chants. Ils ont tiré toute leur poésie de leur soleil et de leur contrée.

(4) C'est l'honneur des Provençaux d'avoir, les premiers, chanté l'amour et ses mille enchantements.

(Introduction de *Li Prouvençalo*, par M. Saint-René Taillandier.)

Aiguise son couteau dans l'ombre,
Prêt à la frapper de côté ;
Je suis peuple, et mon cœur lui donna sa tendresse,
Et je vous dis le nom de ma belle maîtresse :
Ma maîtresse est la LIBERTÉ !

---

(5) Tandis qu'Arnaud Daniel charmait les Italiens, ses rivaux portaient l'influence de la France du midi chez presque tous les peuples de l'Europe, Giraud de Borneil en Espagne, Bernard de Ventadour en Angleterre, et Raimbaud de Vaqueiras jusqu'en Grèce, à la suite des Montferrat et des Villehardouin (id.).

(6) L'Allemagne était initiée de mille manières aux œuvres de nos poètes. Les Hohenstauffen avaient trop de rapports avec l'Italie pour que l'influence provençale, si complètement acceptée jusqu'à Naples, ne pénétrât pas chez les peuples germaniques (id.).

(7) Dante et Pétrarque, sans doute, n'avaient pas besoin des chantres de la langue d'Oc pour être des intelligences supérieures. Auraient-ils été de grands poètes sans cette bienfaisante influence ? Auraient-ils été surtout des poètes vraiment nationaux et tiendraient-ils une si glorieuse place dans l'art italien ? Il est permis d'en douter (id.).

(9) Pierre Cardinal sut rendre des pensées viriles en un sublime langage.
Lorsque la croisade des Albigeois étouffe dans le sang cette civilisation élégante et fragile, les invectives de ce maître hardi infligent aux vainqueurs un châtiment formidable (id.)

(10) Puis le fer et le feu achèvent leur besogne et la langue provençale disparait : *Les chants avaient cessé!* (id.).

FRÉDÉRIC ESTRE

(M. Frédéric ESTRE, né à Marseille, était médecin cantonal à Remilly (Moselle) lors de la néfaste guerre de 1870. Il est demeuré français et Provençal en pleine Alsace-Lorraine et publie chaque année, un *Ermonck* lorrain, dans lequel il donne fréquemment des articles traduits du provençal ou relatifs à la Provence. On doit au Félibre de la Moselle un charmant petit poème, LOU CURAT DE CUCUGNAN (le curé de Cucugnan), en vers provençaux avec traduction en vers

---

LOU PASTRIHOUN DIS AUP

Enterin que la som regno dins lou vilage,
Veici què, dins li champ, lou jouine pastourèu,
Mau-grat qu'en pleno niue l'aurasso rounfle arrage,
Viho forço atentiéu sus soun noumbrous troupèu.

    Quand lou vènt boufo feroun,
    Quand la luno es pas levado,
    Que lou loup fai sa bramado,
    En pas, dourmès, mi pichoun !

Aquéu paure ourfanèu que lou besoun, pecaire !
Forço de travaia de-longo e sèns repaus,
Fai tres-tres au seren, en pensant à sa maire,
I siuen que reçaupié, cade vèspre, à l'oustau.

    Quand lou vènt...

Dóu mens, soulet ansin en la vasto sournuro,
A, dins la longo niue, pèr gardian, l'iue divin ;
Pèr assoula sa lagno e sa vidasso duro,
Soun fio e sa cansoun ; à coustau d'éu, soun chin.

    Quand lou vènt...

français en regard (Strasbourg, 1878). Il a donné d'autres poésies à l'*Armana Prouvençau*, à l'*Almanach du Sonnet*, au *Journal de Forcalquier*, etc., etc. M. Estre a obtenu une mention honorable en 1875, à Béziers pour une pièce intitulée LA JOUINO LOURRENO. Il est membre de la Société des Langues Romanes, de l'Athénée de Forcalquier de l'Académie des Muses Santones.)

LE BERGEROT DES ALPES

Tandis que le sommeil règne dans le village,
Le petit bergerot attentif, l'œil ouvert,
Encor qu'en pleine nuit le vent ronfle avec rage,
Sur son nombreux troupeau veille dans le désert.

  Dans l'horreur de la nuit sombre,
  Quand soufflent les vents brutaux,
  Quand les loups hurlent dans l'ombre,
  Dormez en paix, mes agneaux !

Ce chétif orphelin que contraint la misère
A travailler sans trêve, hélas ! et sans espoir,
Grelotte sous la bise, en pensant à sa mère,
Aux soins qu'il recevait au logis chaque soir.

  Dans l'horreur, etc.

Il a, du moins, perdu seul dans l'immense plaine,
Durant la longue nuit, l'œil de Dieu pour gardien ;
Il a, pour soulager sa vie âpre et sa peine,
Son feu, sa chanson triste et son fidèle chien.

  Dans l'horreur, etc.

GRATIEN CHARVET

(M. Gratien CHARVET d'Alais, quoique Languedocien de naissance et de résidence, et étranger, par conséquent, à la Provence, a adopté le parler d'Avignon et des bords du Rhône, le dialecte de MIRÈIO, des OUBRETO, de la MIOUGRANO, des CARBOUNIÉ, de la FARANDOULO, d'AMOUR E PLOUR, etc., pour ses poésies d'une

---

VESPER

Quand lou calabrun, souto li platano,
Vèn de-cauto-à-cauto e s'ennegresis.
Eilalin, subran, au bout de l'andano
Uno estello d'or s'atubo e lusis.

Coume s'aubouravo, au founs de la plano,
Aièr la veguère, em soun gai sourris ;
Ie diguère : « Es tu, bello Soubeirano ?
De que me vos mai, douço emperairis ! »

— « T'ai vist tout soulet treva la mountagno :
Siéu vengudo alor te tène coumpagno,
Coume au tèms passa di vèspre agradiéu. »

— « Fugues benesido, o divesso bloundo,
Tu que me fas lume à travès li broundo,
Car res mai que tu sounjo plus à iéu ! »

inspiration si élevée, parmi lesquelles on peut citer : A-N-UNO ESTELLO (à une Etoile), SURSUM CORDA, AU PONT DOU GARD, AURIGE E CALAMO (Orage et Calme) etc. Elles se trouvent dans la collection de l'ARMANA PROUVENÇAU. On doit aussi à M. Charvet des études historiques, entre autres UN EPISODE D'HISTOIRE LOCALE SOUS LE RÈGNE DE CHARLES VI)

VESPER

Sous le noir platane à l'heure incertaine
Où descend la brume à pas sourds, sans bruit,
Une étoile d'or s'allume, et, lointaine,
Au bout du chemin dans les branches luit.

Comme elle montait au fond de la plaine,
Hier je l'aperçus qui gaiment sourit ;
Je lui dis : « C'est toi, belle souveraine ?
Que veux-tu de moi, reine de la nuit? »

— « Te voyant errer seul dans la montagne,
Pour que mon regard du moins t'accompagne,
Comme au temps passé des beaux soirs, je viens. »

— « Pour ta clarté douce, ô déesse blonde,
Sois bénie !... Hélas ! quand, de tous, au monde
Je suis oublié, toi, tu te souviens ! »

FRÈRE SAVINIEN

(Le Frère SAVINIEN, des Ecoles Chrétiennes, né en 1844, à Villeneuve-lez-Avignon (Gard) est l'auteur de poésies et de contes en dialecte du Rhône épars dans l'ARMANA PROUVENÇAU, lou CACHO-FIO et la deuxième partie de son RECUEIL DE VERSIONS PROVENÇALES destiné à faciliter l'étude du français aux enfants des écoles primaires de la Provence. Il a établi entre eux des con-

I ROUMAN

Un nivoulas, de-fes, sus li pople s'estènd,
E li bàrri d'acié, negrejant dins lou mounde,
Trason di lamp blaven, di tron l'afrous abounde.
De pertout raion plour e sang di bèu jouvent ;

Clinado dins lou dòu, la patrio se tèn.
Pèr quete sort maudit fau que l'ire desbounde
E qu'à la sourno Mort tant d'oustio semounde ?
Pèr-de-que s'escarna, quand poudrien entre-tèm

Canta, viéure en s'amant, li nacioun, gènti sorre ?
O Rouman, o mi fraire, aliuenchant ço qu'èis orre
Que Diéu sus nòsti pas en flour chanje li flèu !

Unido restaran, Prouvènço, Roumanio
Au fougau de l'amour, i font de l'armounio :
An pèr liame sacra la lengo e lou soulèu.

cours périodiques de traduction, dont les membres du Florège sont les juges; cette méthode, suivie par quinze cents élèves leur a fait faire de grands progrès dans l'étude de la langue française et a été vivement encouragée par M. Michel Bréal, inspecteur général et d'autres philologues éminents. Le frère Savinien, auteur de la *Grammire Provençale*, a en préparation un poème qui aura pour titre, LIOUNÈU (Lionnel).

AUX ROUMAINS

Un nuage s'étend sur les peuples hagards ;
Et les remparts d'acier hérissant les frontières,
Vomissent sur le monde éclairs, foudres, tonnerres ;
Et les pleurs, et le sang coulent de toutes parts.

La patrie en deuil fixe à terre ses regards...
Quel sort maudit faisant déborder les colères,
A la farouche Mort immole tant de frères ?
Et pourquoi massacrer ainsi nos plus beaux gars ?

Les nations pourraient, en s'aimant, vivre heureuses!...
Eloignant les fléaux de ces luttes affreuses
Sous nos pas, ô Roumains, que Dieu les change en fleurs !

Toujours s'accorderont Provence et Roumanie
Au foyer de l'amour, dans des flots d'harmonie ;
La langue et le soleil unissent ces deux sœurs !

DENIS CASSAN

(M. Denis CASSAN, né à Avignon, collabora aux PROUVEN-ÇALO, cette première manifestation collective de la nouvelle coléo, mais il se rattache à l'ancienne par le genre tout populaire auquel il s'est adonné. On a de lui deux recueils de vers : LI PARPELO

UNO BONO GALEJADO

Veici ço que countavo un jouine-òme de Sorgo
Que dis toujour verai (quand dis pas de messorgo) :
    Pèr lou bal de noste cartié
M'ère carga de vèire un menaire d'ourquèstre,
— Saubrias pas m'ensigna mounte rèsto Sivèstre?
Demandave en quaucun, dins la Carretarié.
— L'atrouvarés sèns fauto au bout dóu Calendié,
Me faguèron subran em'un esclat de rire.
N'en sachèron pas mai, vouguèron pas mai dire.
    Pèr countunia ma coumessioun,
Me revire, e m'adrèisse à la boutico en faço,
      E ié fau la memo questioun :
    Me fan béure à la memo tasso !
    — Rèsto liuen d'aqueste quartié !
Es aro lou moumen qu'arribo la pratico,
E m'atrove soulet, me fai lou boutiquié.
Escoutas : se voulias me garda ma boutico,
    Vous ié menariéu vouluntié.

D'AGASSO (Les paupières de pie ou les Riens) dont le titre est emprunté à une locution proverbiale : *Vieure de parpello d'agasso* (Vivre de rien) et : LI CASSANETO (littéralement les Fillettes de Cassan). Il collabore régulièrement à l'Almanach de Roumanille.)

UNE FACÉTIE

Voici ce qu'un garçon de Sorgue racontait,
Et, quand il disait vrai, jamais il ne mentait :
— Comme on m'avait chargé de voir un chef d'orchestre
    Pour le bal de notre quartier;
Je demande à quelqu'un : « Sauriez-vous m'enseigner
Dans la Carreterie où demeure Sylvestre ? »
— « Cherchez tout à la fin dans le calendrier,
Me répond-on soudain en éclatant de rire ;
Et l'on ne voulut pas, ou sut pas plus m'en dire.
Tenant à m'acquitter de ma commission,
Je reviens et m'adresse à la boutique en face,
    Là, je fais même question :
    On m'y fait boire à même tasse !
— « Il reste loin de ce quartier,
    Me dit l'honnête boutiquier ;
C'est l'heure justement qu'abonde la pratique,
    Et je suis seul... si vous vouliez
    Me garder un peu ma boutique,
    Je vous mènerais volontiers. »

G. SAINT-RÉNÉ TAILLANDIER

(M. Georges SAINT-RÉNÉ TAILLANDIER, Tarasconnais par sa mère, est le fils de l'éminent académicien qui, étant professeur à la Faculté des Lettres de Montpellier, écrivit, en 1852, l'introduction des PROUVENÇALO et, devenu professeur en Sorbonne, continua, dans LA REVUE DES DEUX-MONDES, à encourager la Renaissance pro-

LOU DIÉU COUQUIN

Blave e mourtinèu, lou soulèu d'ivèr
S'es que trop langui dins li nèblo frejo ;
Dintre si lincòu estrassa pounchejo
E fai dardaia soun front descubert.

Is ardènt poutoun de soun calignaire
La terro subran trefoulis d'amour :
Lou sen meirenau boumbis de tout caire
La sabo desbordo e s'escampo en flour

Or, Amour, diéu que, subre un lie de mousso,
Fai som-som l'ivèr — o ! la longo niue ! —
Tre que vèn la caud se freto lis iue,
E li durb, e ris dins sa como rousso.

Ausis l'auceloun canta si piéu-piéu,
Ausis vounvouna li bloundis abiho ;
Au soulèu de Mai, que l'escarrabiho,
Aganto soun arc, lou couquin de diéu.

vençale. M. Taillandier fils collabore avec distinction à l'ARMANA PROUVENÇAU, auquel nous empruntons la pièce que le lecteur trouvera ci-dessous. On espère qu'il réunira en volume les divers travaux de son père sur la littérature provençale, ainsi que s'apprêtait à le faire le regretté critique, mort prématurément en 1879).

LE PETIT DIEU COQUIN

Blême et moribond, dans la brume sombre
N'a que trop langui le soleil d'hiver ;
A travers les trous de son linceul d'ombre
Il fait rayonner son front découvert.

La terre tressaille à la flamme ardente
Des premiers baisers du céleste amant :
Le sein maternel bondit : débordante,
La sève partout en fleurs se répand.

Or, Amour qui fit, sur un lit de mousse,
Dodo tout l'hiver — ô la longue nuit ! —
Se frotte les yeux, et les ouvre, et rit,
Sous ses blonds cheveux, à la saison douce.

Et comme il entend monter en tout lieu
Riquiqui d'oiseau, *zonzonzon* d'abeille,
Au soleil joyeux de mai qui l'éveille,
Il saisit son arc, le coquin de Dieu !

LOUIS ASTRUC

(M. Louis ASTRUC, né à Marseille en 1857, secrétaire de la Société des Félibres de la Mer, de Marseille, appartient à la seconde génération du Félibrige, don: il est une des espérances. Jeune encore, il n'a donné au public provençal sous le titre de MOUN ALBUM et de : MEDAIOUNS, que deux petits recueils de sonnets, dont chacun est consacré à une des célébrités contemporaines du Midi, et qui l'ont placé au rang des meilleurs sonnettistes. M. Astruc ne s'en tiendra pas

SUS LA DANAÉ DOU TICIAN

Palais venguè la lourre, o Danaë, parai ?
Lou jour ounte l'amour toumbant plueio daurado,
Pèr la premiero fes faguè lusi soun rai,
Soun rai voùluptuous sus tu, pauro enclastrado.

Subre ta coucho, alor, presso d'un dous esfrai,
Nedant dins lou bonur, ti labro enamourado
Se durbèron au vas d'un mounde plus verai,
E, brihèron tis iue d'uno flamo sacrado.

O Vioulanto (1), autro divo au mounde mounte sian,
Recebères tambèn ta plueio e lou Tician
Fuguè toun Jupitèr ; sus sa telo amourouso,

Couchè pèr Danaë ta bèuta majestuouso,
E si poutoun brulant pèr si pincèu pinta
T'inoundon tant d'amour que d'inmourtalita!

LA MAR RIS

Coume uno cabro fouligaudo
Cour disaverto ; es bon matin,

là ; il se propose, en effet, de publier, en un seul volume intitulé : LI CACIO (Les Cassies) du nom provençal de la fleur d'or, emblème des jeunes filles de Marseille, les poésies qu'il a données à la CALANCO‘ à l'ARMANA, au BRUSC etc. et dont plusieurs ont été couronnées. Il a en outre en portefeuille, un drame en trois actes et en vers provençaux, la MARSIHESO (la Marseillaise). M. Astruc, qui écrit aussi en fort bonne prose, emploie le dialecte des bords du Rhône.)

SUR LA DANAÉ DU TITIEN

En palais, n'est-ce pas ? se change ta prison,
Danaé, quand l'amour, belle averse dorée,
Pour la première fois fait briller son rayon,
Rayon voluptueux, sur toi, pauvre cloîtrée.

Et sur ta couche alors, vibrant d'émotion,
Nageant dans le bonheur, ta lèvre enamourée
Au vase du vrai monde, avec un doux frisson,
S'entr'ouvre, et ton œil luit d'une flamme sacrée.

O nouvelle Déesse en cet humain séjour,
Violante; tu l'eus, ton ondée, à ton tour !
Titien — ton Jupiter — sur sa toile amoureuse

Coucha pour Danaé ta suprême beauté,
Et ses brûlants baisers, peints par sa brosse heureuse,
T'inondèrent d'amour et d'immortalité !

LA MER RIT

Leste comme chèvre en maraude,
Elle court ; il est bon matin.

L'aubo mesclo soun diamantin
A la mar facho d'esmeraudo.
Eilavau, lou fort Sant-Louvis
Sort de soun sen coume uno estello,
Lou pescaire urous alestis
Si fielat e si canestello.

Coume de pichot garri blanc
Que soun lou jouguet d'uno cato,
Dins la luenchour la mar acato
Barco, barquet, batèu galant ;
Çai lou ventoulet boufo puro
L'óudour dis augo qu'a rauba
En flourejant la bourdaduro
Resplendissènto dóu riba.

Es l'ouro ounte tout se reviho
Sus la mar ; lou cèu es risènt
E counvido à freireja 'nsèn
Lou travai e la pouësio :
E lou pouèto à l'óurizount
Cerco à legi dintre la brèino,
Dóu tèms que dison si cansoun
Li travaiaire de la Sèino.

Pèr la Sèino van s'embarca
Li travaiaire de marino,
Dóu soulèu sout la flamo aurino
Un vèissèu nòu vai boulega.
E lou pouèto vèi lis erso
Que s'aprèston à batre un ban

L'aube aux tons de diamant fin
Se mêle à la mer d'émeraude;
Tout là-bas le fort Saint-Louis
Sort de son sein, tel qu'une étoile,
Déjà l'heureux pêcheur a mis
Filets et paniers sous sa voile.

Comme souris blanches, jouet
D'une chatte fausse et cruelle,
La mer couvre, au lointain, nacelle,
Et barque, et joli batelet;
Ici, le zéphir souffle pure
L'odeur des algues qu'il ravit
A l'éblouissante verdure
Du rivage où le ciel sourit...

C'est, sur la mer, l'heure choisie
Où tout se réveille, invitant
A fraterniser un instant
Le travail et la poésie.
Le poète de l'horizon
Veut percer la brume incertaine,
Pendant que disent leur chanson
Les bons travailleurs de la Seyne.

Pour la Seyne ils quittent le port,
Les constructeurs de la marine;
Au soleil d'or qui l'illumine
Bientôt un vaisseau neuf en sort;
Et le poète qui regarde
Croit voir par la vague applaudi

Is avans-gardo dóu Coumèrço,
A-n-aquéu pople fièr e grand.

Dóu cèu la mar es lou mirage :
Se Diéu mau-countènt trais si tron,
Di bastimen pico lou front
E de l'iro sort lou naufrage ;
Mai vuei amount tout es seren,
Tout dèu canta, car l'oundo dindo,
Car sus l'empèri de Sufren
La gràci trauco siavo e lindo.

Vese li ro douçamenet
Sautourleja sus l'aigo claro
Tau que d'enfant que bresso encaro
La maire emé si poutounet ;
Vese li roucas fort, sevère,
Dintre l'espèro dóu marin
Qu'à soun pèd vai manda lou ferre :
l'aura pas d'estèu de-matin.

Vese la pas e l'alegrio,
Lis isclo alin soun touto d'or
E jiton eiça vers lou port
Un rebat d'aubo qu'escandiho;
La mar es vèuso de gabian,
Mai en l'èr milo dindouleto
Passon, repasson, pièi s'en van ;
An, pèr fugi, coumprés l'aureto.

Vese enca, vese lou bonur,
Vese un gros bastimen qu'arribo,

Du commerce noble avant-garde,
Ce peuple, aussi grand que hardi !

Du ciel la mer est une image ;
La foudre d'un Dieu courroucé
Tombe sur le mât fracassé,
Et du courroux sort le naufrage.
Mais aujourd'hui l'air est serein ;
Tout chante ; l'eau tinte joyeuse
Et sur l'empire de Suffren
La grâce perce lumineuse.

Je vois les rocs tout doucement
Sautiller par-dessus l'eau claire,
Comme des enfants que leur mère
Berce en un tendre embrassement ;
Je vois la grande roche sombre
Qui semble attendre le marin
Près de jeter l'ancre à son ombre ;
Car rien n'est écueil ce matin.

Je ne vois rien que paix et joie ;
Les îles, au loin, toutes d'or,
Projettent ici, vers le port,
Un reflet d'aube qui flamboie.
Si de goëlands veuve est la mer,
Mille hirondelles vont et viennent,
Puis s'éloignent au fond de l'air,
Sur un signe qu'elles comprennent.

Je vois, tableau délicieux,
Je vois le bonheur ; vers la rive

E quàsi lest à touca ribo ;
Despaciènt, coupant li flot pur,
Dins uno barco un jouvènt remo,
Manjo l'espàci dóu regard...
O dous amour ! vese uno femo...
E de poutoun pleno es la mar !

Vese plus rèn, mai bèn entènde
Enjusquo dins moun cor prega,
Dins la countemplacioun nega
Ause tout ço qu'à Diéu se rènde,
E ris la mar de tant d'amour,
E lis oundo en partènt courriolo,
Van dire aquelo bono imour
A l'ourizount, is isclo, i colo !

NOTE

(1) Violante, fille de Palma Vecchio et maitresse du Titien qui peignit d'après elle sa *Danaé*.

Déjà proche, un navire arrive ;
Dévorant l'espace des yeux,
Fendant le flot pur de sa rame,
Un beau gars vers un être cher
File... Amour ! je vois une femme...
Et de baisers pleine est la mer...

Je ne vois plus rien, mais je rêve ;
J'entends prier jusqu'en mon cœur ;
Noyé dans mon rêve, au Seigneur
J'entends tout ce que l'on élève ;
Et la mer rit de tant d'amour ;
Et les ondes courent agiles
Dire cette gaîté du jour
Aux horizons, aux monts, aux îles !

JOSEPH-HENRI HUOT

(M. Joseph-Henri HUOT, né à Aix, architecte à Marseille, vice-président des *Félibres de la mer*, à la fois dessinateur, compositeur et poète de talent, a débuté par une pièce couronnée aux Jeux Floraux d'Aix et collabore habituellement à l'ARMANA, à la CALANCO et autres recueils périodiques du Midi. Rapporteur des Jeux Floraux de

---

MARSIHO E PARIS

COUMPLIMEN NOUVIAU A Mllo ISABÈU ESCARRAS

I

Ansin quitas nosto Prouvènço?
Parisenço anas deveni ;
De l'aflat de vosto presènço
Gardaren plus qu'un souveni !

Perqué leissa la souleiado
Pèr lou païs de l'embruni?
Vosto maire, dins sa nisado,
N'a dounc pouscu vous reteni ?

Que vous an fa la Canebiero,
E lis Alèio, e nòsti port,
Pèr ié preferi li carriero
Dé la Babilouno dóu Nord ?

Que vous an fa nòsti calanco
Trevado de tant gai batèu
E cenchado de roco blanco
Ounte dardaio lou soulèu ?

Cannes en 1879, il a été élu dernièrement un des cinquante Félibres majoraux dont se compose le Consistoire du Felibrige. On doit à M. Huot le dessin des diplômes si artistiques que décerne l'assemblée consistoriale aux littérateurs indigènes ou étrangers, que les services rendus ou les sympathies témoignées à sa cause lui font juger dignes de cette distinction si appréciée.)

MARSEILLE ET PARIS

COMPLIMENT DE NOCE A Mlle ISABELLE ESCARRAS

I

Eh quoi! quitter notre Provence !
Parisienne devenir !
Du charme de votre présence
Ne nous laisser qu'un souvenir

Fuir le soleil! fuir la lumière
Au pays des brumes partir !
Dans le nid votre tendre mère
N'a donc pas pu vous retenir ?

Que vous ont fait nos avenues,
La Canebière et notre port,
Pour que vous préfériez les rues
De la Babylone du Nord ?

Et nos calanques, que parcourent
Des vols de si coquets bateaux
Et que de blancs rochers entourent,
Où dardent des soleils si chauds?

E li pinedo de *La Roso*,
(Li grand pin que canton soulet),
E li baragneto de roso
Qu'embèimavon voste oustalet?

E li recate de verduro
Ounte anavias vous amaga,
E la capello de l'auturo
Ounte venias souvènt prega?

Li sant trebou de la jouvènço,
Digas, pourrien-ti s'escafa?
Li bèlli causo de Prouvènço,
Oh! digas-me, que vous an fa?

II

Ço qu'an fa?... Vole vous lou dire
I poutoun de noste aire pur,
Vous sias assajado au sourrire,
Vous sias preparado au bonur!

Lou soulèu vous a caressado
De si raioun rescaufadis;
La bluro mar vous a bressado
Dins de pantai dou Paradis;

E lou fougau, e la famiho,
E lou terraire, e l'amista,
Vous an ensigna l'armounio
E desvela la verita!

Et les bois de pin de *la Rose*
Qui chantent tout seuls leur chanson,
Et la haie où fleurit la rose,
Dont s'embaume votre maison ?

Et les coins, où dans le feuillage
Vous aimiez vous réfugier,
Et là-haut le saint ermitage
Où vous alliez souvent prier ?

Les saints émois de votre enfance
Pourraient s'effacer tout à fait !
Les belles choses de Provence,
Dites, que vous ont-elles fait ?

II

Eh bien ! moi, je veux vous le dire :
Notre air si pur, par sa douceur,
En vous apprenant à sourire,
Vous a préparée au bonheur !

Le soleil vous a caressée
Des rayons de nos chauds midis,
La mer d'azur vous a bercée
Dans des rêves du paradis.

Et foyer, famille bénie,
Amitié, terroir et cité
Vous ont enseigné l'harmonie
Et dévoilé la vérité !

III

Tambèn, quand venguè lou fringaire
Qu'èro digne de voste cor,
Lèu soun amour sachè vous plaire,
Car vòstis amo èron d'acord !

E vous meno liuen de Prouvènço,
Parisenco anas deveni !
Mai dóu tèms de vosto jouvènço
Restara fort lou souveni !

Voste soulas aura durado,
Car empourtas proun de soulèu,
Pèr counjura la grand jalado,
Pèr esvarta la blanco nèu !

Voste bonur aura proun voio
Pèr encanta lou nouvèu nis ;
Avès proun d'amour e de joio
Pèr ensouleia tout Paris !

III

Aussi, quand vint chez votre mère
L'homme digne de vous, d'abord
Son amour a-t-il su vous plaire,
Car vos âmes étaient d'accord !

Et lui vous fait, loin de Provence,
Parisienne devenir !
Mais des beaux jours de votre enfance
En vous vivra le souvenir !

Durable sera votre ivresse ;
Vous emportez dans votre exil
Assez de soleil, de jeunesse,
Pour conjurer glace et grésil !

Assez d'enthousiasme en l'âme
Pour dorer les temps les plus gris ;
Assez d'amour, assez de flamme
Pour ensoleiller tout Paris !

MARIUS GIRARD

M. Marius GIRARD, né vers 1840 à Saint-Remy, ville natale de Roumanille, Félibre majoral, maître-ès-jeux floraux pour avoir remporté trois *joio* ou premiers prix dans les concours, président de l'Ecole du Florège d'Avignon, chevalier de l'ordre royal et distingué de Charles III d'Espagne, officier d'académie etc a publié un recueil de poésies intitulé : LIS AUPIHO (les Alpilles), nom de la chaîne infé-

A MADAMISELLO X.

> Lou diable dins la fango a chaucha ta courouno.
> J. ROUMANILLE.

Quau m'aurié di, ai las ! o gento Adèlo,
Nascudo, abas, au founs d'uno pradello
Dins un maset, sus lou bord d'un camin,
Qu'un jour auriés e titre e pergamin !
Tu qu'autri-fes n'aviés pèr escudello
Que ti dos man, e que di cabridello
Eres la sorre, ai las ! ai las ! crudèlo,
Que counchariés toun front de jaussemin,
    Quau m'aurié di !
Aviés alor dos labro de grounsello,
Front courouna d'espigo de tousello ;
Noun te falié de raubo de satin...
Ai ! dins li ple d'un mantèu de catin
Te vèire un jour faire la... damisello
    Quau m'aurié di !

LI BOUSCAIRIS DE CACALAUS

A MADAMO E. B.

E plòu !... amount, i pèd di moure,
Li cacalauso dèvon courre.

rieure des Alpes qui domine Saint-Remy et prépare un second volume qui portera le titre de LA CRAU. Il fut l'un des principaux organisateurs des fêtes littéraires internationales célébrées à Saint-Remy en 1868, où assistèrent les plus grands poètes catalans et où Mistral dit pour la première fois son immortel poème du TAMBOUR D'ARCOLE.)

A MADEMOISELLE X

> Le diable dans la fange a souillé ta couronne.
> J. ROUMANILLE.

Qui me l'eût dit, hélas! gentille Adèle,
Toi du mazet la pauvre pastourelle,
Toi dans un pré née au bord du chemin,
Qu'on te verrait titre sur parchemin!...
Toi qui n'avais autrefois pour écuelle
Que tes deux mains et de la cabridelle
Étais la sœur, hélas! hélas! cruelle,
Souiller ton front blanc comme le jasmin !
    Qui me l'eût dit ?
Front ceint d'épis de seigle ou de touselle,
Lèvres semblant deux groseilles, ma belle,
Tu n'allais lors en robe de satin...
Ah ! dans les plis d'un manteau de catin
Te voir un jour faire la... demoiselle.
    Qui me l'eût dit ?

LES CHERCHEUSES D'ESCARGOTS

A MADAME E. B.

Il pleut!... Là-haut déjà, sans doute,
Les escargots tracent leur route ;

Sian pas drut, mai sian pas malaut!
Anen! alèrti roudarello,
Vòsti panié d'óulivarello
Anas lèu querre, e, bouscarello,
Anen, chatouno, i cacalaus!

Sus li ribo, dins li draiolo,
Sorton, banejon, van courriolo...
Tiras la porto ; ai près la clau...
Aplato coume un bounet basco,
I'a dis *aplano*, i'a de *masco*,
Que, pèr ma fé! sèmblon de casco..
Anen, chatouno, i cacalaus !

I'a de *mourgueto* blanquinello..
De *meissounenco* maigrinello...
Enfant, sènso sourti dóu claus,
Au mitan di souco, esmarrado,
Acamparen de chimarrado,
De loungarudo, de daurado,..
Anen, chatouno, i cacalaus!

Au mas, pèr faire bouli l'oulo,
Adurren pièi de ferigoulo,
Emé d'espi, un grèu balaus :
E dins l'ouliero se i'a d'òli,
Après deman faren l'aiòli...
Acò sara noste regòli...
Anen, chatouno, i cacalaus !

Pas riche, au moins on est dispos.
Allons, les alertes rôdeuses,
Prenez vos paniers d'oliverses !
En chasse, vite les chercheuses !
Zou ! fillettes, aux escargots !

Sur les talus, aux pieds des mornes,
Ils courent, allongeant leurs cornes ;
Venez, j'ai la clef de l'enclos !
Que de *platelles* ! que de *masques* !
Ceux-ci faits en forme de casques,
Ceux-là comme des bérets basques !...
Zou ! fillettes, aux escargots !

Et combien de blanches *nonnettes*,
De *moissonniennes* maigrelettes !
Mes enfants, sans sortir du clos,
Nous en trouverons, égarées
Parmi les souches, de dorées,
De longues et de bigarrées...
Zou ! fillettes, aux escargots !

Au *mas* nous porterons ensuite,
Pour faire bouillir la marmite,
Lavande-spic, thym et fagots ;
Et si l'huile est en suffisance
Pour l'aïoli, quelle bombance !
Ah ! l'on s'en régale d'avance !
Zou ! fillettes, aux escargots !

FRÉDÉRIC MISTRAL

Frédéric MISTRAL, né, le 8 septembre 1830, à Maillane, village de quinze cents âmes de l'arrondissement d'Arles, qu'il habite, est le *Capoulié*, (le chef), du Félibrige, qui lui doit son autorité et son renom dans le monde littéraire et qui a trouvé en lui sa personnification suprême.

La réforme, opérée par la nouvelle Ecole, demandait pour réussir autant d'érudition patiente que de génie poétique. Elle ne devait pas seulement, comme notre Romantisme, dont elle dérive, faire jaillir du sol des sources nouvelles d'inspiration et remplacer une phraséologie surannée par l'expression vraie de la vie et de la nature ; elle avait surtout, en résistant à l'invasion croissante des tournures et des termes français et en y substituant, avec leur véritable orthographe, les mots conservés dans les dialectes les plus purs de la campagne ou dans les auteurs du XVIe siècle à rétablir la langue provençale dans sa pureté première et à prouver, par des œuvres sérieuses, de longue haleine et variées à l'infini, qu'elle peut servir d'expression aux conceptions artistiques et littéraires les plus hautes, en leur prêtant sa couleur et son originalité propres.

Cet immense programme, Mistral, mieux que nul autre, l'a réalisé dans son entier, par la composition de vastes épopées où l'on ne sait ce qu'on doit le plus admirer, de sa science ou de son génie et par la création, (le mot n'est pas trop fort), d'une langue si littéraire et si distincte du provençal vulgaire des villes, que ses adversaires, qui la traitent volontiers de patois et qui y voient l'organe de prétendues tendances séparatistes, lui font le reproche contradictoire et exagéré d'ailleurs de n'être intelligible aux gens du pays même que grâce à la traduction française ; ce qui détruit la première allégation aussi bien que la seconde, contre laquelle n'ont cessé de protester tous les Félibres, qui sont bons français parce-qu'ils sont bons provençaux.

Lorsque MIRÈIO, que Mistral avait mis sept ans à écrire, parut en 1859, un applaudissement universel accueillit ce frais et majestueux poème idyllique, bien que, hors de Provence, on dût le lire dans une version littérale en prose, qui ne le montrait pas à son avantage; mais la beauté de l'ouvrage perçait à travers tous les voiles. Lamartine proclama MIREILLE un chef-d'œuvre incomparable, Gounod la mit en musique, l'Académie la couronna; ce fut un triomphe pour la nouvelle littérature qu'on se mit partout à étudier et à imiter. Le succès ne s'est pas affaibli depuis vingt ans qu'il dure. Après avoir été traduite en Angleterre et aux États-Unis, une fois en prose, deux fois en sixains rimés, en Espagne, une fois en prose espagnole, une autre fois en vers Catalans, en Allemagne, en stances moulées sur celles de l'original, elle a été mise récemment en vers français, d'abord par l'auteur du présent livre, et quelques mois plus tard par M. le premier président Rigaud. Tant d'éditions et de versions en toute langue prouvent que le poème de Mistral appartient à cette grande littérature classique, patrimoine du genre humain, et qu'il est assuré comme elle de ne jamais périr.

L'autre épopée du Félibre de Maillane, CALENDAU (Calendal) parue en 1867, moins heureusement, quoiqu'aussi patiemment composée, est remplie de passages admirables, de beautés de détail sans nombre, qui attestent un génie plus vigoureux encore peut-être, plus étendu, plus varié; mais, comme l'a écrit Mistral lui-même pour s'expliquer l'empressement moindre du public lettré, si dans MIREILLE c'est la nature qui prédomine, dans CALENDAL, c'est l'imagination; on peut ajouter que l'érudition y tient aussi une trop grande place et que les descriptions trop nombreuses, les épisodes trop développés détruisent l'équilibre de l'œuvre. En outre, CALENDAL est plus provençal, mais moins humain que MIREILLE; de là, l'accueil différent que les deux poèmes ont reçu hors de Provence.

Mistral a retrouvé quelque chose du succès de vogue de MIRÈIO avec son beau recueil: LIS ISCLO D'OR (Les Iles d'or) où sont réunies, accompagnées de traductions en regard, la plupart des poésies détachées qu'il a produites jusqu'en 1875. Quatre éditions ont déjà répandu dans le grand public ces purs chefs-d'œuvre qui s'appellent : le TAMBOUR D'ARCOLE, LA PRINCESSE CLÉMENCE, LA FIN DU MOISSONNEUR, LA MORT DE LAMARTINE, LA RENCONTRE, LA COMMUNION DES SAINTS et tant d'autres, car on ne peut tout citer. Depuis cette publication, le grand poète n'a cessé de donner aux périodiques du Midi de nouvelles pièces, comme le BELVEDER, CATELAN, LE LION D'ARLES etc. etc., qui formeront un jour un pendant aux ILES D'OR. Enfin, il publie par livraisons le TRÉSOR DU FÉLIBRIGE, dictionnaire provençal, qui fixera la langue et la syntaxe et où se révèle un digne émule de Littré. N'oublions pas que le

---

LOU PRÈGO-DIÉU

I

A-N-ERNEST DAUDET.

Èro un tantost d'aquest estiéu
Que ni vihave ni dourmiéu ;
Fasiéu miejour, tau que me plaise,
    Lou cabassòu
      Toucant lou sòu,
        A l'aise.

E verdau dins lis estoubloun,
Contro uno espigo d'ordi blound
Qu'èro granado à listo doublo,
    Veguère iéu
      Un prègo-diéu
        D'estoublo.

— Bèu prègo-diéu, venguère adounc,
Ai ausi dire qu'en guierdoun

poète, chez Mistral, est doublé d'un éloquent orateur et que les études qu'il a mises en tête soit de ses propres œuvres, soit de celles de ses confrères et qu'il a traduites lui-même dénotent un excellent prosateur, non seulement en provençal, mais en français. Sa correspondance atteste aussi ce dernier point. — Ce sont là des titres que l'Académie française prendra sans doute un jour en considération et qui pourront lui faire admettre dans son sein, à l'exemple de l'Académie des Jeux Floraux, non pas tant le grand félibre qui est avant tout poète provençal, que l'habile écrivain et l'éminent linguiste.)

LA MANTE RELIGIEUSE

I

A ERNEST DAUDET

Par une chaude après-midi,
Couché, la nuque au sol tiédi,
Cet été, je faisais la sieste,
    Les yeux mi-clos,
  Dans un repos
      Céleste.

Et verte dans les chaumes blonds,
Contre un épi d'orge aux grains ronds
Je vis une mante inclinée
    Qui priait Dieu,
    Vers le ciel bleu
      Tournée.

— « Pieux insecte, Dieu, dit-on,
Pour tes prières t'a fait don

De ço que prègues sènsò pauso,
  Diéu t'a douna
  De devina
   Li causo.

Digo-me'n pau, moun bon ami,
S'aquelo qu'ame a bèn dourmi,
Digo que pènso en aquesto ouro
  Emai que dis;
  Digo se ris
   O plouro. —

Lou prègo-diéu qu'èro à geinoun
Trefouliguè sus lou canoun
De la pendènto espigouleto,
  E despleguè
  E bouleguè
   L'aleto.

E soun parla mai dindoulet
Que lou brut fin dóu ventoulet
Fringouiejant dins lis aubriho,
  Plan e secrèt,
  Me penetrè
   L'auriho.

— Vese uno chato, me fasié,
Souto lou fres d'un cereisié :
Li branco, en verguejant, la tocon :
  I branquihoun
  Lis agroufioun
   A flocon.

(Car elles n'ont ni fin, ni pauses)
De deviner
Et d'enseigner
Les choses.

Enseigne-moi, mon bon ami,
Si mon aimée a bien dormi;
Quelle est sa pensée à cette heure;
Ce qu'elle dit ;
Si son œil rit
Ou pleure. »

La dévote mante à genoux
Tressaillit sur le tuyau roux
De l'épi qui ployait sous elle,
Et déplia,
Et remua
Son aile.

Et le son grêle de sa voix,
Plus fin qu'aux feuillages des bois
Un bruit de brise qui s'éveille,
Doux et discret
Me pénétrait
L'oreille.

— « Au frais d'un cerisier je vois,
Dit-elle, une enfant que parfois,
En flottant, les branches caressent;
Sur les rameaux
Les bigarreaux
Se pressent.

Lis agroufioun soun bèn madur
E muscadèu e rouge e dur,
E dintre li fueio lisqueto
    Dounon la fam,
    Pènjon e fan
      Ligueto.

Mai de si fru courous, durau
E rouginèu coume un courau,
En van l'agroufiounié presènto
    La fino flour
    E la coulour
      Plasènto.

Elo souspiro, en assajant
Se pòu li cueie en sautejant ;
— Venguèsse lèu moun calignaire !
    Dins moun faudau
    M'anarié d'aut
      Li traire. —

E iéu diguère i meissounié :
— O meissounaire, aqui darnié
Leissas un roudelet qu'espigue,
    Ounte, l'estiéu,
    Lou prègo-diéu
      S'abrigue.

II

A-N-ANFOS DAUDET

Aquesto autouno, en m'enanant
Dins un camin founs e clinant

Par bouquets le bigarreau mûr,
Musqué, rougissant, un peu dur,
Entre la feuille lisse et nette,
  Luit séduisant.
   Frais et faisant
    Linguette. (1)

Mais de ses fruits luisants, et beaux,
Et vermeils comme des coraux,
En vain le cerisier présente
   La fine fleur
   Et la couleur
    Plaisante.

L'enfant qui ne les atteint pas
Dans ses bonds, soupire tout bas
« Que n'est-il là celui qui m'aime,
   Pour y monter
   Et m'en jeter
    Lui-même ! »

Aux moissonneurs alors je dis :
« Laissez toujours un coin d'épis
Que votre faucille respecte,
   Où, dans l'été,
   Prie, abrité,
    L'insecte. »

II

A ALPHONSE DAUDET

Un jour cet automne, en marchan
Dans un chemin creux et penchant,

M'ère esmarra pèr lou campèstre,
    Tenènt à ment
    Mi pensamen
      Terrèstre.

E, mai, dintre lis estoubloun,
Embrassant un espigouloun
E plega dins soun alo doublo,
    Veguère iéu
    Lou prègo-diéu
      D'estoublo.

— Bèu prègo-diéu, venguère adounc,
Ai ausi dire qu'en guierdoun
De ço que prègues sènso pauso,
    Diéu t'a douna
    De devina
      Li causo;

E que, se quauque enfant, perdu
Au mitan di meissoun, à tu
Demando soun camin, bestiolo.
    Entre li bla,
    l'ensignes la
      Draiolo.

Dins li plasé, dins lis afan
D'aqueste mounde, paure enfant,
Vese tambèn que m'estravie,
    Car en creissènt
    L'ome se sènt
      Impie.

Je m'étais perdu, l'âme pleine
> D'ambition,
> D'illusion
>> Mondaine.

Et dans les chaumes des épis,
Sous son aile double je vis
La mante de l'autre journée
> Qui priait Dieu
> Vers le ciel bleu
>> Tournée.

— « Pieux insecte, Dieu, dit-on,
Pour tes prières t'a fait don,
(Car elles n'ont ni fin, ni pauses)
> De deviner
> Et d'enseigner
>> Les choses.

Et si quelque enfant égaré,
Dans les blés t'ayant rencontré,
Te requit d'éclairer son doute,
> Toujours du bras
> Tu lui montras
>> Sa route.

Dans nos plaisirs, dans nos chagrins,
Je vois que, hors des bons chemins,
Pauvre enfant aussi, je dévie,
> Car, en croissant
> L'homme se sent
>> Impie.

Dins la seisseto e dins lou juei,
E dins la crento e dins l'ourguei,
E dins lis esperanço verdo,
  Paure de iéu !
  Vese peréu
   Ma perdo.

Ame l'espàci, e siéu enclaus ;
Dins lis espino vau descaus ;
L'amour es diéu, e l'amour pèco,
  Touto afecioun,
  Après l'acioun,
   Es nèco.

Ço que fasèn es escafa ;
Lou brutaligè es satisfa,
E l'ideau noun pòu s'ajougne ;
  Fau naisse en plour,
  E dins li flour
   Se pougne.

Lou maù es orre, o me sourris ;
La car es bello, e se pourris ;
L'oundo es amaro, e vole béure ;
  Alangouri,
  Vole mouri
   E viéure.

Siéu descamba, siéu deglesi..
O prègo-diéu, fai-me lusi
Uno esperanço un pau veraio
  De quicoumet :
  Ensigno-me
   La draio. —

Dans l'ivraie et dans le froment,
Dans l'orgueil, dans l'abattement,
Comme dans l'espérance verte
    Pauvre de moi !
    Partout je voi
      Ma perte.

J'aime l'espace et vis lié ;
Dans les ronces je vais nu-pié ;
L'amour est Dieu, mais l'amour pèche ;
    Le rêve est haut ;
    L'acte bientôt
      L'ébrèche.

Trop tôt s'efface ce qu'on fait ;
L'instinct brutal se satisfait,
L'idéal fuit sans qu'on l'atteigne ;
    Né dans les pleurs,
    Qui touche aux fleurs
      Y saigne.

Le mal est laid et me sourit ;
La chair est belle et se pourrit ;
Je veux boire et l'onde est mauvaise ;
    Toujours languir !
    Vivre ou mourir
      Me pèse.

Je suis las, j'ai faim... Fais-moi voir,
Fais-moi luire, ô mante, un espoir
Qui soit hors des prises du doute ;
    Je ne sais quoi !...
    Indique-moi
      Ma route. »

E tout-d'un-tèms veguère ièu
Que, vers lou Cèu, dóu prègo-diéu
Lou maigre bras se desplegavo.
    Misterious,
    Mut, serious.
      Pregavo.

LA COUMUNIOUN DI SANT

A CHARLE GOUNOD

Davalavo en beissant lis iue,
Dis escalié de Sant-Trefume ;
Èro à l'intrado de la niue,
Di Vèspro amoussavon li lume.
Li Sant de pèiro dóu pourtau,
Coume passavo, la signèron,
E de la glèiso à soun oustau
Eme lis iue l'acoumpagnèron.

Car èro bravo que-noun-sai,
E jouino e bello, se pòu dire ;
E dins la glèiso res bessai
L'avié visto parla vo rire ;
Mai quand l'ourgueno restountis
E que li saume se cantavon,
Se cresié d'èstre en Paradis
E que lis Ange la pourtavon !

Li sant de pèiro en la vesènt
Sourti de-longo la darriero
Souto lou porge trelusènt
E se gandi dins la carriero,

De l'insecte silencieux
Je vois aussitôt vers les cieux
Le maigre bras qui se déplie ;
    Mystérieux
      Et sérieux,
        Il prie.

LA COMMUNION DES SAINTS

A CHARLES GOUNOD

De Saint-Trophime elle descend
Les degrés, en baissant la vue ;
Les cierges, Vêpres finissant,
S'éteignent ; la nuit est venue.
Sous le porche, en passant près d'eux,
Les Saints de pierre l'ont bénie,
Et jusqu'à sa maison leurs yeux
Dans l'ombre lui font compagnie.

C'est qu'elle était sage, Dieu sait !
Et jeune et belle ; on peut le dire ;
Jamais peut être on ne l'avait
Vue au Saint lieu parler ni rire ;
Mais au son de l'orgue tandis
Que de Dieu montaient les louanges,
Elle croyait en Paradis
Voler, portée aux bras des Anges !

Sous leur vaste porche éclatant
Les Saints de pierre l'ayant vue
Toujours la dernière sortant,
Puis, modeste, allant dans la rue,

Li Sant de pèiro amistadous
Avien pres la chatouno en gràci ;
E quand, la niue, lou tèms es dous,
Parlavon d'elo dins l'espàci.

— La vourriéu vèire deveni,
Disié sant Jan, moungeto blanco,
Car lou mounde es achavani
E li couvènt soun de calanco. —
Sant Trefumé diguè : — Segur !
Mai n'ai besoun, iéu, dins moun tèmple,
Car fau de lume dins l'escur,
E dins lou mounde fau d'eisèmple.

— Fraire, diguè sant Ounourat,
Aniue, se'n-cop la luno donno
Subre li lono e dins li prat,
Descendren de nòsti coulouno,
Car es Toussant : en noste ounour
La santo taulo sara messo...
A miejo-niue Noste-Segnour
Is Aliscamp dira la messo.

— Se me cresès, diguè san Lu,
Ié menaren la vierginello ;
Ié pourgiren un mantèu blu
Em'uno raubo blanquinello. —
E coume an di, li quatre Sant
Tau que l'aureto s'enanèron ;
E de la chatouno, en passant,
Prenguèron l'amo e la menèron.

Les Saints de pierre, bons pour tous,
Avaient pris la fillette en grâce,
Et quand, la nuit, le temps est doux,
Ils parlaient d'elle dans l'espace.

— « Je voudrais la voir, dit Saint Jean,
Nonne blanche, en un sûr asile;
Quand partout souffle l'ouragan,
Le cloître offre une anse tranquille. »
Saint Trophime dit : « Oui, bien sûr !
Mais j'ai besoin d'elle en mon temple;
Il faut la clarté dans l'obscur,
Et dans le monde il faut l'exemple. »

Saint Honorat dit : « Cette nuit,
Dans les prés et sur les eaux claires
Une fois que la lune luit,
Quittons nos colonnes, ô frères !
C'est la Toussaint ; en notre honneur
La table divine se dresse ;
Aux Aliscamps Notre-Seigneur,
A minuit sonnant, dit la messe. »

Saint Luc dit : « Menons avec nous,
Croyez-m'en, cette enfant si rare,
Qu'une robe blanche, dessous
Un manteau bleu traînant, la pare ! »
Et, cela dit, dans l'air glissant
Tels que la brise, ils s'éloignèrent,
Et de l'humble vierge, en passant,
Ils prirent l'âme et l'emmenèrent.

Mai l'endeman de bon matin
La bello fiho s'es levado...
E parlo en tóuti d'un festin
Ounte pèr sounge s'es trouvado :
Dis que lis Ange èron en l'èr,
Qu'is Aliscamp taulo èro messo,
Que Sant Trefume èro lou clerc
E que lou Crist disié la messo.

LOU RESCONTRE

A GASTOUN PARIS

Tout en batènt la duno
 E lis estèu,
Ai rescountra 'no bruno
 En un castèu ;
La porto èro barrado,
 Mai quauco fes
La bello enfenestrado,
 Prenié lou fres.

Elo èro l'espelido
 De mi pantai ;
En la vesènt coumplido,
 Cridère : T'ai !
E me diguè, premiero
 « Vaqui ma man ;
Mounten vers la lumiero
 En nous amant »

Le lendemain, de bon matin,
La belle fille au jour se lève...
Elle parle à tous d'un festin
Où, cette nuit, l'emporte un rêve,
Les Anges y volent dans l'air;
La table aux Aliscamps se dresse;
Et, Saint Trophime étant le clerc,
Le Christ lui-même dit la messe.

LA RENCONTRE

A M. DE TOURTOULON (2)

PRÉSIDENT DE LA SOCIÉTÉ DES FELIBRES DE PARIS

Tout en battant la dune,
   J'ai fait un soir
Rencontre d'une brune
   Dans un manoir :
La porte en devait être
   Bien close; mais
La belle à sa fenêtre
   Prenait le frais.

C'était mon rêve, en elle
   Eclos enfin :
Je criai : « Je l'ai, belle! »
— « Voilà ma main! »
Dit-elle la première ;
  « Et vaillamment,
« Montons vers la lumière
   « En nous aimant! »

O coumbo d'Uriage,
  Bos fresqueirous,
Ounte avèn fa lou viage
  Dis amourous,
O vau qu'avèn noumado
  Noste univers,
Se perdes ta ramado,
  Gardo mi vers.

E gardo li pensado
  Dicho entre dous,
E li lòngui brassado,
  E li mot dous :
E gardo mi delire
  Emai si plour.
O tu qu'as vist sourrire
  Son cor en flour.

O flour dis àuti prado
  Que degun saup,
Vous que tèn abéurado
  La nèu dis Aup,
Sias mens puro e fresqueto,
  Au mes d'abriéu,
Que la jouino bouqueto
  Que ris pèr iéu.

O tron e voues severo
  D'aperamount,
Murmur di sèuvo fèro,
  Gaudre di mount;

O vallon d'Uriage,
　　Bois, où tous deux
Nous fîmes le voyage
　　Des amoureux,
Combe par nous nommée
　　Notre univers,
Si tu perds ta ramée,
　　Garde mes vers !

Et garde les pensées,
　　Secrets d'amants,
Mots tendres, mains pressées,
　　Embrassements ;
Garde extase, délire,
　　Pleurs de bonheur,
O toi qui vis sourire
　　Son cœur en fleur !

Fleurs des pics, inconnues
　　Du monde entier,
Qu'abreuve au sein des nues
　　L'eau du glacier,
Vous êtes, quand vous touche
　　L'air pur de mai,
Moins fraîches que sa bouche
　　Au rire aimé.

O tonnerres des cimes,
　　Sévères voix
Des torrents, des abîmes
　　Et des grands bois,

I'a 'no voues que doumino
　　Vosto rumour :
Es la voues claro e fino
　　De mis amour.

Ai! coumbo d'Uriage,
　　Belèu jamai
Dins toun nis de fuiage
　　Tournaren mai
Elo s'envai, estello,
　　Au founs dis èr,
E iéu, plegant ma telo,
　　Dins lou desert.

NOTES

(1) Saint-Trophime, *Sant-Trefume*, Cathédrale d'Arles.

Une voix vous domine
  Pourtant toujours :
C'est la voix claire et fine
  De mes amours.

Ah ! peut-être, Uriage,
  Vallon d'élus,
Dans ton nid de feuillage
  Nous n'irons plus :
Elle, étoile éclatante,
  Dans l'air se perd,
Et moi, pliant ma tente,
  Dans le désert.

---

(2) Les Aliscamps ou Champs-Élisées, antique Cemetière d'Arles, que l'on croyait avoir été bénit par le Christ en personne.

G. HIPP

(M. G. HIPP. Guillibert, Hippolyte, né à Aix en 1841, avocat et secrétaire de l'Académie et de l'école félibréenne de cette ville est l'auteur d'une plaquette : VAUCLUSE, sonnets inédits, d'une étude sur LAPRADE et d'une autre sur Joséphin SOULARY. Avec M. de Berluc-Perussis, il a publié le volume intitulé : FÊTE SÉCULAIRE ET INTERNATIONALE DE PÉTRARQUE (Aix, 1875) contenant les

A MISTRAL

TRIOULET

I

Sus toun front pausan la courouno
De glòri, d'inmourtalita
De Niço fin qu'à Barcilouno
Sus toun front pausan la courouno.
Nosto Prouvènço te la douno
Au noum de la pousterita :
Sus toun front pausan la courouno
De glòri, d'inmourtalita.

II

I sublimis aflat dóu cèu
S'espandiguè toun ingenio,
E raubères tout ço qu'es bèu
I sublimis aflat dóu cèu;
Di gràndis Aup i Pirenèu
Quouro s'es vist tant d'armounìo ?
I sublimis aflat dóu cèu
S'espandiguè toun ingenio !

procès-verbaux des séances pétrarquesques et cent poésies françaises, provençales, italiennes etc. reçues de tous les points de l'Europe latine en l'honneur du poète de Vaucluse. — La pièce que nous donnons de M. Guillibert fut composée pour le couronnement du buste de Mistral, qui eut lieu au théâtre d'Aix le 20 mars 1880, pendant un entr'acte de l'opéra de Gounod.)

A MISTRAL

TRIOLETS

I

Nous te décernons la couronne,
De gloire et d'immortalité ;
De Nice jusqu'à Barcelonne
Nous te décernons la couronne.
Notre Provence te la donne
Au nom de la postérité :
Nous te décernons la couronne
De gloire, d'immortalité.

II

Aux sublimes souffles des cieux
S'est épanoui ton génie,
Prenant tout ce qu'ils ont de mieux
Aux sublimes souffles des cieux.
Du Var à l'Ebre, dans quels lieux
Et quand vit-on tant d'harmonie ?
Aux sublimes souffles des Cieux
S'est épanoui ton génie !

III

Coume Petrarco dins l'istòri
Toun noum, Mistral, sèmpre vieura
As gagna la memo vitòri
Coume Petrarco dins l'istòri :
Lauro e Mirèio fan la glòri
De vòstis dous noum enlaura ;
Coume Petrarco dins l'istòri
Toun noum, Mistral, sèmpre vieurà.

III

Pétrarque et Mistral, dans l'histoire
Eternellement vous vivrez.
Vous remportez même victoire,
Pétrarque et Mistral, dans l'histoire.
Laure et Mireille font la gloire
De vos noms, de vos fronts laurés ;
Pétrarque et Mistral, dans l'histoire
Eternellement vous vivrez !

LÉONTINE GOIRAND

(Mademoiselle Léontine GOIRAND, d'Alais, dans le Gard, est languedocienne de naissance et de résidence; nous la faisons néanmoins figurer parmi les Félibres et les Félibresses de la Provence, parce qu'elle s'est toujours servie du dialecte, éminemment provençal, d'Avignon et d'Arles dans les poésies qu'elle a données à la REVUE DES LANGUES ROMANES de Montpellier, à l'ARMANA PROUVENÇAU, aux TABLETTES d'Alais, à la CIGALO D'OR, etc. Elle a

NEMAUSA

A MOUN COUSIN MAURISE FAURE

O fiho de Pradié ! superbo Nemausa !
Que sies bello, aubourant subre nosto Esplanado
Toun front, un di mai pur que se posque lausa,
Tant l'ingèni i'a tra sa divino alenado !

Pèr t'amira, la niue, quand tout s'es ameisa.
Lis estello, amoundaut, s'aplanton estouna do,
Lou jour, l'ardènt soulèu es fièr de te beisa,
E d'un double trelus sies ansin courounado.

Pèr rèino, o pèr divesso ou te prendrié subran,
A vèire toun regard, toun gàubi soubeiran
E la serenita de ta tèsto roumano.

Eto, rèino ; la sies : rèino de la bèuta,
E divesso tambèn ; car dins ta majesta,
De Diéu meme aparèis l'estampo subre-umano.

l'intention de réunir ses poésies, publiées ou inédites, dans un recueil gracieux comme son titre : LI RISÈNT DE L'ALZOUN (Les Sourires de l'Alzon), petit affluent du Gardon, coulant dans les prairies d'Arène, aux environs d'Alais, d'où Mademoiselle Goiran a pris son surnom de Félibresse d'Arène. Grâce à cette publication, le trio glorieux des Félibresses provençales deviendra un quatuor, dont s'honorera toujours notre poésie du Midi.)

NEMAUSA

A MONSIEUR MAURICE FAURE

Nemausa ! Noble enfant de Pradier ! es-tu belle,
Levant sur l'Esplanade un front si radieux,
Un des fronts les plus purs qu'aient adorés les yeux,
Tant l'âme du génie y respire, immortelle !

Les étoiles, la nuit, dans leur paix éternelle,
Pour longtemps t'admirer, s'arrêtent ; et des cieux,
Le jour, le soleil vient te baiser, amoureux ;
Ainsi d'un double éclat ta couronne étincelle.

Pour reine ou pour déesse on te prendrait soudain
Rien qu'à voir ton regard et ton port souverain,
Et la sérénité de ta tête romaine.

Reine, à coup sûr, tu l'és ! reine de la beauté !
Reine et déesse aussi, car dans ta majesté
De Dieu même apparaît l'empreinte surhumaine.

EUGÈNE GARCIN

(M. Eugène GARCIN, d'Alleins, petit village des Bouches-du-Rhône, a collaboré aux premières publications des Félibres, aux PROUVENÇALO, à l'ARMANA, au ROUMAVAGI DEI TROUBAIRE (Le Pèlerinage des trouvères) où il a donné une fort belle ode sur *Le Sang*; Mistral, dans l'invocation aux poètes provençaux qui ouvre le sixième chant de sa MIREILLE, lui a fait l'honneur de le nommer après les Roumanille, les Aubanel, les Mathieu, les Tavan, les Crousillat et les Adolphe Dumas :

> Enfin, toi, dont un vent de flamme
> Agite, emporte et fouette l'âme,
> Du maréchal d'Alleins fils ardent, ô Garcin !

Mais depuis un quart de siècle environ, l'enthousiaste félibre s'est séparé d'esprit de ses confrères et de leur cause ; on peut trouver les motifs de ce schisme dans son livre si remarquable, intitulé : FRANÇAIS DU NORD ET FRANÇAIS DU MIDI, où il démontre si bien que Nord et Midi sont les parties d'un tout homogène, que langue

---

LOU JOUR DI MORT IS ALISCAMP EN ARLE

La sourniero espelis adeja dins la plano ;
La machoto fai chou, vounvounon li tavan ;
La naturo es en douço li clar di campano
Fan restounti lis èr de soun balin-balan.

Es la fèsto di mort... Sout li jàuni plaiano,
Dèu èstre brave, iuei, de prega 's Aliscamp !
I'anen... Quant de toumbèu fan som-som dins l'andano!...
Mai de-que i'a dedins ?... La pousso dóu neant...

d'oc et langue d'oïl se sont fondues dans la langue française, et qu'au moyen âge, comme dans les temps modernes, des différences de pure surface n'ont jamais pu voiler à l'observateur impartial l'identité du fond. M. Garcin a sans doute attaché lui-même trop d'importance à quelques phrases peu réfléchies contre lesquelles proteste le patriotisme de leurs auteurs ; peut-être aussi s'est-il mépris sur le vrai sens de quelques poésies qu'il incrimine, du fameux sirvente DE LA COMTESSE entre autres, où il veut voir un appel de Mistral à l'insurrection contre l'unité française, tandis qu'il n'y a là, évidemment, que les revendications d'une langue proscrite et sa révolte contre la domination exclusive d'un dictionnaire officiel. Cela ne sort pas du domaine de la République des lettres que les Félibres rêvent fédérative au lieu d'être centralisée et unitaire. Quoi qu'il en soit, les susceptibilités, même excessives, du patriotisme sont toujours trop honorables, pour que personne en puisse faire le moindre reproche à M. Garcin; aussi avons-nous cru devoir le replacer parmi ces mêmes Félibres pour lesquels il a toujours eu des sympathies d'artiste.)

LE JOUR DES MORTS AUX ALISCAMPS A ARLES

L'ombre éclôt dans la plaine austère et désolée,
Où le hibou hulule, où bourdonne le taon ;
C'est la fête des morts ; les cloches par volée
Font retentir les airs de leur lugubre son

Sous quelque vieux platane, à la feuille rouillée,
Prier aux Aliscamps ce soir doit être bon.
Allons !....que de tombeaux y dorment dans l'allée !
Mais que renferment-ils ?... Poudre et destruction...

Ah! l'ome mai que mai es clafi de misèri !
I'a plu 'n péu de soun cors ; pamens au cementeri,
Sèmpre rèsto la pèiro ounte l'an enterra ;

Mai s'aubouro uno voues dóu fin founs de sa toumbo,
Que dis : « Coumo l'aucèu d'un grand roure afoudra,
L'amo s'envolo amount quand lou cadabre toumbo. »

Ah ! de plus en plus l'homme est néant et misère !
Plus un poil de son corps ne reste, que sa pierre
Triomphe encor du temps dont la dent l'a broyé...

Mais une voix s'élève au fond de cette tombe
Qui dit : « Comme l'oiseau, d'un chêne foudroyé,
L'âme s'envole en haut, quand le cadavre tombe ! »

A.-B. CROUSILLAT

(M. Antoine-Blaise CROUSILLAT, de Salon, chef-lieu de canton des Bouches-du-Rhône, est un des plus anciens et des meilleurs Félibres. Il a publié, vers 1864, un recueil intitulé LA BRESCO (Le Rayon de miel) qui l'a fait compter quelquefois parmi les sept fondateurs du félibrige, à la place de M. Paul Giéra, enlevé à la poésie par une mort prématurée. M. Crousillat a donné, outre ses œuvres originales, de charmantes traductions et imitations en vers provençaux et collabore à l'ARMANA PROUVENÇAU, à la LAUSETO, de M. de Ricard, à l'ALLIANCE LATINE, etc. En 1880, il a fait paraître, sous le titre de LEI NADAU, un joli volume contenant soixante Noëls, dont nous regrettons bien, faute de place, de ne pouvoir donner au

---

LELOUN

A J. R.

Er : *Combien j'ai douce souvenance*

Ve, coumo briho la mountagno,
E lou pradoun e la baragno !
Coumo lusejo sus lei flous
    L'eigagno !
Que bèu seren, que soulèu rous,
    Courous !

Que fas amount dins ta granjeto ?
Vène garda dessus l'erbeto ;
Coucho la fedo e l'agueloun
    Que teto ;
Vène eiçavau dins lou valoun,
    Leloun !

Tu que jamai sies vanelouso,
Que prenes d'ouro la fielouso,

moins un, LA TANTE JEANNE, par exemple. Cette publication a placé M. Crousillat au nombre des meilleurs Noélistes de la Provence, dont la littérature compte tant de chefs-d'œuvre de ce genre. Il a encore en portefeuille beaucoup de poésies que l'on dit très remarquables. L'auteur de la BRESCO et des NADAU, trop peu lu au-dehors, est sûr du moins que son nom ne périra pas, immortalisé par ces vers de Mireille :

> Crousillat, dont l'œuvre acclamée
> Donnera plus de renommée,
> A ta Touloubre bien-aimée
> Que son Nostradamus, morne docteur du Ciel.

M. Crousillat écrit dans le dialecte d'Avignon et des bords du Rhône.)

NANON

Vois comme la montagne brille,
Et la prairie, et la charmille !
L'aiguail sur l'herbe à chaque brin
    Scintille !
Quel clair soleil ! et quel matin
    Serein !

Que fais-tu seule en ta *grangette* ?
Descends ! Viens mener à l'herbette
La brebis, et l'agneau mignon
    Qui tette ;
Viens avec moi dans le vallon,
    Nanon !

Avec ton fuseau de fileuse
Toi qui, chaque jour, matineuse,

E passes, pièi, davans moun mas,
Crentouso,
Vuei de matin, anen, que fas,
Au jas ?

T'ai visto aièr : sies pas malauto ;
Lei roso brihon sus ta ganto.
Ah ! vène dounc, coume l'agnèu
Que sauto,
Vène jouï d'aquest soulèu
Tant bèu !

— Ansin à sa pastoureleto
Lou pastrihoun fasiè chamelo,
E jamai elo respoundié,
Paureto !
Car tout-de-bon dedins soun lie
Dourmié.

E lou soulèu toujour brihavo,
Toujour l'eigagno lusejavo,
E sus l'erbeto l'agneloun
Sautavo...
Mai vengué plus dins lou valoun
Leloun !

LA NOVI

Imita de Balaguèr.

De clas sonon, à la vilo
Sonon de clas !
Ero bravo, ero mistouno
E poulido coume un sòu,

Devant mon *mas* passes si tôt,
  Peureuse,
Que fais-tu par ce beau temps chaud
  Là-haut ?

Nul mal sur ton lit ne te cloue ;
La rose hier brillait sur ta joue.
Viens donc jouir, comme l'agneau
  Qui joue,
De la douceur du jour nouveau
  Si beau !

— C'est ainsi que dès l'aube appelle
Le pastoureau, sa pastourelle ;
Hélas ! jamais ne lui répond
  La belle !
Elle dort d'un sommeil profond
  Et long !
Et toujours le clair soleil brille,
L'aiguail aux brins d'herbe scintille,
Et l'agneau, sur le vert gazon
  Sautille...
Mais plus ne vint dans le vallon
  Nanon !

L'ÉPOUSÉE

(Imité de Don Victor Balaguer.1)

Des glas tintent, à la ville
  Tintent des glas.

Sage, et douce, et gentillette,
Et belle comme un soleil

La pauro simplo chatouno,
La chatouno dòu mas-nòu.
Tambèn tóuti la belavon
Li fringaire d'alentour,
E de-longo barbelavon,
Barbelavon soun amour.

De clas sonon, à la vilo
    Sonon de clas !

Ansin, un jour la pouleto
Se counfisavo à sa mai :
« De tant que me fan l'aleto
Pas un noun m'aura jamai !
Iéu ai vist aniue 'n bèu drole
Vesti de rai de soulèu ;
Rèn qu'em 'éu, rèn qu'em 'éu vole,
Vole me marida lèu ! »

De clas sonon, à la vilo
    Sonon de clas !

Ah ! se l'avias couneigudo
Emé soun gaubi angeli,
L'aurias manjado e begudo
De bonur entre-fouli...
Vuei, de roso courounado,
Li man jouncho sus soun cor,
Nòvi à Jèsu destinado,
La chato, risènto, dor...

De clas sonon, à la vilo
    Sonon de clas !

Etait la pauvre fillette,
La fillette du Mas-Vieil.
Aussi tous la courtisèrent
Les beaux galants d'alentour,
Sans fin ils lui soupirèrent,
Soupirèrent leur amour.

Des glas tintent, à la ville.
　　Tintent des glas !

A sa mère la mignonne
Un matin se déclara :
« Autour de moi papillonne
Plus d'un, mais nul ne m'aura :
J'ai vu, vêtu de lumière,
Cette nuit, beau, fier et doux
Le jeune homme que seul, mère,
Mère, je veux pour époux ! »

Des glas tintent, à la ville
　　Tintent des glas !

Ah ! si vous l'aviez connue,
L'air d'un bel ange rêveur,
Vous l'auriez mangée et bue,
En tressaillant de bonheur...
Las ! de roses couronnée,
Les mains jointes, dans la mort,
Epouse à Dieu destinée,
Souriante, l'enfant dort.

Des glas tintent, à la ville
　　Tintent des glas !

NOTE

(1) Don Victor Balaguer y Merino, dont M. Crousillat a imité cette pièce de « l'Epousée », poète catalan et promoteur du mouvement littéraire de sa province, historien des troubadours et homme d'Etat espagnol, a écrit quelques poésies provençales telles que la Mort de Bezés, la Bataio de Muret et Au bord dòu Rose. Voici cette dernière pièce où, comme dans les deux autres, on retrouve, au lieu de nos rimes, les assonances catalanes.

Flume que plan-plan debanes	Toi qui doucement dévides
Toun riban d'argènt, tis ausso	Ton ruban d'argent, tes flots
Luson un moument, poulido,	Luisent un moment, splendides,
I poutoun di souleiado;	Aux baisers des soleils chauds :
Lèsto, soun camin seguissoun,	Ils cheminent sans repos,
Despareissoun e s'escafoun...	Disparaissent et s'effacent...
O flume, coumo tis erso	O fleuve, comme tes eaux
Soun, ai-las! mis esperanço :	Sont mes espoirs, ils s'amassent
Venon de liuen resplendènto,	Viennent de loin clairs et beaux,
Remounton, brihon e passon.	Remontent, brillent et passent

Un autre poète espagnol, Albert de Quintana y Combis, s'est aussi essayé en provençal; en 1868, il adressait aux Félibres réunis à Saint-Rémy, le sonnet d'adieu suivant :

Prouvènço! retournan i terro peirenalo,
E l'adiéu de ti violo espiro dins mi bras..,
A revèire!... Espandisse, aro, ti flour coumtalo
I poutoun dòu soulèu, au bounur de la pas.

Fau segre lou destin, o nacioun prouvençalo,
Vers lou libre avenì lando que landaras !
De toun engèni pur t'enaurant sus lis alo,
Tu lou cor, la vertu, l'amo retrouva as.

Alor, dins lou cèu blu, lou mounde pourra vèire,
Reprenènt sa voulado e sa glòri e si crèire,
Prouvènço e Catalougno unido pèr l'amour.

Amo de moun païs, amo de nòsti rèire,
Qu'as aussa dins li siècle uno talo grandour,
Dardaio dins lou pople, i cant dóu Troubadour!

TRADUCTION

Provence! en retournant vers ma terre natale
L'adieu de ta viole expire dans mes bras...
Au revoir!... Toi, répands ta floraison comtale
Aux baisers du soleil, de la paix, du soulas!

Il faut suivre ton sort, nation provençale,
Vers le libre avenir il faut hâter le pas!
Ouvre pour t'envoler ton aile géniale,
C'est cœur, âme et vertu que tu retrouveras!

Le monde alors pourra voir dans les cieux immenses,
Reprenant leur essor, leur gloire, leurs croyances,
Provence et Catalogne à jamais sœurs d'amour!

Ame de nos aïeux, âme de ma patrie,
Qui jadis élevas si haut ton fier génie,
Rayonne dans le peuple aux chants du troubadour!

M. Albert de Quintana a été le promoteur de l'idée latine; et c'est lui qui, aux fêtes latines de Montpellier, proposa pour thème un chant de race. Toutes les langues néo-romanes y concoururent et le prix fut remporté par le poète national de la Roumanie, B. Alecsandri

WILLIAM-C. BONAPARTE WYSE

(M. William-Charles BONAPARTE-WYSE, poète et écrivain anglais, né à Waterford (Irlande), en 1826, fils de sir Thomas Wyse, ancien ministre, et postérieurement ambassadeur en Grèce pour la reine Victoria, et de la princesse Lætitia Bonaparte, fille de Lucien, prince de Canino, frère de Napoléon I, s'éprit de la langue et de la poésie de la Provence, pendant un voyage qu'il y fit en 1860, au lendemain de l'apparition de MIRÈIO et des OUBRETO. « En passant dans la rue Saint-Agricol à Avignon, raconte Mistral, il remarqua à la vitrine d'un libraire, du libraire et poète Roumanille, des livres qui étaient écrits dans une langue qui lui était inconnue. Fort curieusement, il entra et les acheta : c'était des livres provençaux. L'étonnement de rencontrer en France un idiome littéraire autre que celui de Paris et d'avoir découvert une littérature s'inspirant non des Grecs, ni des Romains, ni des Français, ni des Anglais, ni des Germains, ni même de l'Orient, et ni même des Indes, mais naturellement et seulement du crû, l'étonnement, vous dis-je, et l'étourdissement et le transport qui le saisirent, ce n'est pas à nous de le dépeindre. Toujours est-il que notre ami, car à partir de là il fut tout nôtre, sentit soudainement s'allumer dans son cœur la flamme félibrique, et il voulut nous connaître un à un et solennellement il nous dit : « Je vous aime, vous êtes mes frères. A partir d'aujourd'hui comptez sur moi. » Dès lors, en effet, presque chaque printemps, les félibres le virent apparaître pour choquer avec eux le verre amical dans leurs Félibrées ; il en donna une lui-même qui dura trois jours et qui est restée célèbre. Son ambition, du reste, comme il le déclara dans un toast en pur provençal, était de s'asseoir, non toujours au bas bout de la table, au milieu des valets, mais sous le dais, en face des chefs et des maîtres, humant le vin de Dieu entre ses égaux. La publication, en 1868, sous le titre de LI PARPAIOUN BLU (Les Papillons bleus) des essais provençaux de sa Muse étrangère, montra que cette ambition était légitime ; et Mistral put écrire « que, malgré certaines expressions peu familières, certaines inversions, certaines manières de rendre sa pensée qui font reconnaître que le noble écrivain est né loin du terroir, on n'avait pas vu, depuis le roi Richard, d'Anglais, ni d'étranger quelconque, chanter si gentiment en provençal. » Depuis l'époque des PARPAIOUN BLU, M. Wyse n'a cessé de perfectionner sa connaissance de la langue des Troubadours, qu'il appelle « la belle langue d'or; » il recueille en ce moment ses nouvelles poésies pour un beau volume qui portera le titre de LI PIADO DE LA PRINCESSO (Les Traces des Pas de la Princesse), et où l'on se convaincra que si, pour le fond de la poésie, il est toujours « original, joyeux, franc, vigoureux, et pensif et magnifique, » comme le juge Mistral, il joint à ses qualités natives une science consommée du rhythme poétique et de la langue d'oc qu'a constatée chez lui un critique compétent entre tous, M. Alphonse Roque-Ferrier. Comme l'a dit le savant secrétaire de la *Revue des Langues romanes* « on sent à l'harmonie des vers, à la coupe de la strophe et à la disposition de la rime que l'esprit de l'auteur s'est reporté souvent vers les règles du Gai-Savoir; qu'il ne s'est pas borné à en étudier les savantes et parfois bizarres prescriptions; qu'il les a revivifiées par d'heureux emprunts, des combinaisons nouvelles et cependant déjà consacrées. Aussi est-il juste de dire que personne n'a plus contribué que lui à étendre et à justifier le parallélisme poétique qui existe entre la littérature des Félibres et celle des anciens Troubadours. »

Mais M. Wyse ne chante pas seulement dans le Provençal de Mistral et d'Aubanel, il s'est essayé dans le Catalan de Balaguer et de Verdaguer; il a même abordé récemment l'étude du Roumain et a traduit des poésies d'Alecsandri. Il a mérité d'être surnommé la Cigale d'Irlande chantant dans toutes les langues latines, aussi bien qu'en sa langue natale. M. Wyse est félibre majural, président honoraire de l'école magistrale du Florège d'Avignon ainsi que d'Alais, et le père de l'ARQUINIGE, société de gais chanteurs et bon compagnons qui, outre Mistral et lui, ne compte que sept membres.)

BRINDE AU SOULÈU

(Extra de la Felibrejado Soulitàri.)

LOU FELIBRE A LA MUSO

Emé de labro cantarello,
Emé di vistoun clarinèu,
Abrasama, brinden, ma bello !
Au Rèi dis astre, au grand Soulèu,
  Coume se dèu, —
  Au grand Soulèu,
Au sèmpre bon e sèmpre bèu !...
Zóu, plego lèu tis alo lèsto,
O Museto de moun amour !
E ('nebriado de Pouësio,
Për la forço de Fantasio,)
De l'escalabrous Mount-Ventour
Carrejo-me, d'aut ! sus l'aresto,
Për, o Soulèu ! en toun ounour
Eilamount faire bello fèsto :
O, bon Soulèu ! à ta santa
  Vole brinda,
  Te saluda !...

LA MUSO

Emé, segur, de cansoun santo,
De coupo escumouso è versanto !...

TOAST AU SOLEIL

A M. GABRIEL AZAIS, DE BÉZIERS

LE POÈTE A LA MUSE

Les lèvres pleines de chansons
Et les yeux pleins de clairs rayons,
Tout enflammé, buvons, ma belle,
Comme il convient, au grand soleil,
    Au grand soleil,
  Au bon, au beau soleil,
Au souverain des cieux, à l'astre sans pareil !...
  Allons, ouvre vite ton aile,
  Petite Muse, mon amour !
  Et vite, ivre de poésie,
  Par la puissante Fantaisie
  Au faîte escarpé du Ventour
  Transporte-moi ; que sur sa crête
  J'aille faire une grande fête
  En ton honneur, ô Dieu du jour !
  O Dieu du jour, oui, ton poète
  Veut que là-haut, à ta santé
  Un toast, un salut soit porté !...

LA MUSE

Sans doute avec de saints cantiques,
Avec des hymnes magnifiques,
Des coupes rases jusqu'aux bords !...

IÉU

Segur, amigueto, e nega
Dins l'endoulible de sa glòri.
Vole esbrudi, iéu, si vitòri :
A-bel-èime lou countempla,
De mis oumage fièr lou faire
Dins soun pountificat lusènt,
Coume àutri-fes sis adouraire
Au founs de l'ilustre Ourient :
Canten, canten : « O Rèi dis astre !
« O grand vistoun de l'univers !
« Sèns tu noun isto que malastre ;
« La terro n'es qu'un trau d'infèr ;
« O paire de l'Amaduranço !
« O toumple d'or de l'Aboundanço !
« Diéu-merci tu, li cènt mamèu
 « De la Naturo bello
 « Soun de sourgueto cascarello
  « D'òli, de vin, de mèu :
« Diéu-merci tu, la mar inmènso es azurenco,
« E li roso, e li nivo, e li gauto rousenco :
 « O siegues, siegues tu beni
  « A l'infini !
« Fas crèisse lou paumié, fas daureja l'arange ;
« l'as lou mounde espandi comme uno mar de flour ;
« Nous bandisses ti rai coume un eissame d'ange ;
« Emplisses l'univers d'alegresso e d'amour :
 « Tu la raço oumenenco,
 « Tu la gènt vermenenco
 « Mestrejes emé gau,

LE POÈTE

Oui, Muse, et, me noyant alors
Dans le déluge de sa gloire,
Je veux célébrer sa victoire,
Voir tout à souhait sa splendeur,
Et moi, son tendre adorateur,
Le rendre fier de mes hommages
Dans son pontificat brillant
Comme jadis faisaient les Mages
Au fond de l'illustre Orient :
Chantons, chantons : « O roi des Astres,
Toi, le grand œil de l'univers,
Où tu n'es pas sont les Enfers,
Sans toi, tout est mort et désastres !
Père de la Maturité,
Gouffre d'or de Fécondité,
Par toi l'innombrable mamelle
De la grande Mère ruisselle
D'huile, de vin et de miel pur ;
Par toi l'océan est d'azur ;
Par toi la joue, et la nue, et la rose
Ont leur aimable teinte rose ;
Oh ! sois, oh ! sois à l'infini,
Sois sans cesse et partout béni !
Par toi croit le palmier, se dorent les oranges
Et s'épanche le monde en une mer de fleurs ;
Des célestes hauteurs
Tu lances tes rayons comme des essaims d'anges ;
D'allégresse et d'amour tu remplis l'univers.
Tu régis les êtres divers,

« Li pougnènt, li beisant, de tis escandihado ;
  « Dóu coundor celestiau
  « A la perco que nado
  « Tout ressènt lou poudé
« De toun fio benurous — majourau, manidet !
  « O siegues de-longo e sèns cesso
  « L'Amour, la Glori, l'Alegresso !
  « Quand te lèves, la creacioun
  « Es uno liro de Mennoun ;
  « Serre, campagno, bos, sebisso,
  « Es cant, cansoun, e cantadisso !
  « E quand tu voles l'aploumba,
  « Languisoun, tristesso, e negruro
  « Acaton la santo Naturo :
  « Dins tout lou mounde, ve, rèn i'a
  « Que posque à tu se coumpara ;
« O caro idolo ! .. »

LA MUSO

  O car troubaire !
Sies quasimen (lou sabe, iéu),
Dóu grand Soulèu un adouraire :
(Que te perdoune lou Bon-Diéu !)

IÉU

Mai iéu soul em tu souleto,
  Amigueto !
Bevèn, plouren, e canten,
  E galejen,
O ma tant amado Muso,
  Bello e nuso !

Les hommes à l'égal des vers,
Les perçant, les baisant de tes ardentes flammes ;
    Du condor dans les cieux
    Au hareng dans les lames,
Tout ressent le pouvoir de tes feux bienheureux.
    Oh ! sois toujours, oh ! sois sans cesse
    L'Amour, la Gloire, l'Allégresse !...
    Parais-tu ? la Création
    Est une lyre de Memnon.
      Bosquet, forêt, campagne,
      Et vallon, et montagne,
    Tout est chant, cantique et chanson.
    Te caches-tu sous l'horizon ?
      Langueur, tristesse, ombre obscure
      Voilent la sainte Nature !
Oh ! non, rien avec toi n'entre en comparaison !
    O chère idole !

LA MUSE

    O cher trouvère !
Eh ! te voilà presque, ma foi !
Adorateur du feu solaire !
(Que Dieu prenne pitié de toi !)

LE POÈTE

Mais moi seul avec toi seulette
    O ma Musette !
Buvons, pleurons et chantons,
    Et plaisantons,
  Ma Musette nue, et belle !
    Ça bientôt

Coume lusènt cascavèu
Au gai soulèu,
An, mignoto, que lou vèire
Dóu bevèire
Emé lou tiéu dinde lèu,
Dinde
Linde ;...
Chut ! un brinde !

SEPTENTRIOUN

D M
PVERI SEPTENTRI
ONIS ANNORVM XII QVI
ANTIPOLI IN THEATRO
BIDVO SALTAVIT ET PLA
CVIT

I diéu mane
dóu pichot Septentrioun
aja de douge an,
qu'en Antibo, sus lou teatre,
dansè quatre fes
e agradè

A MADAMO G.-D. COOTE

« Lou grand jour que sara » (dis lou paire à la maire)
    « Pèr noste poulit enfantoun !...
« S'acampara, pareis, de bèn liuen, de tout caire,
    « Di vilo, di mount, di valoun,
« De soudard, de bourgès, de damo, de pescaire,
« Pèr bela lou debut de toun charmant Balaire,
    « De toun pichot Septentrioun ! »

« Baise man au Soulèu » (dis la sourreto au fraire)
    « E durbirai lou fenestroun,
« Car vole qu'Apouloun, de si raiado, esclaire
    « Noste fraire Septentrioun,
« Qu'entre si floto d'or, amata dins soun caire
« Dedins soun lié d'enfant près dóu lié de soun paire,
    « Soumiho d'un nenet prefoun ! »

Comme au soleil étincelle
　　　Un grelot,
En trinquant faisons, ma chère,
　　　De mon verre
Avec le tien tinter haut
　　　La voix claire !...
Un toast ! et chut !... plus un mot !...

SEPTENTRION

D M	Aux Dieux Mânes
PVERI SEPTENTRI	du petit Septentrion
ONIS ANNORVM XII QVI	âgé de douze ans
ANTIPOLI IN THEATRO	qui au théâtre d'Antibes
BIDVO SALTAVIT ET PLA	dansa quatre fois
CVIT	et fut applaudi

A MADAME C.-D. COOTE.

« Quel grand jour ce sera (dit le père à la mère)
　　　Pour notre beau jeune garçon !...
Dames, bourgeois, pêcheurs, soldats et populaire,
　　　Du mont, du coteau, du vallon,
De bien loin, de partout s'en vont venir grand'erre
Assister au début de ton danseur, ma chère,
　　　De ton petit Septentrion ! »

« Baise-main au soleil ! (dit la sœurette au frère)
　　　Je vais ouvrir au gai rayon ;
Car je veux qu'Apollon de sa lumière éclaire
　　　Notre frère Septentrion,
Qui, dans son lit d'enfant, près du lit de son père,
Entre ses boucles d'or ferme encor la paupière,
　　　Bercé par quelque vision ! »

« Reviho-te, Trioun! » (lou fraire e la sourreto
  Van s'escridant afeciouna)
« Reviho-te, mignot! de ti vesioun douceto ;
  « Lou grand jour vèn de pouncheja :
« Nous vèici, pèr ajudo, à faire ta teleto ;
« Tè, ti braio de sedo, e tè, ti sandaleto !
  « Voulèn, gènt fraire, t'assiéuna. »

E lou pichot parèu, de si tèndri maneto,
  Septentrioun an alisca ;
A si blànquis espalo an estaca d'aleto,
  Un arc à sa man an baia ;
E lou fraire, e la sorre, e Paire, emai Meireto,
Menon soun Cupidoun, noun sènso poutouneto,
  Au Tiatre d'Antibo eilaba.

En fàci de la mar e di nivóusi cimo,
  Au Tiatre plen de trelus,
Se jogo au grand soulèu la bello Pantoumimo (1)
  Dis Amour de Mars e Venus ;
E d'artisto famous, que meme Roumo estimo,
Dison tout çò que fau, sèns paraulo ni rimo,
  Au pople qu'adoro lou nus.

Mai lou galant pichot sautejo emé tant d'amo,
  E tant d'abandoun bouleguet,
Que lou Prouconse aprovo, e li lusènti damo
  Zounzounon : « *Oh ! qu'es poulidet !* »
Lou pople antiboulen d'un long acord l'aclamo
« Lou mai bèu dis Amour que dardaion la flamo »,
  E lou porto au bout de si det.

« Réveille-toi, Trion ! (disent frère et sœurette,
    Pleins du plus tendre empressement;)
Renonce à ton doux rêve et quitte ta couchette ;
    Le grand jour point : ça, vivement !
Lève-toi, nous voici pour faire ta toilette ;
Tiens, ta mince chaussure et ta riche brayette !
    Nous te voulons, en tout, charmant ! »

Et le couple gentil, de sa main fraternelle,
    Pare le beau jeune danseur,
Lui met arc blanc au poing et blanche petite aile
    Sur chaque épaule ; et frère et sœur,
Sous leurs baisers, et père, et mère, et parentèle
Au théâtre d'Antibe emmènent d'un grand zèle
    Leur Cupidon, la joie au cœur !

Or, en face des monts, à la neigeuse cime,
    Et des flots à peine agités,
Les amours de Vénus et Mars en pantomime
    Sont au grand jour représentés ;
Et des mimes fameux, que Rome même estime,
Par gestes disent tout, sans parole ni rime,
    Au peuple épris de nudités.

Mais le charmant petit gambade avec tant d'âme
    Et tant d'abandon qu'à mi-voix :
« Comme il est gracieux ! » fait mainte belle dame ;
    Le Proconsul, par plusieurs fois,
L'applaudit ; tout le peuple, enivré, le proclame
« Le plus beau des Amours qui dardèrent la flamme »
    Et le porte au bout de ses doigts.

La lausenjo, oh ! qu'es vano ! e meme li courouno,
    Après tout, qu'an pau de valour !
Encaro un jour de fèsto ! encaro di chatouno
    Li dòuci paraulo, e li flour !
Mai, las ! lou cinquen jour, mau-grat li caranchouno,
Li picamen de man, e l'aflat di poutouno,
    Lou pichot n'es pas de retour...

Car, mau-grat que siguès bestias o bèn abile,
    La mort es un moustre feroun ;
La Mort es uno serp, un negre croucoudile
    Que souto li sagno s'escound !...
E vaqui sus soun lié, coucha blanc e tranquile !
Au mitan de bèus ile, e mai blanc qu'un bèl ile,
    Lou poulidet Septentrioun !

LA DEIFICACIOUN DOU VENT-TERRAU

A MOUN AMI JACINTO VERDAGUER

(L'ilustre pouèto de « l'Atlantida »)

I

L'Emperaire rouman e sa valènto armado
Trelusènto au soulèu, si bandiero plegado,
Si cansoun de triounfle en l'aurige negado,
Avien lucha, ravoi, tout lou jour dins la Crau,
Contro li vanc afrous dóu ventas majourau
Que ie dison lou Cers... Coume cènt milo nau

Se butant, s'abrivant, à travers l'endoulible,
Au mitan dis uiau e trounèire terrible,
Au port apeiralin, à l'ourizoun vesible,

Que les bravos sont vains ! quelle chose frivole
    Que la couronne même, hélas !
Encore un jour de fête ! encor quelque parole
    D'éloge, et des fleurs sous ses pas !
Mais le cinquième jour — quoique la foule folle
Déjà batte des mains, qu'en l'air le baiser vole, —
    Le petit ne reparait pas...

Car la Mort, que l'on soit inepte ou bien habile,
    Est un monstre cruel, félon !
La Mort, c'est le serpent, c'est le noir crocodile,
    A l'affût dans son nid de jonc !...
Et voilà sur son lit couché, blanc, immobile,
Blanc parmi les beaux lis — plus blanc qu'un lis fragile —
    Le gracieux Septentrion !

LE MISTRAL DÉIFIÉ

AU CATALAN JACINTO VERDAGUER
(Le grand poète de « l'Atlantide »)

I.

Tout le jour, dans la Crau, contre le vent qu'on nomme
Le Cers, et dont la fougue abat, arrache, assomme,
Les valeureux soldats des légions de Rome,
L'empereur à leur tête, au soleil radieux,
Leurs étendards pliés, leurs chants victorieux
Noyés dans l'ouragan, avaient lutté, joyeux.

Comme cent mille nefs, quand l'aquilon fait rage,
Au milieu des éclairs, des foudres, de l'orage
Se heurtant, s'élançant vers le lointain rivage,

Avien fa de camin,pèr lou desert amar.
Qu'autour espandissié si camp coume uno mar
De pèiro boulegado... E lou cèu èro clar !

Aquéu vèspre, l'armado en Arle se pausavo,
En Arle la grand vilo: e lou Rose esbrihavo ;
E d'Arle lou fihan si fringairè embrassavo...
Grand èro di carriero e lou vèn e lou vai ;
Lou Forum èro plen ; èron'plen li palai...
Is Areno, deman, que l'acamp sara gai !

Dins soun palais à part, lou divin Emperaire,
Au banquet reclina, majestòus, de-bon aire,
Charravo sèns façoun à si bon courtejaire
(Un roudelet requist), à Semproni, à Cinna,
A Corvus lou pouèto, à Fibi, à-n-Oufella
A l'escultour Amici, au pretour Sisinna.

Sènso façoun charravo, amaga dins sa roupo,
D'uno causo e d'uno autro, en aubourant la coupo,
Quouro de soun Senat e quouro de si troupo,
De soun ouncle Cesar, e de ço que voulié
Faire pèr l'univers ; de si roso e lausié,
E dóu pople Galés, tant galoi e lóugié ;

D'un bèu vers de Vergèli, o de l'odo nouvello
D'aquéu grasset d'Ouràci : — « Ah ! certo, Doulabello,
» Lucrèci ni Catule an de causo tant bello ! »
Pièi, se virant subit vers soun troupèu d'esclau : —
« A brand li porto ! Zóu ! Durbès tout ! me fai gau
« D'aluca lou grand Rose à l'aflat dóu Mistrau ! »

Ils avaient cheminé dans le désert amer
Qui partout étendait ses champs comme une mer
De cailloux agités.... et le ciel était clair !

Dans Arles, ce soir-là, se reposait l'armée ;
L'eau du Rhône brillait, du couchant enflammée ;
Le galant, de retour, baisait sa bien-aimée....
Dans la rue à pleins bords coulait un fleuve humain ;
Pleins étaient les palais ; le Forum était plein :
Quel gai concours de peuple aux Arènes, demain !

Au fond de son palais, majestueux, affable,
Drapé dans son manteau, sans façon cause à table
L'empereur, entouré du cercle incomparable
De ses bons courtisans : Sempronius, Cinna,
Le poète Corvus, Fibius, Ofella,
L'artiste Amicius, le préteur Sisinna.

Sans façon, en levant sa coupe, Auguste cause
Du Sénat, de l'armée et de mainte autre chose ;
De son oncle César ; de ce qu'il se propose
Pour le bonheur du monde ; et d'amours, et d'exploits,
Roses, lauriers mêlés ; et du peuple Gaulois,
De ce peuple si bon, mais léger et narquois ;

D'un beau vers de Virgile ou de l'ode nouvelle
De ce gourmand d'Horace : « Ah ! certes, Dolabelle,
Dans Lucrèce ou Catulle il n'est pièce aussi belle ! »
Aux esclaves soudain il donne ordre d'ouvrir
La porte, et toute grande : « Enfants, c'est mon plaisir
De voir sous le Mistral le grand Rhône courir ! »

Quent tarrabast, *ma Dia !* Sout la vóuto estellado,
Fan li Gigant encaro à l'azur escalado ?
Soun li chourmo d'Adès subre l'Etèr racado ?
Coume uno mar que lampo, uno mar à desbord,
Lou flume aloubati, mai crudèu que la mort,
Alargo si delubre... A-de-rèng sus si bord.

Lis inmènsi piboulo à la terro si plegon,
Li roure segne-grand, qu'à la roco s'empegon,
Cracon à faire pòu e dins l'aigo s'ennègon :
Pèr fugi li graviho e li feroun frejau
Que ie fouiton la car, l'ome cour à l'oustau,
Touto bèsti à la baumo ! oh ! lou bèu Vent-Terrau !

Semprôni vèn alor : — « Sacre-sant Emperaire !
« Quand vesiéu de-matin, sus la terro, dins l'aire,
« En passant emé vous lou desert boulegaire ;
« Quand vese, aquesto niue, sout lou cèu trelusènt,
« L'afrous barrejadis dis oundado e dóu vènt
« Dóu pouèto d'antan lou recit me revèn !

« Sabès, aquéu combat, sus la plano cravènco,
« Di grand cop de massugo en la man erculènco,
« E di flecho e di dard di bando ligurènco
« Alor, Zeus lou Sauvaire alargavo si niéu
« De code vouladis, pèr ajuda soun fiéu :
« E l'ermas s'emplissié de la ràbi d'un Diéu. »

— « Sabe proun tout acò... — E, Semprôni, en memòri,
« Me vèn d'aquéu combat l'espetaclouso istòri ;
« Mai m'es toujour avis que l'óunour e la glòri,
« De resoun, déurien èstre au Ventas Majourau.

Quel chaos ! Des géants à la voûte étoilée,
Ma Dia ! l'escalade est donc renouvelée ?
L'Adès a donc vomi son engeance endiablée ?
Comme une mer qui monte et de ses rives sort,
Le fleuve, loup cruel, plus cruel que la mort,
Épanche son déluge ; et les arbres du bord,

Les hauts peupliers blancs jusqu'à terre se ploient ;
Les vieux chênes des rocs, où leurs longs pieds tournoient,
Craquent à faire peur et dans les eaux se noient ;
Et pour fuir les cailloux qui fouettent, furieux,
L'homme court à son gîte en protégeant ses yeux,
Et la bête à son antre !... Ah ! le vent merveilleux !

Sempronius alors : « O Majesté sacrée,
Quand je vis, ce matin, grêle drue et serrée,
Sur la terre et dans l'air s'envoler la pierrée ;
Des ondes et du vent quand je vois cette nuit
L'effroyable combat sous le ciel clair qui luit,
Du vieux poète grec me revient le récit !

Vous vous la rappelez, la bataille, qu'a vue
Cette plaine de Crau, d'Hercule et la massue
Et des Liguriens et la flèche pointue :
Alors Zeus, de son fils paternel défenseur,
Fit voler de cailloux un nuage sauveur ;
Et le désert s'emplit de sa sainte fureur ! »

— « Je sais, Sempronius, je sais : dans ma mémoire
Revient de ce combat l'émerveillante histoire ;
Mais je pense toujours que l'honneur et la gloire
Devraient en remonter à ce Vent tout-puissant

« Que derrabo li séuvo e bandis li caiau,
« Car es fort, e tant fort, que, pereilamoundaut,

« D'Oulimpe lou segnour, sus si nèblo courouso,
« O Plutoun lou tiran di tribu souloumbrouso,
« O lou rèi di ragage e dis erso escumouso !
« Es un Diéu, Cap-de-Jùli ! un grand Diéu que deurié
« Avé milo bèu tèmple i resplendènt pilié,
« E de vot, e de prèire, e de ceremounié ! »

II

Qu'es la grand proucessioun qu'à travès la campagno
Serpejo aperalin e que, vers la mountagno
   Vai s'espoumpissènt coume un gau ?
Entende bèn d'eici sa sublimo cantagno ;
   E vese, à-de-rèng, de chivau
   D'éume d'or e de générau.

L'Emperaire rouman vai marchant à sa tèsto,
E l'armado, lèu-lèu, sara subre la crèsto
   Dóu mount que dison lou Pavouin
Lou pople dóu terraire au jour d'iuei es en festo,
   E di pendènt e di valoun,
   Escalo à bèl èime lou mount.

Car, à grand cop de bras, plen d'enavans, alabre,
D'Arle lis architèite e de Glanum li fabre,
   An basti, dins l'iue dóu soulèu,
Sus la caumo pelado, au bord d'un vaste vabre,
   En ounour de soun Diéu nouvèu,
   Un tèmple mai blanc que la nèu.

Déracinant du sol les forêts, brandissant
Les pierres dans sa fronde, et contrebalançant

Le Seigneur de l'Olympe aux foudres souveraines,
Ou Pluton, le tyran des tribus souterraines,
Ou le Roi qui des flots écumeux tient les rênes !
C'est un Dieu ! Par César, j'en jure ; et, comme tel,
Dans cent temples brillants, il devrait voir, du ciel,
Monter hymnes, encens et vœux à son autel ! »

II.

Quelle procession à travers la campagne
Serpente en grande pompe et luit, vers la montagne,
    Comme un coq aux reflets d'émaux ?
J'entends l'hymne d'ici, dont le chant l'accompagne,
    Et vois défiler les chevaux,
    Les heaumes d'or, les généraux.

Le divin empereur est là qui marche en tête;
Du mont Pavon bientôt vont atteindre la crête
    Les premiers rangs des légions ;
Et sur ses flancs s'élance, ardent, joyeux, en fête,
    Des bois, des plaines, des vallons,
    Tout le peuple des environs.

Car à force de bras et d'ardeur soutenue,
Des bâtisseurs enfin l'armée est parvenue,
    A construire dans ce haut lieu,
Près d'un gouffre, au soleil, sur une cime nue,
    A la gloire du nouveau Dieu,
    Un temple blanc sous le ciel bleu.

Car l'escultour Amici, en sa voio couralo,
De maubre dé Paros, la formo couloussalo
    A taiado dóu grand Mistrau,
Emé coutet d'Ercule, emé nùsis espalo,
    Brandant uno massugo en aut,
    Terrible, lusènt, tourmentau.

Au-jour-d'iuei van la metre emé de cansoun fièro,
Sus un socle soulide, en sa plaço auturiero..,
    Sis iue saran dous gros diamant;
De soun cap courouna floutara 'no criniero
    Tau qu'un nivoulas se toursènt
    Sout lis òrri flagèu dóu vènt.

E pèr suport aura 'quéli diéu de Prouvènço,
Lou Soulèu qu'esbarlugo e la folo Durènço,
    A cousta cadun enaura;
E souto un cèu d'azur, souto uno vóuto inmènso,
    Sèmpre s'escarrabihara
    I mascle que van l'adoura.

O cantaire! O Flamen! fasès coumo uno troumbo
Ressouna, resclanti di cresten e di coumbo
    Vosti inne e peoun valènt!
E tu, noble Cesar, largo toun ecatoumbo
    De feróugi brau camarguen
    Au grand Emperaire di vènt!

Car aquéu es un Diéu de puissanço terriblo
A l'apròchi dóu quau e crussis e se giblo
    Tout lou terraire espavourdi;
E que fai au davans de sa bouco invesiblo,

Dans un bloc de Paros, forme énorme et râblue,
L'artiste Amicius a taillé la statue
  Du Dieu nouveau, du grand Mistral,
De son bras nu levant une immense massue,
  Torse herculéen, colossal,
  Terrible, ouvrage magistral !

Et c'est ce même jour qu'avec chant et prière
On la pose là-haut sur son socle de pierre...
  Deux gros diamants sont ses yeux,
De son chef couronné descend une crinière,
  Comme fouetté d'un vent fougueux
  Se tord un noir nuage aux cieux.

Elle aura pour supports ces dieux de la Provence,
Le Soleil aveuglant et la folle Durance
  Qu'à ses côtés on dressera,
Et sous le ciel sans fond au bleu d'azur intense
  Toujours elle s'éveillera
  Dès qu'un mâle l'adorera.

Donc, flamines, chanteurs, faites comme une trombe
Retentir, éclater, de la crête à la combe,
  Vos hymnes, vos pœans vaillants !
Et toi, noble César, immole une hécatombe
  De taureaux camarguais méchants
  A ce grand empereur des vents !

Car c'est un Dieu, de force affreuse, irrésistible,
A l'approche de qui, dans une angoisse horrible,
  Le terroir se prend à frémir,
Et qui fait, au devant de sa bouche invisible,

Li pont e li tourre ferni,
Lis aiglo e li grignoun fugi !

Mai es tamben aquéu qu'i raço de Durènço
Ispiro l'estrambord e l'eterno jouvènço,
    Li fort pensamen majourau ;
E que fai ressali, pèr sa volo e sa tenso,
    Coume d'un gaudre li frejau,
    Li muscle di bras prouvençau !

LA DERNIERO VITORI DE LOUIS VUE

LOU TROUBAIRE PERDIGOUNET CANTO DAVANS SANT LOUIS

Lou Rèi Louis Vue n'es plus, noun es plus Rèi de Franço;
    (Oh, cantas dóu Rèi la vertu !)
Es pamens libera de si négri soufranço;
    (Oh, cantas, Troubaire esmóugu !)
Es noun plus au valoun, mai au cim de la glòri,
E milanto ange d'or van lausant sa vitòri :
Toun paire, o Sant Louis ! es un Sant amoundaut,
Coume tu sies un Sant dintre nautre eiçavau.

Louis Vuech avié de mau, de mau qu'es pas de crèire :
    (Oh, cantas dóu Rèi la vertu !)
S'acampavo à sa court mège, juristo, prèire,
    (Oh, cantas, Troubaire esmóugu !)
E, s'acampant toujour, l'on parlavo, parlavo
Dóu terrible malur dóu bon Rèi, que restavo
Au founs de soun palais, gemissènt, senso gau,
Li dos man à soun front, soulitàri, malaut.

Les tours et les ponts tressaillir,
Et l'aigle et l'étalon s'enfuir !

C'est aussi lui qui souffle, aux races de Durance,
Eternelle jeunesse, enthousiasme immense,
Puissants concepts originaux !
C'est lui qui fait saillir, sous sa forte influence,
Durs comme cailloux des ruisseaux,
Les muscles des bras provençaux !

LA DERNIÈRE VICTOIRE DU ROI LOUIS VIII

C'EST LE TROUVÈRE PERDIGONNET QUI CHANTE CE QUI SUIT
A LA COUR DE LOUIS IX, DEVANT LE ROI

Las ! Louis huit n'est plus, il n'est plus roi de France,
(Oh ! chante du Roi la vertu !)
Mais il est délivré de sa noire souffrance ;
(Oh ! chante, toi, Trouvère ému !)
Monté de ce val d'ombre au sommet de la gloire,
Des milliers d'anges d'or vont louant sa victoire :
Comme ici-bas toi-même en es un, Saint Louis !
Ton père est un des saints du benoit Paradis !

Souffrant d'un mal terrible, impossible à connaître,
(Oh ! chante du Roi la vertu !)
A sa cour réunis, médecin, juge et prêtre,
(Oh ! chante, toi, Trouvère ému !)
Tous ensemble parlaient, et tous parlaient sans terme
Du malheur du bon roi, qui dès longtemps s'enferme,
Au fond de son palais, le front dans ses deux mains,
Seul, gémissant, doutant des remèdes humains.

Gogo, drogo, senogo, ambre, musc, mandragouro,
  (Oh, cantas dóu Rèi la vertu !)
Poudro d'or que se bèu, elebor qu'avigouro,
  (Oh, cantas, Troubaire esmóugu !)
Tout ié venié de-bado. Èro blanc coume un glàri
E si tempe e sa pèu mai pale qu'un susàri ;
Manjavo rèn de-jour, gaire dourmié de-niué,
E l'esclaire reiau avié quitta sis iue.

Mai, veici Ben-Esra, l'ouracle de Narbouno,
  (Oh, cantas dóu Rèi la vertu !)
Lou grand *Hakim* jusióu, que porto la courouno
  (Oh, cantas, Troubaire esmóugu !)
Pèr sciènci e pèr sabé, de touto l'encountrado ;
E 'scoutas-lou que fai : « O fidèlo assemblado,
Eissugas vòsti plour : noun vai mouri d'enca !
Dóu Rèi la garisoun es seguro : *Eureka* !

« L'istòri couneissès d'Abisag e de Dàvi ;
  (Oh, cantas dóu Rèi la vertu !)
E dóu vièi Ermippus tant gaiard e tant sàvi,
  (Oh, cantas, Troubaire esmóugu !)
Que troubé quasimen l'elissir de la vido
Dins l'alen perfuma e si vierge poulido...
Ansin fague lou Rèi ! e recampara lèu
Sa santa d'autri-fes dins un poutoun de mèu !

« Que l'on cerque pertout la jouvo la plus bello,
  (Oh, cantas dóu Rèi la vertu !)
Pèr vilo, pèr campas, la mai puro piéucello,
  (Oh, cantas, Troubaire esmóugu !)

Il a tout pris, séné, musc, ambre, mandragore,
    (Oh! chante du Roi la vertu!)
Et poudre d'or qu'on boit, et puissant ellébore;
    (Oh! chante, toi, Trouvère ému!)
Il n'a soulagement d'aucun électuaire :
Pâle comme un fantôme et plus blanc qu'un suaire,
Ne mangeant rien le jour, il ne dort pas la nuit ;
Jamais dans ses yeux morts éclair royal ne luit.

Mais voici Ben-Esra, l'oracle de Narbonne,
    (Oh! chante du Roi la vertu!)
Son grand *Hakim* hébreu, qui porte la couronne,
    (Oh! chante, toi, Trouvère ému!)
De roi de la science en toute la contrée ;
Ecoutez-le qui dit : « Assemblée honorée,
« Le roi ne mourra point ; séchez vos pleurs : déjà
« Même sa guérison est certaine : *Eurêka !*

« De David, d'Abisag vous connaissez l'histoire,
    (Oh! chante du Roi la vertu!)
« Et celle du vieux sage Hermippus, qui sut boire,
    (Oh! chante, toi, Trouvère ému!)
« Pour se tenir gaillard, cet élixir de vie,
« Le souffle parfumé d'une vierge jolie.
« Fasse le Roi de même ! Il va tôt repuiser
« Sa santé d'autrefois dans le miel d'un baiser ! »

« Qu'en ville, aux champs, partout, on cherche la plus belle,
    (Oh! chante du Roi la vertu!)
« Et plus tendre, et plus fraîche, et plus blanche pucelle,
    (Oh! chante, toi, Trouvère ému!)

Siavo, blanco, poupino, i mai lisqui gauteto,
I trèno li mai longo, i mai rosi bouqueto,
E que noste bon Rèi sis esprit animaü
Retrove sus soun sen!... Qu'en disès, Archimbaud ? »

« Que dise ? Qu'as resoun !... » E, davans la vesprado,
  (Oh, cantas dóu Rèi la vertu !)
Uno bèuta divino an cençado, an troubado,
  (Oh, cantas, Troubaire esmóugu !)
Un fin moussèu de rèi, uno bloundo esteleto,
Uno perlo de pres, un ile, uno rouseto,
Qu'aurié fach un aujòu guimba coume un cabrit,
O canta coume un gau un ermito amudi.

E, sèns perdre un moumen, gràci i gènto caresso,
  (Oh, cantas dóu Rèi la vertu !)
Gràci i lausenjo caudo, i resoun, i proumesso,
  (Oh, cantas, Troubaire esmóugu !)
An reüssi de-founs, an la chato gagnado,
Pèr se leissa coundurre à la chambo daurado,
Ounte enfin lou bon Rèi s'es endourmi, d'asard,
Long dóu lié, oublidous de soun destin amar.

Mai, au coustat dòu lié, dins la glòri pourpalo,
  (Oh, cantas dóu Rèi la vertu !)
Vès la jouvo qu'espèro, à mita-nuso e palo !
  (Oh, cantas, Troubaire esmóugu !)
Vès soun péu destrena, de si poupo l'aubeto,
Vès sa pèu d'aubespin, sa raubo tant clareto,
De sis iue de velout lou regard pensatiéu
Fissa sus lou bon Rèi, coume sus lou Bon-Diéu.

« Aux cheveux les plus longs quand la nuit les dénoue,
« Du plus vif incarnat à la bouche et la joue ;
« Et sur son sein le Roi, par le mal abattu,
« Reprendra ses esprits... Archambaut, qu'en dis-tu ? »

— « Que vous avez raison, maître ! » Et, sur l'heure en
     (Oh ! chante du Roi la vertu !)   [quête
On trouve, avant le soir, une beauté parfaite,
     (Oh ! chante, toi, Trouvère ému !)
Un fin morceau de roi, perle, bouton de rose,
Lis, blonde étoile, enfin la plus divine chose,
A faire en vrai cabri même un vieillard sauter,
Ou le plus muet moine ainsi qu'un coq chanter.

Et, sans perdre un moment, par de douces caresses,
     (Oh ! chante du Roi la vertu !).
Par de chauds compliments, des raisons, des promesses,
     (Oh ! chante, toi, Trouvère ému !)
Voilà qu'on gagne enfin la vierge timorée
A se laisser conduire à la chambre dorée
Où le roi, qui s'était, par hasard endormi,
Dans sa couche oubliait le destin ennemi.

Mais voyez, près du lit, dans la gloire royale,
     (Oh ! chante du Roi la vertu !)
Voyez la vierge attendre, à demi-nue et pâle,
     (Oh ! chante, toi, Trouvère ému !)
Voyez ses tresses pendre et, comme une aubépine,
La blancheur de sa peau sous sa robe si fine !
Et le regard pensif et doux de son œil bleu
Fixé sur le bon roi comme sur le bon Dieu !

Dins sa man blanquinello uno floureto briho,
    (Oh, cantas dóu Rèi la vertu !)
E, devoto, elo dis... « Bello Santo-Mario !
    (Oh, cantas, Troubaire esmóugu !)
Douço Vierge ! te prèg — » Quand, boudiéu! lou mounarco
Se reviho subran, sus sa coucho s'enarco,
Estabousi, feroun, en vesènt davans éu
A la lus dóu lugar, un tant poulit moussèu.

« Qu'es acò, Sant e Santo ? »... Alor elo, cregnento,
    (Oh, cantas dóu Rèi la vertu !)
E galanto que mai : — « A ti pèd ta servènto
    (Oh, cantas, Troubaire esmóugu !)
Vai se jaire, moun Rèi » — « Calo, calo-te bello !
Que devine lou rèsto, — e nouso ti trenello :
Legisse dins toun cor comme dins un libret !...
Cuerbe lèu la vesioun de toun sen bouleguet.

« M'atiro toun alen — noun dirai lou countràri —
    (O, cantas dóu Rèi la vertu !)
E toun péu, t'acatant tau qu'un lusènt papàrri,
    (Oh, cantas, Troubaire esmóugu !)
E ti ciho, e ti dènt; — mai, aprene, poulido !
Que lou mau es la mort e la vertu la vido...
Divino es la santa, mai, en càmbi d'acò
Regarde lou pecat un trop grand barto-lot.

« Quand lou cor es marrit, l'amo laido e leprouso,
    (Oh, cantas dóu Rèi la vertu !)
En que bon li grandour, li gau vouluptuouso ?
    (Oh, cantas, Troubaire esmóugu !)

Dans sa main blanche brille une fleur près d'éclore :
  (Oh! chante du Roi la vertu!)
« Belle Vierge Marie, aide-moi! Je t'implore! »
  (Oh! chante, toi, Trouvère ému!)
L'enfant pieuse ainsi priait, quand sur sa couche
Se redresse le roi qui, surpris, s'effarouche
De voir, à la lueur que jette le flambeau,
Devant lui, sous sa main, un si friand morceau.

— « Qu'est-ce là, Saints du Ciel? » — Alors, elle, trem-
  (Oh! chante du roi la vertu!)   [blante,
Mais d'autant plus jolie : « A tes pieds ta servante,
  (Oh! chante, toi, Trouvère ému!)
« Va se coucher, mon roi! » — « Cesse, belle enfant, cesse!
« Ah! je devine tout!.. Non, relève ta tresse!
« Je lis, comme en un livre, en ton cœur innocent!
« Hâte-toi de voiler ce sein éblouissant!

« Ton haleine m'attire — oui, certes, jeune fille! —
  (Oh! chante du Roi la vertu!)
« Et tes cheveux tombant en splendide mantille,
  (Oh! chante, toi, Trouvère ému!)
« Et tes cils, et tes dents ; mais apprends, ma jolie ;
« Que le mal est la mort, et la vertu, la vie ;
« Divine est la santé ; mais au prix du péché
« L'acquérir serait faire un trop mauvais marché!

« Quand au cœur est le vice et que l'âme est lépreuse,
  (Oh! chante du Roi la vertu!)
« A quoi sert la grandeur ou la joie amoureuse?
  (Oh! chante, toi, Trouvère ému!)

... Se more en bèn fasènt, zóu, m'envole à la glòri,
Se vive en mau trasènt, rèste un sot tantalòri :]
Ah, noun voudriéu coumetre un pecat qu'es mourtau
Pèr un milliard de mounde !... Ounte sies, Archimbaud ?

« Archimbaud, te requière : an. vai prene la Bello,
  (Oh, cantas dóu Rèi la vertu !
Coume rançoun reialo, à la tiéuno tutèlo :
  (Oh, cantas, Troubaire esmougu !
La maridarai, iéu, dins la fiour de soun age,
A-n-un bon prouvençau, valènt, moudèste, sage,
Pèr la mena toujour, tau qu'un anjoun alu,
Dins li draiòu beni de l'urouso vertu ! »

Lou Rèi Louis Vue n'es plus, noun es plus Rèi de França :
  (Oh, cantas dou Rèi la vèrtu !)
Es pamens libera de si négri soufranço ;
  (Oh, cantas, Troubaire esmougu !)
Es noun plus au valoun, mai, au cim de la glòri,
E milanto ange d'or van lausant sa vitòri ;
Toun paire, o Sant Louis ! es un Sant amoundaut,
Coume sies un Sant, tu, sus la terro eiçavau !

MANDADIS
A VASILIE ALECSANDRI, LOU POUETO NACIOUNAU DE LA ROUMANÒ.

Que toun noum vincedou, Barde de Roumanio,
  Alecsandri, visque toujour !
Un fraire en Gai-Sabé, fringaire d'armounio,
  D'Irlando te mando un « Bon-jour ! »...
Que tu, que Balaguer, que Mistrau de Prouvènço,
(In uno tres juncti) s'unigon en essènço,
Coume un *Chamrò* d'Erin, un verd Tréule d'eici,
Sus l'unique pecou d'un destin benesi !

« Si je meurs vertueux, au ciel vole mon âme,
« Et je reste un grand niais, si je vis en infâme ;
« Je ne voudrais pas faire un seul péché mortel
« Pour mille mondes, non !... Entends-tu mon appel,
« Archambaud ? viens ici ! Sous ta garde et tutelle,
   (Oh ! chante du Roi la vertu !)
« Comme un royal trésor, tu prendras cette belle ;
   (Oh ! chante, toi, Trouvère ému !)
« Et je la confîrai, dans la fleur de son âge,
« A quelque Provençal, vaillant, modeste et sage,
« Pour la mener toujours, tel qu'un ange sauveur,
« Dans un chemin béni de vertu, de bonheur ! »

Et Louis Huit n'est plus ! Il n'est plus roi de France,
   (Oh ! chante du Roi la vertu !)
Mais il est délivré de sa noire souffrance !
   (Oh ! chante, toi, Trouvère ému !)
Monté de ce val d'ombre au sommet de la gloire,
Des milliers d'anges d'or vont louant sa victoire ;
Comme ici-bas toi-même en es un, Saint Louis !
Ton père est un des saints du benoît paradis !

ENVOI
A B. ALECSANDRI, POÈTE NATIONAL DE LA ROUMANIE

Qu'il vive en tous les temps, Barde de Roumanie,
   Alecsandri, ton nom vainqueur !
Un frère en Gai-Savoir, amoureux d'harmonie,
   T'envoie un « bon jour » de tout cœur !
Que toi, que Balaguer, que Mistral de Provence
(*In uno tres juncti*) ne formiez qu'une essence,
Comme un *Shamrock* d'Erin, comme un Trèfle d'ici,
Trois sur l'unique pied de votre sort béni !

GONZAGUE DU CAIRE

(M, GONZAGUE DE REY, né à Marseille en 1837, qui signe ses poésies provençales du pseudonyme de GONZAGUE DU CAIRE, et à qui les érudits doivent de la reconnaissance pour sa savante étude sur les invasions sarrasines aux VIIIe, IXe et Xe siècles, imprimée en 1878 et honorée d'une médaille d'or par la société littéraire d'Apt, a obtenu le premier prix au concours des Jeux floraux de Cannes, en 1879, pour une pièce assez étendue intitulée : LE ROI CHARLE-

---

LA FLOUR DE NOUVÉ

Clarejon leis estello
    Dins lou cèu,
La terro s'enmantello
    Dins la nèu ;
E pèr lou jas rouina
Passo un mistrau glaça.
Jesu pèr nous sauva
    Es na.

Leis angi fan l'aleto
    Sus lou jas ;
Emplisson la baumeto
    De soulas.
Mai ren fini tei plour,
Paure enfant de doulour,
Que la poulido flour
    D'amour.

Secco donc ta parpello,
    Ai culi

MAGNE RETROUVE LES RELIQUES DE SAINTE-ANNE D'APT. Le premier volume de la CALANQUE contient aussi de ce Félibre, qui n'a que très-peu publié, LA LÉGENDE DE SAINT-EUCHER, pour laquelle, comme pour son CHARLEMAGNE, il a adopté la strophe mistralienne de MIRÈIO et de CALENDAU qu'il manie avec bonheur. M. Gonzague de Rey est un des sept fondateurs de l'école marseillaise des Felibres de la Mer. Il se sert du dialecte de Marseille.)

LA FLEUR DE NOEL

L'étoile épand, pur flambeau,
  Sa lumière ;
L'hiver tend son blanc manteau
  Sur la terre ;
Aux trous du toit ruiné
Passe un mistral déchaîné,
Le Sauveur, à tous donné,
  Est né !

Sur l'étable se penchant
  Un chœur vole
D'anges avec un beau chant
  Qui console.
Mais rien, enfant de douleur,
Ne te rend de gaie humeur
Que la fleur d'amour, la fleur
  Du cœur !

Enfant, essuie à ton tour
  Ta paupière,

Ta flour d'amour tant bello ;
    Veleici.
Un bouquet ti farai
'Mé la flour que ti plai,
E noun lou passirai
    Jamai!

La voici, la fleur d'amour,
  Qui t'est chère ;
Je l'ai fait, pour te l'offrir,
Ce bouquet qu'à l'avenir
Rien ne doit jamais venir
  Flétrir !

AUGUSTE VERDOT

M AUGUSTE VERDOT, né à Eyguières (Bouches-du-Rhône) en 1823. collaborateur de l'ARMANA PROUVENÇAU, de la CALANCO, dont il fut chargé de publier le tome 1er, de la PROVENCE ARTISTIQUE, du CACHO-FIO, etc.; est vice-président des Félibres de la Mer, et Majoral depuis 1881. Lauréat de plusieurs concours, mem-

LOU MARIAGE ASTRA
A MADAMO FREDERI MISTRAL

> ...dins l'ordre divin tout se fai pèr un bén.
> F.-M.

Quau es aquelo grando e bello,
Aducho pèr uno auro d'aut,
Que s'avanço coume Esterello
A l'endavans de Calendau?

Vers la capello di Tres-Damo,[1]
Quau es aquelo que descènd,
E ie vai prega pèr quau amo,
Coume Mirèio pèr Vincent?

Quau es aquelo que lis Ange
I'an fa'usi de celèsti cant,
E qu'a vist en un sounge estrange
Uno grand fèsto is Aliscamp?[2]

Dison que s'apello Mario,
Mario, un noum quàsi divin,
Un rebat de l'astre que viho
Sus la barco e sus li marin.

bre du jury aux Jeux floraux de Forcalquier en 1875, d'Apt en 1877, de Cannes en 1879, et aux concours du Florège d'Avignon. Il a en préparation un recueil de poésies écrites les unes en dialecte du Rhône et d'Arles, les autres en pur Marseillais, qui portera le titre de : LI LUSETO (les Vers Luisants).

LE MARIAGE BÉNI DU CIEL

A MADAME F. MISTRAL

.... dans l'ordre de Dieu, tout se fait pour un bien.
F.-M.

Quelle est celle qui, grande et belle,
Un souffle du Nord la poussant,
Arrive et rappelle Estérelle
Vers son Calendal s'avançant ?

Vers les Trois-Dames quelle est celle
Qui pour son bien-aimé descend
Prier dans leur blonde chapelle,
Comme Mireille pour Vincent ?

Quelle est celle, enfin, qui des Anges
Entendit les célestes chants
Et vit, dans ses rêves étranges,
La grande fête aux Aliscamps ?

On la nomme, dit-on, Marie...
Marie, un nom presque divin,
Reflet de l'étoile chérie
Qui protège barque et marin.

Eh bèn ! Mario es la fiançado
Que, — majestouso dins soun dòu, —
La Maire au Fiéu a designado,
E lou Fiéu a di : « Diéu lou vòu ! »

Noun es duquesso, ni barouno ;
Mai Galatèio e Beatris,
Mens que la chato bourguignouno,
An l'estè pur qu'amourousis.

Es, dòu pouèto e de l'artisto,
Lou desir devengu tresor ;
Es uno encarnacioun requisto,
Vièsti embauma d'un pantai d'or.

Vejo-nous dounc, vas de jouvènço,
Li perfum qu'as tengu rejoun,
E lèu flourigues en Prouvènço,
Poulido Roso de Dijoun !

Vai, la Prouvènço t'esperavo ;
Sèns te counèisse t'amavian ;
Es pèr toun front que se gardavo
La courouno que trenavian.

« En glòri, vai, saras aussado
Coume uno Rèino », e de cant dous
Saras bressado e caressado
Pèr toun felibre amistadous.

As tout quita pèr veni nostro :
Brès nadalen, jardin flouri,
Amigo e maire... acò nous mostro
Quau siés e quant vau Frederi.

Et Marie est la fiancée
Que la Mère désigne au Fils ;
Et le Fils dit dans sa pensée :
« C'est Dieu qui le veut ; j'y souscris ! »

Sans être duchesse ou baronne,
De Galatée et Béatrix
Elle a, la jeune Bourguignonne,
La grâce dont tous sont épris.

C'est de l'artiste et du poète
Le désir devenu trésor ;
C'est l'incarnation complète
Et vivante d'un rêve d'or.

Pur vase de jeunesse, épanche
Tes parfums, scellés jusqu'alors ;
De Dijon belle rose blanche,
Epanouis-toi sur nos bords !

Sans te connaître, la Provence
Dès longtemps t'aimait, t'attendait,
Et, cette couronne, d'avance
A ton front elle la gardait...

« En gloire tu seras haussée
Comme une Reine, » et, parmi nous,
De chants bercée et caressée
Par ton Félibre à tes genoux.

Mère, amie et berceau qu'on aime,
Tout quitter pour nous fait bien voir,
Avec ce que tu vaux toi-même,
Ce que Frédéric doit valoir.

Segound la lèi de Prouvidènci,
Tout bèn qu'es fa, di vo pensa,
Meme au courrènt de l'eisistènci,
Dèu èstre larg recoumpensa.

Quand à la porto d'un o d'uno
Veirés adounc veni pica-
L'amour, la glòri, la fourtuno,
Digas : Ei Diéu que vèn paga.

Aro es fourtuno, amour e glòri
Qu'au meme oustau toumbon subran ;
Un jour saubren li vertu flòri
D'Éu emai d'Elo... En esperant.

Canten la nòvio que s'avanço
E qu'à la Prouvènço, emé siuen,
Adus lou poutoun de la Franço,
Poutoun que clantira bèn liuen.

Aupiho, boundas d'alegresso !
Rose e Durènço, Mar e Crau,
Saludas vosto segnouresso !
Veici l'Espouso de Mistrau.

MANDADIS

E tu, soun urouso Mirèio,
Richo d'amour e de béuta,
Vène recebre, pèr liéurèio,
L'anèu de l'inmourtalita

Par la loi de la Providence,
Tout le bien, fait dit ou pensé,
Même au cours de cette existence,
Est largement récompensé.

Quand à la porte d'un ou d'une
Vous verrez donc venir heurter
L'amour, la gloire, la fortune,
Dites-vous : Dieu veut s'acquitter.

Or, tout à la fois, prennent gîte
Ici fortune, gloire, amour ;
Nous saurons les vertus d'élite
D Elle et Lui plus tard... En ce jour,

Chantons l'épouse qui s'avance
Et de la France vient donner
Le baiser à notre Provence,
Baiser qui va loin résonner.

Alpille, bondis d'allégresse !
Mer, Crau, Rhône et Durance aussi,
Saluez votre *seigneuresse* !
De Mistral l'épouse est ici !

ENVOI

Et toi, sa Mireille adorée,
Riche d'amour et de beauté,
Viens recevoir comme *livrée*
L'anneau de l'immortalité !

LA LÈI DE DIÉU

> Ipse (Dominus) cepit, et sanabit nos;
> percutiet et curabit nos. (Osée)

Ta lèi, grand Diéu, es pas e guerro :
La serp niso toucant l'aucèu ;
Dins noste blad vèn d'erbo fèro
E la pèsto nais dóu soulèu.

Diéu bon jusquo dins ti coulèro,
Chanjes de fes la màuno en fèu,
E nous empouisounes la terro
Pèr-fin que souspiren lou Cèu,

Gramaci ! Que toun bras, o Paire,
Nous castigue ! siés pas troumpaire,
E vos enlusi nòsti front.

Mai lou pecat rougnous li maco ;
Pèr li mounda de touto taco,
Largo dounc de raisso e de tron !

A-N-ANDRÈU CHÉNIER

> Oh ! Puisse le ciseau qui doit trancher mes jours
> Sur le seuil d'une belle en arrêter le cours !
> ANDRÉ CHENIER)

Ah ! pico-te lou front, qu'au dòu de toun genio
Paris, Bizànci, Ateno auran pas proun de plour ;
Que toun lut, rampau d'or jitant au vènt si flour,
D'Oumèro e de Safò trasié lis armounio !

LA LOI DE DIEU

Ta loi, grand Dieu, c'est paix et guerre :
Près de l'oiseau l'aspic mortel
Niche ; en nos blés l'herbe prospère,
Et l'astre est pestilentiel.

Dieu bon jusque dans ta colère,
Tu transformes la manne en fiel,
Et nous empoisonnes la terre
Pour que nous aspirions au Ciel.

Tu n'es pas trompeur, Père, et l'homme,
Châtié, t'en doit grâce, en somme ;
Tu veux illuminer son front.

Le péché s'y voit, lèpre impure :
Pour en laver toute souillure,
Qu'averse et foudre tombent donc !

A ANDRÉ CHENIER

Ah ! frappe-toi le front ! Au deuil de ton génie
Paris, Byzance, Athène auront trop peu de pleurs !
Car ton luth, rameau d'or jetant au vent ses fleurs,
D'Homère et de Sapho nous rendait l'harmonie.

Cantaves, sus li ton de Franço e d'Iounio,
Li Diéu, la Liberta, li Pastre, lis Amour,
E disiés : lou cisèu que trencara mi jour,
M'arrestèsse au lindau d'uno bello !.... Irounio

Dóu sort ! Que trop, Pouèto, ansin t'és arriba !
Lou fèrri t'a resté... Mai noun dins un coumbat ;
Noun toumbères en mar, coumo ta *Tarentino*.

Uno mestresso fèro, à soun rouge bancau,
Gueiravo e t'a dubert si bras en aro caud
E tout ime dóu sang d'un Rèi.... — O guihoutino !!!

NOTES

(1) Les *Saintes Maries* de la Mer en Camargue.

Le bel épithalame de M. Verdot n'est pas le seul qui ait célébré heureusement l'union du Capouié avec mademoiselle Marie-Louise-Aimée Rivière, fille de l'habile traducteur de *Mirèio* en dialecte dauphi-

Tu chantais, sur les tons de France et d'Ionie,
Les Dieux, la Liberté, les Amours, les Pasteurs ;
Tu disais : « Que du sort épuisant les faveurs,
Le fer m'arrête au seuil d'une belle !... » Ironie !

Le fer prévu t'arrête, et, jeune, tu péris,
Mais non dans les combats, par un jaloux surpris,
Ou dans les flots marins, comme ta *Tarentine*.

Une maîtresse atroce, à ses rouges tréteaux,
Te guettait, et t'ouvrit ses bras, encor tout chauds,
Tout humides d'un sang royal... — ô Guillotine !

---

nois. Un tel mariage ne pouvait qu'inspirer les disciples et amis du Maître. M. Félix Gras composa, pour sa part, à cette occasion, deux pièces de vers, dont l'une — *l'Estello a sèt rai* (l'Étoile à sept rayons) — se a la perle du recueil, que le grand poète des *Carbounié* et de *Toloza* donnera tôt ou tard de ses poésies éparses.

Tarentine titre d'une idylle d'André Chénier.

MARIUS BOURRELLY

(M. Marius Dominique BOURRELLY, né à Aix le 2 février 1820, s'était déjà fait connaître, bien avant la fondation du Félibrige, par diverses publications, entre autres « LA VIDO D'UNO GOURRINO » imprimée en 1842. En 1853, il donna son recueil intitulé : LEI CIGALO. Il collabora dès le principe à l'ARMANA PROUVENÇAU et y sema, sans les compter, ainsi que dans les autres périodiques de la Provence, LOU BOUIABAISSO, LI PROUVENÇALO, LOU ROUMAVAGI dei TROUBAIRE, LI NOUVÉ, LOU GAY SABER, LOU BRUSC etc., les inspirations de sa verve facile et variée. On lui doit plus de trente pièces de théâtre en prose et en vers, en français et en provençal, dont quelques unes ont réussi sur les théâtres de Marseille. Parmi les comédies provençales publiées, on cite : LOU SICILIAN, en un acte ; TRES GALINO PER UN GAU (trois poules pour un coq) en un acte en vers ; LA CARRETO DEI CHIN (la Charrette des

MIRABÈU

Quand la vilo de-z-Ais que m'a douna neissènço,
Anciano capitalo au pais de Prouvènço,
Que sus lei bord de Lar s'estalouiro au soulèu,
Enauro uno estatuo au tribun Mirabèu,
L'ami dóu pople fouert e grand, dóu pople libre,
Tu, ma Muso, que fas au mitan de la mar,
Drècho dins ta clóuvisso ? A la voues dóu felibre
Encambo lei roucas de la Nerto e que vibre
  Ta zambougno, sout de cant larg.

Que dei vau de la Touesso e de la Trevaresso
Resclantisson au luen, emé joio, alegresso,
Atan de la Queirié finqu'au Pieloun dóu Rei

Chiens) également en un acte et en vers. Il a traduit en rimes provençales plusieurs auteurs français et étrangers ; la plus considérable de ces traductions est celle des Fables complètes de la Fontaine qui forment deux volumes in-8°. M. Marius Bourrelly est syndic de la Maintenance de Provence. C'est le membre le plus fécond du Félibrige; il a écrit au moins cent mille vers, comme l'atteste ce passage de l'*Apothéose humoristique*, où Roumanille vient de représenter ses confrères et lui-même sous la figure et avec les attributs des divinités du paganisme :

Aco's Atlas-Bourrelly ; emé sa barbo blanco
Porto cènt milo vers, emai noun plego l'anco !

« Voici Atlas-Bourrelly ; avec sa barbe blanche, — Il porte cent mille vers, et cependant sa hanche ne plie pas ! »

— M. Bourrelly écrit le sous-dialecte d'Aix et de Marseille.)

MIRABEAU

Lorsque la ville d'Aix, qui m'a donné naissance,
Ancienne capitale au pays de Provence,
Sur les rives de l'Arc étalée au soleil,
Erige une statue au tribun sans pareil,
A Mirabeau, l'ami du peuple grand et libre,
Que fais-tu dans ta conque au milieu de la mer,
O toi, ma Muse ? Enjambe, à la voix du Félibre,
Les rochers de la Nerthe, et que ta lyre vibre
    De chants au rhythme large et fier !

Des vallons de la Torse et de la Trévaresse
Qu'ils résonnent au loin, que leurs sons d'allégresse
Troublent les airs, de la Queirie au haut Pilon

Que fa la gibo, alin, e de pertout pareit,
En treboulant lei èr. Desplego lèu teis alo
E volo Mimet, en pas sussant vers Mèiruei,
Lou Pouent dei Tres-Sautet, lou Venturi qu'escalo,
Fin qu'à Sant-Marc-dei-Plano En ta courso trienfalo
    Te seguiran dous cènt milo uei.

Lou pèd dins leis aspi e dins lei farigoulo,
Au bru dóu tambourin veiras lei farandoulo
Que se desplegaran coumo de longuei serp ;
De cant de liberta mountaran dins leis èr
E vendran caressa fieramen teis auriho.
Veiras souto lou vènt flouta lei viei drapèu
Que la Franço a garda coumo de meraviho
E tóuti leis enfant de-z-Ais et de Marsiho
    Vèni saluda Mirabèu !

Mirabèu que, de carn e d'oues, s'es chanja 'n maubre
E douerme au Panteoun, fier e grand coumo un aubre,
Après avè 'scracha de la feudalita,
La tèsto sout sei pèd de gigant, eis Estat
Generau; Mirabèu, que pourtavo sinople
Subre soun escussoun de comte; lou tribun
Que devessè lei rei e deliéurè lou pople !...
Soun renoum franquissè 'n delà Coustantinople,
    Car de Mirabèu ni 'agu qu'un !

En cantant Mirabèu, Muso, cantes toun paire,
Car siés dóu pople, tu, e dóu meme terraire.
S'as la Cigalo d'or e pourtès lou front aut,
Oublidaras jamai qu'as lou couer prouvençau,
E cantaras toujours, dins ta recouneissènço

Du Puy-du-Roi, qui monte au loin à l'horizon !
Ouvre ton aile, ô Muse, et sur Mimet, rapide,
Vole, en passant le Pont-des-Trois-Sauts vers Meyreuil ;
Du Mont de la Victoire, imposante et splendide,
Vole à Saint-Marc-la-Plaine ! Un peuple immense, avide,
    Dans ton vol te suivra de l'œil.

Le pied dans la lavande et dans le férigoule,
Tu verras, comme un long serpent qui se déroule,
Partir la farandole au bruit du tambourin ;
Des chants de liberté, montant dans l'air serein,
Viendront avec fierté te caresser l'oreille ;
Tu verras dans le vent flotter maint vieux drapeau
Qu'a conservé la France et dont on s'émerveille,
Et tous les enfants d'Aix et tous ceux de Marseille
    Venir saluer Mirabeau !

Mirabeau qui, de chair et d'os, devenu marbre,
Dort au Panthéon, fier et grand comme un bel arbre,
Mirabeau, le géant des Etats-Généraux,
Qui, du pied, écrasa la tête aux Feodaux,
Mirabeau, dernier-né de l'aristocratie,
Le tribun populaire au vieux blason comtal,
Qui, jetant sur le sol l'antique monarchie,
Vit son nom sur les mers voler jusqu'en Asie ;
    Car il n'eut jamais son égal !

Muse, dans Mirabeau tu célèbres ton père ;
Car n'es-tu pas du peuple et de la même terre ?
Sous la Cigale d'or levant ton front loyal,
Songe que dans ton sein bat un cœur provençal ;
Et célèbre toujours, dans ta reconnaissance,

Leis ome glourious qu'an ounoura toun nis ;
Es autant de soulèu que luson en Prouvènço.
En cantant Mirabèu que vuei lou pople encènso
    Cantes lou pople e toun païs.

LA CANDÈLO E LOU PARPAIOUN

Quand la candèlo es atuvado
E mando sei lus dins la nué,
Lou parpaioun prèn sa voulado,
Esbriauda pèr aquéu fué,

E viro autour de sa flambado ;
S'escarto e revèn mai au lué
D'ounte parte l'escandihado.
Finis toujour, à-n-aquéu jué

De si rima lou bout deis alo,
Quand'a proun fa seis espiralo
E de toumba de cremesoun.

De la vido acò 's un imàgi.
La candèlo es lou maridàgi
E nautre sian lei parpaioun.

LOU BACHAS

Até ! vaqui Pasco passado !
Avèn mai avança d'un cran.
Ti memouères enca, Nourado,
D'aquéu bèu tèms qu'avian vint an ?

Les grands hommes, en qui nos regards éblouis
Voient autant de soleils luisant sur la Provence.
Ta voix, dans Mirabeau, que tout un peuple encense,
    Chante le peuple et ton pays.

LA CHANDELLE ET LE PAPILLON

    Lorsque s'allume dans la nuit
    Et que flamboie une Chandelle,
    Le Papillon vole vers celle
    Qui, par son éclat, l'éblouit.

    Tour-à-tour effrayé, séduit,
    Il s'écarte ou s'approche d'elle ;
    Il y brûle un bout de son aile :
    C'est par là que le jeu finit.

    En vain par cent tours il s'échappe :
    Le piège tôt ou tard l'attrape,
    Si puissante est l'attraction !

    De la vie on a là l'image.
    La Chandelle est le Mariage
    Et l'Homme en est le Papillon !

LE BACHAS

Ah ! tiens, Pâques passée encore !
Encore un pas de plus du temps !
Te souvient-il, ma bonne Nore,
Des joyeux jours de nos vingt ans ?

Marsiho èro pas tant farolo ;
Aro s'es facho franciholo
E li fau parla capèu bas.
Vetaqui ço que mi tartugo :
Ero lou bèu tèms qu'au Bachas
Anavian manja la lachugo,
Manja la lachugo au Bachas !

D'aquéu tèms fasian lei très fèsto ;
Lei gènt èron pas tant farot
E *Caramantran* fasié tèsto
Alor, dins la mar, au Farò.
Vuei avèn relarga leis alo ;
Lou Lazaret e Portugalo,
Buai d'acò ! ni n'en parlés pas.
Leis an rasado, lei barrugo :
Mounte es lou bèu tèms qu'au Bachas
Anavian manja la lachugo,
Manja la lachugo au Bachas ?

Ero lou dimar après Pasco
Qu'anavian dóu caire d'Arèn,
Tau jour coumo vuei Uno masco
Se faufilè dins nouéstei reng ;
A-n-acò li dison la modo
E nàutrei sian dóu rèi Erodo.
Ei vièi, cridon : Passas ! passas !
Emé vouéstei pas de tartugo...
A passa lou tèms qu'au Bachas
Anavian manja la lachugo,
Manja la lachugo au Bachas !

Moins riche était Marseille, dame !
Elle s'est faite grande dame,
Il faut lui parler chapeau bas !
Cela me chiffonne et j'en sue.
C'était le beau temps qu'au Bachas
Nous allions manger la laitue,
Manger la laitue au Bachas !

Trois jours durant nous faisions fête,
Moins coquets, oui, de plus d'un cran ;
Puis en mer piquait une tête,
Près du Faro, *Caramantran*.
Aujourd'hui déployant nos ailes,
Nous volons aux choses nouvelles :
Lazaret, Porte Galle, à bas !
On rasa la double verrue...
Où donc est le temps qu'au Bachas
Nous allions manger la laitue,
Manger la laitue au Bachas ?

Mardi de Pâque, en grande presse
On gagnait Arenc ; mais voilà
Qu'en nos rangs une enchanteresse
A pareil jour se faufila.
C'est ce qu'ils appellent la mode ;
Quant à nous, nous datons d'Hérode.
Passez, bons vieux ! Il n'en faut pas
De votre allure de tortue !
Il est loin le temps qu'au Bachas
Nous allions manger la laitue,
Manger la laitue au Bachas !

Moun paure païs de Marsiho,
Coumo nous l'an desfigura.
Quand anavian bèure boutiho,
Poudias enca vous n'en tira.
Sei carrièro soun relargado,
An fa de gràndei proumenado ;
Lei paure ? s'en souciton pas
E la misèri lei pessugo...
Vendra plus lou tèms qu'au Bachas
Anavian manja la lachugo,
Manja la lachugo au Bachas !

Es lou prougrès ! vous dien lei jouine,
E lou fau laissa camina !
Lou pople, alor, fau que s'arouine ?
Lou prougrès vous fa pas dina.
Emé rèn fasian un regòli,
Se countentavian de l'aiòli ;
Aco's tròu coumun e tròu bas.
Vuei s'amuson plus ei rapugo :
Es f.... ichu lou tèms qu'au Bachas
Anavian manja la lachugo,
Manja la lachugo au Bachas !

Ma pauvre ville de Marseille,
Vient-on de la défigurer !
Quand nous allions boire bouteille,
On pouvait encor s'en tirer.
Nous a-t-on élargi les rues
En boulevards, en avenues,
Sans souci des pauvres, hélas !
Que pince une misère aiguë...
Adieu le beau temps qu'au Bachas
Nous allions manger la laitue
Manger la laitue au Bachas !

— C'est le progrès ! dit la jeunesse ;
Il faut le laisser cheminer.
Et si la ruine progresse ?
Le progrès ne fait pas dîner.
Contents d'un rien, nous savions faire
Avec l'aïoli grande chère ;
Mais c'est trop commun, et trop bas.
I'i des grappes ! On les conspue.
Il est f.... rit le temps qu'au Bachas
Nous allions manger la laitue,
Manger la laitue au Bachas !

ALFRED CHAILAN

(M. Alfred CHAILAN, né à Marseille en 1834, fils du troubaire Fortuné CHAILAN, l'auteur populaire du GANGUI (lo Filet) dont une édition magnifiquement illustrée vient de paraître par ses soins, est le CAPISCOL (président) des Felibres de la Mer ; il a peu produit ou du moins peu imprimé ; cependant la CALANCO a donné de lui, outre

---

LOU CASTÈU DEI BOURMETO

Sus lou bord de la mar, environa de couello,
Lou Castèu dei Bourmeto ei lusènto cou'our,
S'espandis au soulèu, si counfound eis estello
Dedins un paradis de calamo e de flour.

La vido, meis ami, li es douço, encantarello ;
Sias en countemplacien, vous sentès plen d'amour,
Davans lou plan d'azur que la ribo endentèlo,
Lou grand tapis dei prado e dei boues la founsour.

Es aqui, qu'alassa dóu mounde e de sei vici,
Anas gousta dei diéu, lei sublimei delici ;
Aqui vous delegas, jamai'ges de maran.

Dins talo majesta, tóutei vous va diran,
La Fado es au Castèu, e sout sei dèt de roso,
Jusqu'eis ourtigo tout, tout si tremudo en Roso.

« LOU CASTÉU DEI BOURMETO » que nous avons traduit, un conte très-amusant : LEIS ERMITAN DE SANT-JAN BENUROUS (les Ermites de Saint-Jean Bienheureux) qu'il a dédié à M. de Berluc et qui montre, ainsi que son œuvre de début: « LEIS AUCEU SOUN DE BÈSTI (les oiseaux sont des bêtes) que le fils a hérité de la verve paternelle. M. Chailan écrit le sous-dialecte Marseillais.

LE CHATEAU DE BORMETTE [1]

Entouré de coteaux, sur la mer la plus belle,
Le château de Bormette aux brillantes couleurs
S'épanouit à l'aube, aux étoiles se mêle,
Dans un vert paradis fait de calme et de fleurs.

Amis, la vie est là d'une douceur nouvelle ;
On s'enivre d'amour, de songes enchanteurs,
Devant ces flots d'azur que la côte dentelle ;
Et ces prés, et ces bois aux fraîches profondeurs.

Là, le cœur fatigué du monde et de ses vices
Vient savourer des Dieux les sublimes délices :
Là, bonheur plein et pur ; là, nulle adversité...

C'est — tous vous le diront — qu'en cette majesté
Une fée au château réside, et toute chose
Se change sous ses doigts, même l'ortie, en rose.

NOTES

(1) Le château de Bormette ou des Bormettes est situé près des Salins d'Hyères, en face de l'île de Porquerole et a appartenu à Horace Vernet.

PHILIPPE CHAUVIER

(M. Philippe CHAUVIER, président de l'Ecole du Var fondée récemment, appartient moins au Felibrige qu'à l'ancienne école populaire et patoise de Marseille. Ses poésies, ainsi que celles de ses confrères, MM. Poncy, Pelabon, la Sinso etc, paraissent ordinaire-

MIQUELOUN

Sabès toutei que Miqueloun
A fa lou viage de Marsiho,
E que se n'es aduch un poulit capeloun
Que li cuerbe jusquo lei ciho ;
Mai ço que belèu sabès pa,
Es que, ièr au sero, a soupa,
Coumo cadun lou questiounavo
Sus tout ço qu'avié fa, sus tout ço qu'avié vist,
Soun vièi, que tambèn l'escoutavo,
Li fa : — Coumo as trouba 'quéu bèu païs ?
— Aqui dessus, vès, paire,
Respouende Miqueloun, vès, n'en dirai pas gaire,
Per-ço-qu'aqui lia tant d'oustau,
Mai tant d'oustau, que n'i'a, que n'i'a de milo,
E que de tout coustat, tant d'en bas que d'en aut,
V'empachon de vèire la vilo.

ment dans l'Almanach LOU FRANC PROUVENÇAU, où l'on retrouve la langue *parlée* des villes, moins pure que celle des campagnes, et qui est rédigé sans grande prétention littéraire, mais avec esprit et gaîté, et forme une lecture amusante.)

MICHELON

Vous savez tous que Michelon
Fit le voyage de Marseille
Et qu'il s'en rapporta ce beau chapeau melon
Qui lui couvre les yeux et le coiffe à merveille ;
Mais ceci, vous pouvez être sans le savoir :
Comme on lui demandait au souper d'hier soir
Tout ce qu'il avait fait ou vu pendant sa route :
— « Eh bien ! dit à son tour son père qui l'écoute,
  Raconte-nous un peu, mon fils,
  Comment tu trouvas ce pays ? »
  — « Ah ! fait le Michelon, mon père,
  Là-dessus je n'en dirai guère ;
  Les maisons forment de tels tas,
  Se comptant par mille, et par mille,
  De tous côtés, en haut, en bas,
  Qu'elles ne vous permettent pas,
  En vérité, de voir la ville ! »

CHARLES PONCY

(M. Charles PONCY est le plus célèbre des Félibres du Var
Simple maçon de Toulon, il débuta par des poésies françaises qui
répandirent son nom hors des limites de la Provence ; devenu aujourd'hui secrétaire de la Chambre de Commerce de la même ville
il écrit de préférence le provençal et excelle d'ailleurs dans les deux
langues. Il a été nommé Felibre majoral en 1881. Ses poésies pro-

---

LA VÉUSO DE SIEIS-FOUR

Un veissèu, dins Touloun, arribavo deis Indo,
    L'avié resta quatre an au méu;
Li femo deï marin courrien au bastimen,
    Abramado, coumo de dindo :
N'avié doues de Sieis-Four, qu'en arribant au quèi,
    Siguèron foueço estoumagado.
Seis ome avien peri pendènt la travessado
    E leis avien fa manja' i pèi.
Adounc lei pàurei véuso, à l'afrouso nouvello,
    Pèr faire esclata sa doulour,
Si diguèron : Que fèn ?... Plouran eici, ma bello ?
    O bèn, anan ploura à Sieis-Four ?

vençales n'ont pas encore été réunies ; elles sont disséminées dans l'ARMANA de Roumanille, dans LOU FRANC PROUVENÇAU, dans LOU BRUSC etc, nous regrettons que le défaut d'espace ne nous ait pas permis de donner de ce remarquable félibre une pièce plus importante que la facétie que nous lui empruntons sur les Six-Fournains, objets habituels des railleries des Toulonnais, comme on peut le voir dans la MIETTE ET NORÉ d'Aicard, qui est, lui aussi, de Toulon.)

LA VEUVE DE SIX-FOURS

Un vaisseau de Toulon, quatre ans passés aux Indes,
    Opérait son débarquement ;
Les femmes des marins couraient au bâtiment,
    Tout en feu, telles que des dindes.
Deux étaient de Six-Fours : quelles émotions
    Les attendaient sur le rivage !
Leurs hommes, morts en route, avaient, selon l'usage
    Servi de pâture aux poissons.
Les pauvres veuves donc, à l'affreuse nouvelle,
    Se disaient : « Nos chères amours,
Voyons, les allons-nous pleurer ici, ma belle,
    Ou bien les pleurer à Six-Fours ? »

J.-B. GRA

(M. J. B. GRA, curé de Céreste, est né en 1831 à Curbans, dans les Basses-Alpes. Il rime à ses rares heures de loisir dans le dia-

LOU VÈUSE

Quand les penitent de Raiano
Que dounèron pu tard uno bello campano
S'entournavon de Luro e que plouvié à grand trin
Jaque anè fa vesito à soun fraire Tounin.
Aquest' ère en grand dòu, la faço touto blemo :
A quaranto an, pecaire ! avié 'ntarra tres fremo!
E lou paure mesquin pareissié desoura.
    Jaque, coume un bouen fraire,
    Vourié lou counsoura
    E li disié pèr lou destraire :
« Pèr nòstei bla, pèr tout acò 's un riche tèms ;
    Aro, cregnen plus la misèro :
    Vivo, vivo la Boueno-Mèro !
    Sènso counfianço l'o n'a rèn.
    Coumo aquelo pluio ven bèn !
    Fara lèu tout sourti de terro :
Après proun espera, tout lou mounde es countent. »
« Countent ! digué lou vèuse, ièu cresi que sies lèri !
    Jujo 'n pau que vau deveni
    S'aquelo pluio fai sourti
    Mei tres fremo dòu çamenteri! »

lecte local sous le pseudonyme de l'AGRAFIOUNIÉ (le Cerisier) DE CURBANS.)

LE VÉUF

Comme des Reillanais le grand pèlerinage,
Qui d'une belle cloche y fit plus tard hommage,
S'en revenait de Lure et qu'il pleuvait bon train,
  Jacques fut voir Tonin son frère.
Ce dernier, face blême, avait un gros chagrin :
  A peine encor quadragénaire,
Il avait enterré trois femmes ! Le mesquin
Semblait désespéré. Jacques, pour le distraire,
En bon frère lui tint ces propos consolants :
« Pour nos blés et pour tout il fait un riche temps !
  Nous pouvons narguer la misère !
  Vive, vive la Bonne-Mère !
  Sans confiance l'on n'a rien !
  Que cette pluie arrive bien
  Pour faire tout sortir de terre !
Après si longue attente, un chacun est content ! »
— « Content ! repart le veuf ; y penses-tu vraiment ?
  Je te crois idiot, mon frère !
  Dis, que pourrais-je devenir,
  Si cette pluie allait faire sortir
  Mes trois femmes du cimetière ? »

CHARLES DESCOSSE

(M. Charles DESCOSSE, né à Forcalquier (Basses-Alpes) en 1848, était adjoint de sa ville natale lors des fêtes de Notre-Dame de Provence ; appelé à toster à un banquet officiel, il le fit en provençal et, à partir de ce jour, devint un des adeptes les plus zélés et

A-N-UN NOUVÈU FELIBRE

Enfant de la Prouvènço, aquelo bono maire,
A soun sen aboundous avés teta, counfraire,
Un lat pur, sadoula de forço e de vigour,
Que de soun parauli vous a douna l'amour.

Soun calourènt soulèu s'es chala de vous traire
Mé si rai dardaiant, lou fiò que de tout caire
Abro l'amo e lou cor, e li tèn en coumbour,
Sèns jamai s'amoussa, ni de niue, ni de jour :

Me vous, lou roussignou' mé sa vois cantadisso
Farié meme canta lou merle di cladisso ;
E vosto *Muso*, dias, a lou gargassoun rau !

Bandissès, bandissès aquelo moudestio ;
Amès lou parauli dóu mèstre Roumaniho,
E sarès, un bèu jour, dis ami de Mistrau.

NOTE

Forcalquier, à coté de son école félibréenne des Alpes, possède un Athénée dont le président est M. Plauchud ; né dans la même les plus féconds du Félibrige. Il a donné de nombreuses poésies à l'ARMANA, au JOURNAL DE FORCALQUIER etc. Il a en portefeuille une traduction des *Fables de Florian*. Il a été Sous-Capiscol de l'Ecole de Forcalquier et vice-syndic de Provence.)

A UN NOUVEAU FÉLIBRE

Enfant de la Provence, au sein de cette mère
Que vous avez teté, vous avez bu, confrère,
Un lait pur, saturé de sève et de vigueur,
Et l'amour de sa langue à la franche saveur.

Avec les chauds rayons qu'il darde en l'atmosphère,
Son soleil s'est complu, tout comme sa lumière,
A vous jeter ce feu qui consume âme et cœur,
Et dont ni jour ni nuit ne s'émousse l'ardeur.

Chez vous le rossignol avec sa voix de perle
Des broussailles ferait même chanter le merle;
Et votre Muse aurait l'accent dur, guttural!

De cette modestie, allons! qu'on se défasse!
Vous aimez de *Rouma*[1] le parler plein de grâce,
Et serez, un beau jour, des amis de Mistral.

---

ville en 1831, il a écrit sur l'histoire et l'agriculture du pays et manie fort bien le dialecte local, témoin le joli septain qu'on trouvera au bas des pages 398 et 399.

(1) Abréviation familière du nom de Roumanille.

L'ABBÉ PASCAL

(M. l'abbé François PASCAL, né à l'Espine en Dauphiné, a débuté, en 1879, par un recueil de Contes en vers: UNO NIA DOU PAIS (Une nichée du pays) qui eut un tel succès que tout un groupe félibréen se forma autour de lui et que Mistral lui écrivit : *Les Alpes seront*

L'UVERT AU VILAGE

Li siéu esta dinc un vilage,
   A la flour de moun iage,
  E me n'en souvendrèi
    Tant que vieurèi.

Es eilavount sus la mountagno,
E dinc lou fret e dinc la nèu,
Que luen dóu mounde e de la lagno
Lou bouonur a basti 'n chastèu !

Aqui l'an se li partajavo
En douei meitas : l'estiéu, l'uvert ;
E toujout acò se trouvavo
L'uvert tout blanc, l'estiéu tout vèrd.

Dinc la seson que la nèu toumbo,
Quant un grand brut èro arriba,
Me disien que dinc uno coumbo
L'avalancho avié reboumba.

Quand lou tèms èro trop eisable,
Anavian se choufar ou fourt ;
Pièi, pèr salon, avian l'estable
E li passavian tout lou jourt.

le Sinaï du Félibrige. Président de l'Ecole de la Montagne à Gap et félibre majoral depuis 1881. Il a achevé récemment la traduction de l'Iliade, et l'épopée homérique y prend une saveur âpre et rude qui convient à ses grandes scènes de la vie primitive. Ce félibre se sert du dialecte de Gap.)

L'HIVER AU VILLAGE

J'ai demeuré dans un village
  A la fleur de mon âge ;
Mon cœur, tant qu'il battra,
  S'en souviendra.

Sur l'un des monts de cette chaîne,
C'est dans la neige et dans le froid
Que, loin du monde et de la haine
Le bonheur a bâti son toit.

L'année en deux dans ce village
Se divisait : l'été, l'hiver ;
Et l'on trouvait à ce partage
L'hiver tout blanc, l'été tout vert.

A l'époque où la neige tombe,
Quand il arrivait un grand bruit :
« C'est, me disait-on, dans la combe
L'avalanche qui rebondit. »

Quand il faisait trop détestable,
Nous allions nous chauffer au four ;
Pour salon nous avions l'étable,
Et nous y passions tout le jour.

Entre lei moutoun e lei vachos,
Entre lou rire e lou seriéus,
Des omes entendian lei pachos
E des filhos lei gai piéu-piéus.

Les fenos fasien lour fusaio,
E n'en disien un pau de tout.
Tout uei duravo lour velhiaio
E la lengo anavo toujout.

Quant lour disiéu : bèn ! jamai i founde,
Dinc lou païs, aquelo nèu ?
« Ana, me disien tout lou mounde,
Ana, moussus, fenirè lèu. »

Mei, malurous ! un endouriblo
N'adusié mai lou lendeman,
E me fasien : « Es-ti poussiblo ?
Les autres ans n'avian pas tant ! »

Alor, pèr que lou tèns passesso,
Un ome agantavo un viourou,
E farié qu'un autre fifresse ;
E pièi jamai n'avian pièi prou.

Pechots e grands, touts s'amusavon,
E se li fasié gis de mau ;
E pièi lei viels se li meilavon
E tant rihen encaro un pau.

Pièi lou Curat venié lei vèire ;
Es alors qu'èron tous countents ;
E se disien : Lou brave prèire !
E vèu disié : Lei bravei gènts !

Près des vaches sur leurs litières,
Mêlant le rire au sérieux,
Les hommes traitaient des affaires,
Les filles jasaient à qui mieux.

Les femmes à leur quenouillée
En disaient de toute couleur ;
Tout le jour durait leur veillée,
Et les langues d'aller, malheur !

« Eh bien ! quelquefois leur disais-je,
Ça ne fond donc jamais ici ? »
Ils me répondaient : « Cette neige
Va bientôt finir, Dieu merci ! »

Mais bon ! un ouragan terrible
En donne demain plus qu'hier ;
Et tous alors : « Est-ce possible ?
Nous en avions moins l'autre hiver ! »

Pour mieux passer le temps, un homme
Prenait alors un violon,
Un autre, un fifre ; et nous, en somme,
Ne trouvions pas cela trop long.

Tous, sans rien faire que d'honnête,
Se donnaient de l'amusement ;
Les vieux se joignaient à la fête
Et riaient encore un moment.

Le curé venait ; et peut-être
N'étaient-ils de rien plus contents ;
Ils se disaient : Le brave prêtre !
Et lui disait : Les braves gens !

Coumo les festos èron bellos,
Quant chantavian nouostei nouvès
E quant fasian Pascos nouvellos?
O dous païs, t'en souvendrès!

Li siéu esta dinc un vilage
    A la flour de mon iàge ;
E me n'en souvendrèi,
    Tant que vieurèi !.

Combien rendaient nos fêtes belles
Nos vieux *Noëls* toujours redits !
Et qu'on fêtait Pâques nouvelles !
Tu t'en souviendras, doux pays !

J'ai demeuré dans un village
    A la fleur de mon âge ;
   Mon cœur, tant qu'il battra,
     S'en souviendra !

LE CHANOINE ÉMILE SAVY

(M. SAVY, né à Forcalquier en 1823, linguiste distingué,

LIS ESTRENO

Enfant, vuei tant galoi de vouesto richo estreno,
Voulès-ti la plaça au cènt par cènt, mai mai ?
Que siegue de louei d'or o de roujo dardeno,
Lou fons e l'interès vouei mancaran jamai.
En vecho de croumpa juguet de touto meno,
De bonbon tenchura que fan marrit gavai,
A Jèsu semoundei vouosto escarcèlo pleno ;
Car par se rescaufa dins la grùpi ounte jai,
Pecaire, par la nèu, souto un cèu que sereno,
N'a que l'umide aren dóu buou amé de l'ai.
E Jèsu vouei dira : « Dounei, dounès es paure
Par élei lou soulas, la soufranço par iéu.
Dounei me voueste couor, vouei demàndou rèn aurre.
Enfant, ah ! se m'amei, dounei, dounès es paure.
  « Qu douno es paure presto à Dieu. »
Par un sòu que dounés es paure, mei bouon fraire,
Vous l'assegùrou, iéu, paraulo de moun paire,
Ei la verita meme, ei Dieu que vous lou dis,
Cènt e mai recaubrès dedins moun paradis. »

A MARGARIDO MA FIHO	A MARGUERITE MA FILLE
Aquéu bouquet, gento fiheto,	Des fleurs des champs, chère petite,
Ei fa qu'emé de flour di champ ;	Composent seules ce bouquet ;
Rèsto coumo elei bèn simpleto,	Comme elles, sois simple, et mérite

poète de goût, fut élu président de l'école des Alpes dès sa fondation en 1876).

LES ETRENNES

Chers enfants, si joyeux de vos riches étrennes,
Voulez-vous les placer à cent pour cent et plus ?
Louis d'or, rouges liards seront les bien reçus ;
Le fond est garanti, les rentes sont certaines.
Au lieu de vous payer un fragile jouet,
D'indigestes bonbons peints de couleurs malsaines,
Apportez à Jésus vos escarcelles pleines ;
Car pour se réchauffer dans sa crèche, pauvret !
Il n'a sous le ciel froid, sur la neige rigide
Que de l'âne et du bœuf, hélas ! l'haleine humide.
Et Jésus vous dira : « Donnez au pauvre, enfants !
Pour lui soulagement ! pour moi peine et misère !
Donnez-moi votre cœur, c'est la part qui m'est chère !
Enfants, si vous m'aimez, donnez aux pauvres gens !
Qui donne aux pauvres prête à Dieu ! Moi, votre frère,
Je vous l'assure ici, parole de mon Père,
Pour un sou qui se donne aux pauvres, chers petits,
Oui, moi, la Vérité, moi, Dieu, je vous le dis,
Vous en recevrez cent et plus en Paradis. »

E cadun, en voui regardant,
Dira : — Vès ! la plus poulideto :
Es ri blavet ni tulipan.
    Es la Margarideto.

Qu'on dise : — Ah ! la plus belle n'est
La tulipe ni le bluet.
Mais c'est la Marguerite.

ERNEST CHALAMEL

(M. Ernest CHALAMEL, est né à Dieulefit (Drôme) en 1846. Il appartient au groupe félibréen de Valence et écrit également bien en Dauphinois et en français; l'ALOUETTE DAUPHINOISE, l'ARMANA

LOU CAIRE DOU FIO

Au caire de moun fiò languisse de me vèire
Quand l'ivèr nous embarro e nous tèn pausadis ;
Languisse, emé d'ami, de turta 'n pau lou vèire
Rase de vin nouvèu, dóu rasclet dóu païs.

Languisse d'escouta souto la chaminèio
Lou brounzimen gela de la biso dóu Nord,
E de bressa moun amo en legissènt Mirèio,
Libre plen d'armounio e soulas de moun cor.

Es au caire dóu fiò, quand subre la campagno
Desèmbre a desplega soun mantèu de glaçoun,
Que se bèu lou vin blanc en manjant de castagno
E que s'entouno en cor de galòi cansoun.

Es au caire dóu fiò, davans la ramihado,
Que lou vesin s'acampo, e vèn cacaleja ;
Autour dóu recaliéu la famiho assemblado
Escouto en badaiant lou bos verd peteja.

Aqui lou segne-grand remembro sa jouvènço,
Parlo de sis amour e vanto l'encian tèms,
Tèms urous, tèms de pas, de joio e d'innoucènço
Que noun avié, lou Mau, gasta lou cor di gènt,

PROUVENÇAU etc, ont donné de lui des poèmes remarquables dans les deux langues. Il a obtenu plusieurs fois les RAMEAUX de Béziers.)

LE COIN DU FEU

Je languis de me voir près de la flamme claire
Lorsque l'hiver nous tient prisonniers ; je languis
Avec quelques amis d'entrechoquer le verre
Plein jusqu'aux bords du vin aigrelet du pays.

Je languis d'écouter ronfler à mon oreille
La cheminée où siffle un vent du nord glacé
Et de bercer mon âme en relisant *Mireille*,
Ce livre harmonieux, baume du cœur blessé !

C'est près du feu qu'on vient, lorsque sur la campagne
Décembre a déplié son manteau de glaçons,
Arroser de vin blanc le marron de montagne
Et répéter en chœur de joyeuses chansons.

C'est près du feu, devant l'ardent brasier qui brille,
Qu'accourent les voisins pour rire et babiller ;
C'est autour du foyer que s'assied la famille
Qui bâille, en écoutant le bois vert pétiller.

C'est là que le grand père évoque sa jeunesse,
Parle de ses amours et vante l'ancien temps ;
Temps d'innocentes mœurs, de paix et d'allégresse,
Où le mal n'avait pas gâté le cœur des gens.

Es au caire dóu fió, quand lou calèu s'aludo
Que lis enfantounet toumbon d'ageinouioun
Pèr demanda au bon Diéu lou pan emé l'ajudo
E pèr se garanti contro la tentacioun.

Vèngue, vèngue l'ivèr, sa nèu e sa plóuvino !
Au caire de moun fió, bastirai de castèu :
Beisarai li pèu blound de la Muso divino
E sis iue, que pèr iéu soun un rai de soulèu.

C'est là qu'à deux genoux, devant la cheminée,
Quand le *calèn* s'allume, avec dévotion
L'enfant demande à Dieu le pain de la journée,
Et son aide, au milieu de la tentation.

Vienne, vienne l'hiver, sa neige et sa bruine !
Je ferai des châteaux, dans le coin de mon feu,
Baisant les cheveux blonds de la Muse divine
Et ses yeux, mon rayon de soleil au ciel bleu !

J. B. GAUT

(M. Jean-Baptiste Marius GAUT, né à Aix le 2 avril 1819, conservateur de la célèbre bibliothèque Méjanes, rédacteur en chef du MÉMORIAL D'AIX, journal politique libéral, a été élu félibre majoral dès la création de ce titre, puis vice-syndic de Provence, et enfin président de la Société de Lar, à Aix. Il est membre de l'académie d'Aix ainsi que d'un grand nombre de sociétés savantes et chevalier de l'ordre de Charles III, d'Espagne. C'est un des félibres doués de la veine la plus facile et la plus spirituellement fantaisiste. Collaborateur du BOUIABAISSO, des PROUVENÇALO, de l'ABIHO PROUVENÇALO, du LIBRE CALENDAU, du CASSAIRE, du GAY SABER qu'il fonda en 1854, de l'ARMANA d'Avignon, du FRANC PROUVENÇAU de Draguignan de la CALANCO de Marseille, du PROUVENCAU, du BRUSC, d'Aix etc, il y a semé et y sème à profusion sa prose et ses vers, toujours goûtés du public provençal. Il possède, en outre, un grand nombre d'œuvres en porte-feuille. Parmi se publications, on peut citer LEI MOURO (les Maures) drame en trois actes et en vers, mêlé de chants, qui a été joué avec succès à Forcalquier en 1875 et où se trouvent des scènes très-remarquables ; un recueil intitulé : SOUNET, SOUNETO É SOUNAIO (Sonnets, Sonnettes et Sornettes,) qui a paru en 1874, précédé d'une SOUNADISSO, Sonnet-préface monorime de Mistral où, sur le ton du badinage et de la fantaisie approprié au sujet, le chantre de MIRÈIO

LEI ROSO BLANCO

Dins l'estable e la grùpi, ounte Jèsu vóu jaire,
L'Enfantounet divin avié 'n pichoun rousié,
Fresc coumo soun mourroun, qu'arrousavo sa maire ;
Embeimavo coumo èu; coumo èu sempre risié.

Un jour l'aigo manquè dins l'estable. Pecaire,
Fauto d'èstre bagna, lou rousié passissié,

caractérise avec justesse le talent du Sonnettiste Aixois : « Qu'il joue aux osselets, dit-il, ou qu'il chasse aux perdreaux, ou que, dans la rivière, il fasse mordre quelque anguille, *un petit vent de Grèce agite son habit.* Sérieux ou folâtre, il a dans sa sébile de l'esprit pour tous et quiconque ne trouvera pas friand son livre semillant, mérite une taloche. » En 1881, M. Gaut a publié LEI SÉT PECAT CAPITAU (Les sept Péchés Capitaux) en sonnets et a fait jouer, à Sorgues, (Vaucluse) le premier opéra comique qu'ait encore eu le théâtre provençal : LOU MAU D'AMOUR (le Mal d'Amour), dont la musique, aussi gracieuse que bien inspirée, est due à M. Alphonse Gavaudan, de Salon, petit-neveu du célèbre chanteur de l'Opéra de Paris de ce nom. Il a composé encore un autre drame lyrique en trois actes et en vers, UNO COURT D'AMOUR couronné aux Jeux-Floraux de Montpellier, et une vingtaine de pièces inédites. Ces diverses œuvres, qu'aucune traduction ne rend abordables au lecteur français, sont écrites en sous-dialecte d'Aix. — M. Gaut a été l'éditeur du ROUMAVAGI DEI TROUBAIRE et des JEUX FLORAUX D'AIX en 1864. Il écrit et rime aussi en français. On lui doit un grand nombre de poésies, de feuilletons, d'articles de toute nature, un RÉSUMÉ DE L'HISTOIRE DU ROI RÉNÉ, une NOTICE sur les bains Sextius d'Aix, un savoureux travail sur la confiture, et des études substantielles sur la littérature et la poésie provençales parues en 1868, et contenant des détails curieux sur Mistral et le Félibrige.)

LES ROSES BLANCHES

Dans l'étable, à deux pas du foin de la litière,
L'Enfant Jésus avait un rosier tout petit,
Frais comme son minois, arrosé par sa mère ;
Il sent bon comme lui, comme lui toujours rit.

Mais voilà qu'un jour l'eau vient à manquer.... Misère !
Faute d'arrosement, l'arbuste se flétrit ;

S'en anavo mouri ! Sabié plus coumo faire
Mario; se lagnavo e Jèsu gemissié.

Mai qunto ispiracien ! La Vièrgi benurado,
Dóu la que teto Diéu mouse un pau soun mamèu,
N'arroso lou rousié. Subran reviscoulado,

La planto reverdis. Mai sei flous, de la nèu
Prenon la blanco tencho, en courounant lei branco...
Es despièi aquèu tèms qu'avèn de roso blanco !

LOU COLERA

Mokaleb, à chivau, en seguissènt la draio,
Vès quaucun estendu, blave e trevirant l'uei,
Quàsi un cadabre. — Ami, dis lou jasènt, rabaio
Un paure diable au sóu, que bessai mourra vuei.

— Qu sies ? — Lou Colera. — Vai t'en au tron, canaio !
Que m'empouisounariés emé lei mièu ! — Moun vièi,
Espargnarai tei gènt... Eh ! bèn, quand n'en voues ? — Baio
M'en milo. — Toco aqui. — Bèn segur ! — Es ma lei.

E darrié Mokaleb, sus lou tard, intro en vilo
Lou Colera. Vuè jour après, li avié dès milo
Cadabre au cementèri, aclapa sout lou sóu

— Colera, sies un traite, as pres dès milo tèsto,
Dis Mokaleb. — N'ai pres que milo, dis la pèsto.
— Leis autre ? — Soun la part de ma souerre la Póu !

MOURRE DE VENDUMI[1]

SOUNET A RIMO ECONOMICO

Se permenavian sus lou Cous,
A-z-Ais, e cercavian l'oumbrino.

Il va périr ! Marie, ignorant comment faire,
Se désole, et son fils auprès d'elle gémit.

Quelle inspiration ! La Vierge bienheureuse,
Du sein qui nourrit Dieu faisant jaillir un trait,
En baigne la racine ; et soudain, vigoureuse,

La plante reverdit ! Mais de ce divin lait
Les fleurs prennent la teinte, en couronnant les branches....
C'est depuis ce temps-là qu'on a des roses blanches.

LE CHOLÉRA

Mokaleb, à cheval, en travers du chemin
Voit quelqu'un étendu, tournant l'œil, face blême,
Quasi comme un cadavre. — « A son heure suprême
Secours un malheureux qui sera mort demain !

— Qu'es-tu ? — Le choléra. — Vas au diable, assassin !
Tu m'empoisonnerais avec tous ceux que j'aime !
— Je jure d'épargner et les tiens et toi-même....
— Ah ! quel nombre veux-tu ? —Mille—Touche ma main !»

Derrière Mokaleb, à la nuit, entre en ville
Le choléra. Couchés sous la terre, dix mille,
Dix mille morts déjà gisaient huit jours plus tard.

— « O déloyale ! dit Mokaleb à la Peste,
Combien en as-tu pris ? — Mille. — Mille ? et le reste ?
—Le reste est à ma sœur. De la Peur c'est la part ! »

LE MUSEAU DE VENDANGE[1]
SONNET A RIMES ÉCONOMIQUES

Au Cours, bras dessus, bras dessous,
Quand le vin doux bout dans la tine,

lèu te pourgièu lou bras, O Cous-
  toulino !

Ero au tèms que raió lou moust,
Que lou vin bouie dins lei tino,
Chalaves ta raubo de mous-
  selino.

Fumàvi un *sieiliardès*, countènt.
Murmurant : — As pas póu que t'en-
  fùmi ?

— Va rèndrai, disiés, t'en souvèn ?
En te fènt lou mourre de ven-
  dùmi !

CARLE-QUINT, RÈI DE PROUVÈNÇO

SERVENTÈS

O Carle-Quint, dins toun empèri,
Jamai se coucho lou soulèu.
Lou soulèu de ta glóri, en Prouvènço, lèu, lèu,
S'amoussè dins lou treboulèri !

Rèi d'Espagno e deis Indo, qu'as
Vougu reviéuda Carle-Magno,
La Prouvènço, dins sei roucas,
Grand emperaire d'Alemagno,
A vist ta gloriolo en fum,
L'esclùssi de ta renoumado,
E, devourissènt teis armado,
A mès toun auriolo en frun.

Nous flânions, cherchant l'ombre, ô Coustouline,

Moi, fumant londrès de deux sous,
Toi, laissant voir fine bottine
Sous ta fraîche robe de mousseline.

« J'ai peur de t'enfumer, vraiment !
Te dis-je — « Ah ! prends garde, ou je m'en venge,

(Me répondis-tu, souviens-t-en)
Et te fais le museau de vendange ! »

CHARLES-QUINT, ROI DE PROVENCE

SIRVENTE

Jamais le soleil ne se couche
Dans ton empire, ô Charles-Quint ;
Le soleil de ta gloire en Provence s'éteint,
Dans son ciel devenu farouche.

Roi d'Espagne et des Indes, toi
Qui voulus doubler Charlemagne,
Nos rocs virent ton désarroi,
Grand empereur de l'Allemagne !
La Provence pulvérisa
Ton armée et ta gloriole ;
Chez nous pâlit ton auréole,
Chez nous ton renom s'éclipsa.

Cresiés que beluguejarié
Sèmpre, dins lou cèu, toun estèllo,
E que rèn l'esbarlugarié.
Pamens, sout lei niéu se pestèlo.
Dins sei rai d'or, lou souléias,
Ansin s'avalis dins lei couelo,
Quand dintre lou pounènt trecouelo,
Darrié de barri de neblas.

Quiha subre toun grand cavau,
Darrié tu courrien, à tirasso,
De gènt d'alin, d'amount, d'avau,
De tout païs, de touto raço.
Un escabouè de generau,
A toun entour fasié ligueto.
Lei sourdat seguissièn sei gueto...
E naùtre cavavian sei trau !

A-z-Ais tu sies intra, tout fier,
Emé lei tiéu, noble emperaire !
Lei portau n'en èron dubert.
Dins la glèiso de Sant-Sauvaire,
Sènso trèbaus, sènso dangié,
As reçaupa, pèr maufasènço,
Nouesto courouno de Prouvènço,
Dei man d'un evesque estrangié.

O Carle-Quint, l'avies croumpa !
Peréu t'en baié pèr ta pacho.
Mai quand lou couer la douno pas,
Nouesto courouno d'or escracho.
L'aguères pas longtéms dessus
Ta cabesso de counquistaire.

Tu croyais que toujours luirait
Radieuse au ciel ton étoile
Et que rien ne l'obscurcirait :
Pourtant un nuage la voile.
Quand, aux approches de la nuit,
Des cimes le soleil décline,
C'est ainsi que sous la colline
Dans la brume il s'évanouit.

Sur ton grand destrier monté,
Tu voyais courir sur ta trace
Des gens venus de tout côté,
De tout pays, de toute race !
Le troupeau de tes généraux
Autour de toi brillait ; les reitres,
Les lansquenets suivaient leurs guêtres ;
Et nous, nous creusions leurs tombeaux.

Dans Aix tu fis, noble empereur,
Portes ouvertes, ton entrée,
A l'église de Saint-Sauveur
La couronne était préparée.
Et là, sans l'ombre d'un danger,
Notre couronne provençale,
Tu la pris, — aide ignoble et sale —
Des mains d'un évêque étranger.

Tu l'avais payé, le félon !
Aussi, pour ton or, il t'en donne ;
Mais si le cœur n'en fait pas don,
Elle écrase, notre couronne !
O conquérant, tu l'as bien peu
Sur ta grosse tête portée ;

Tu l'aviés presso coumo un laire,
E sei rai t'uscleroû lou su.

S'aubourè noueste pople entié !
La Prouvènço, qu'aviés suspresso
Emé teis arpo de ratié,
Davans Diéu se fè la proumesso
Que vincrié lou vincèire urous,
Que nouesto arderouso jouvènço,
Embandirié de la Prouvènço
L'emperaire tant aulurous.

Lou païs fouguè desavia.
Se laissè rèn dins l'encountrado,
Nouestei Prouvençau, enrabia,
Acabèron la mauparado.
L'estrangié, rouiga per la fam,
Crebavo coumo uno vermino.
Toun ajudo, o santo Famino,
Fè nouesteis avi triunflant.

Segavon mai que lei canoun
Lei malautié' iné l'espravanto.
D'aquéu tèms an tira soun noum
Vau-Cros emé lou Camp-de-Manto. ²
Quant virèron lei pèd en l'èr,
De fru cafissènt soun gavàgi !
Quinto chaple, que mourtalàgi,
Adoubèron lei rasin verd !

Tudesque, Italian, Espagnòu,
Mita cuè, tremoulant dei fèbre,

Notre couronne filoutée
Y fut comme un cercle de feu.

Debout est notre peuple entier !
La Provence prise en ta serre,
Serre rapace d'épervier,
Devant Dieu se promet de faire
Déguerpir le vainqueur heureux ;
Et sa jeunesse conjurée
Va purger la terre sacrée
D'un empereur trop orgueilleux.

Tout le pays est ravagé ;
La contrée en désert se change ;
Le Provençal, comme enragé,
Y détruit tout ce qui se mange.
L'étranger, rongé par la faim,
Tombait comme de la vermine ;
Ton aide fit, sainte Famine,
Triompher nos aïeux enfin !

Bien moins en fauchaient les canons
Que la colique et l'épouvante ;
C'est de ce temps qu'ont pris leurs noms
Et Valcros et le Camp-de-Mante. [2]
Combien, se gorgeant en goulus
De fruits trop verts, mal s'en trouvèrent !
Quels tas de morts ! Combien crevèrent
De leurs débauches de verjus !

Le Tudesque avec l'Espagnol,
L'Italien, tremblant des fièvres,

Apaiavon pertout lou sòu,
O s'encourrien coumo de lèbre.
Lei Prouvençau, abrasama,
Sus d'elei, en cridant : voio !
Seguissèron jusqu'en Savoio
Aquélei soubro d'afama.

N'en restè gaire, ò Carle-Quint,
De tant de troupo espetaclouso,
Car pèr tei bando de couquin
La Prouvènço fouguè necrousó.
Carle-Magno de coumedié,
Ounte es toun armado giganto ?
Augi va dire : la... couranto
N'en fè qu'un orre pourridié !

O Carle-Quint, dins toun empèri,
Jamai se coucho lou soulèu.
Lou soulèu de ta glóri, en Prouvènço, lèu, lèu,
S'amoussè dins lou treboulèri !

NOTES

(1) Le Museau de Vendange ou la Moustouïre est le nom d'un jeu qui consiste à barbouiller de jus de raisin le visage de la vendangeuse né-

A moitié cuits, couvraient le sol,
Ou détalaient comme des lièvres.
Les Provençaux, tout enflammés
A la chasse de cette proie,
Suivirent jusques en Savoie
Les débris de ces affamés.

De tes bandes, ô Charles-Quint,
En deux mois, il n'en resta guère ;
La belle Provence devint,
Pour ces coquins, un cimetière.
Nain, parodiste d'un géant,
Oui, de ta horde dévorante,
J'ose le dire, ... la ... courante
Fit un vaste fumier puant !

Jamais le soleil ne se couche
Dans ton empire, ô Charles-Quint ;
Le soleil de ta gloire, en Provence, s'éteint
Dans son ciel, devenu farouche !

---

gligente qui oublie une grappe sur le cep. Il y a dans la *Miette et Nor*
d'Aicard une charmante description de badinage qui avait déjà inspiré l'autres des *Poèmes de Provence*.

(2) Quartier du terroir d'Aix. Le premier signifie : « Val des Tombeaux. » Le second est le lieu où campait le général espagnol Mantès.

F. GUITTON-TALAMEL

(M. F. GUITTON-TALAMEL, né à Aix le 20 janvier en 1831, élève du fameux troubaire Diouloufet, est l'auteur du REINARD PROUVENÇAU (le Renard Provençal) nouvelle transformation du célèbre roman du Renard qui a fait si grande fortune au moyen-âge. Misral a bien voulu écrire une introduction pour l'œuvre de M. Guitton, ce qui suffit à en montrer la valeur. Cet ouvrage, couronné aux fêtes latines de Montpellier en 1878, va être mis sous presse et édité avec luxe, il sera enrichi de nombreuses *eaux-fortes* dues au burin d'un artiste de talent et tirées hors texte avec tout le soin délicat qu'exige ce genre d'illustration. Mais M. Guitton qui prend ordinairement le pseudonyme de « LOU FELIBRE D'ENTREMOUNT, » ne sert pas seulement la cause du félibrige par ses écrits personnels; il est im-

LOU POUDÉ DE L'OME

En pastant l'univers de sa man pouderouso,
Diéu n'en sacrè pèr rèi, pèr magi, pèr gardian,
L'ome, en quau alarguè, dins sa gràci aboundouso,
Un rai de soun poudé creaire, soubeiran.

En brégantèu muda, subre leis erso afrouso,
Leis aubre dei fourest, de-longo pourtaran
Lei trésor de la terro e sa frucho courouso,
Religant lei nacien dóu Tremount au Levant.

Lou carboun coumbouri devèn l'escandihado ;
L'uiau encadena barrulo la pensado ;
L'aigo, en brounsinejant, escupe la vapour ;

E de canau noumbrous, cap-d'obro d'ardidesso,
A la vilo, au campèstre, alargon la riquesso :
Sant-Cristòu, Reau-Touert, cenchon Roco-Favour !

primeur-éditeur et dirige le journal populaire provençal, LOU
BRUSC (la Rûche)) qu'il a fondé et où se sont groupés la plupart des félibres, surtout ceux de la seconde génération. Avec un
jeune savant, M. Albert Savine, il a entrepris la publication d'une
grande bibliothèque provençale, dont les deux premiers volumes ont
déjà paru, et d'une intéressante Revue le MIDI LITTÉRAIRE qui
a donné entre autres la traduction française de l'ATLANTIDE de
Verdaguer. M. Guitton se livre peu à la poésie provençale ; il écrit
plus particulièrement en prose et consacre ses rares loisirs à la
traduction d'œuvres importantes. Sa traduction de l'ATLANTIDE en
provençal a été couronnée aux derniers concours des fêtes de Forcalquier.)

LE POUVOIR DE L'HOMME

Lorsque Dieu l'eut pétri de sa puissante main,
Il sacra comme roi, maître et gardien du monde,
L'homme, et lui départit, dans sa grâce féconde,
Du pouvoir créateur un rayon souverain.

L'arbre de la forêt se change en brigantin
Pour porter, à travers tous les périls de l'onde,
Les trésors et les fruits dont chaque terre abonde
Et pour la relier au bord le plus lointain.

Le charbon consumé devient jet de lumière ;
L'eau bouillonne en vapeur ; la foudre est prisonnière ;
L'idée, en un clin d'œil, du globe fait le tour.

Aux champs comme aux cités des canaux innombrables
Répandent la richesse ; et, chefs-d'œuvre admirables,
Saint-Christol, Réaltort ceignent Roque-Favour !

CHARLES BISTAGNE

(M. Charles BISTAGNE, né à Marseille en 1832, a comme Poncy, Gaut et bien d'autres, débuté par le français ; il a obtenu, en 1880, à Béziers, un premier prix pour son poème intitulé : LAMARTINE et a eu encore d'autres pièces couronnées dans les concours. Il s'est aujourd'hui plus spécialement consacré au provençal. Poète délicat sachant à merveille les deux grammaires poétiques de Paris et de

TERRO ET MAR

— Siéu la Terro : ma tèsto bloundo
Au soulèu de Mai resplendis.
— Iéu, siéu la Mar lindo e proufoundo,
La Mar bluro coumo un tapis.

Coungrèioun de perlo, meis oundo ;
Ai l'augo verdo pèr tapis.
— Mar, à mei pèd la moufo aboundo ;
Moun sen recato lei rubis.

— A mai de pèis, ma roucassiho,
Que tei couelo n'an d'auceliho,
E lou cèu si miro dins iéu.

As pourta Caïn : Arrié, Terro !
Que siès tencho, meirastro fèro,
Dóu sang d'Abèl, dóu sang de Diéu !

Maillane, pour emprunter les expressions de M. de Berluc, il consacre comme MM. Chailan et autres, une part de sa belle fortune à encourager les lettres. M. Bistagne, dont les œuvres provençales, parues dans l'ARMANA PROUVENÇAU, la CALANCO la REVUE DES LANGUES ROMANES n'ont pas encore été réunies en volume, écrit le sous-dialecte d'Aix et de Marseille.)

TERRE E MER

— Je suis la Terre : toute blonde,
Au gai soleil je resplendis !
— Je suis la Mer claire et profonde,
La Mer aux vagues de lapis.

Les perles naissent de mon onde ;
J'ai l'algue verte pour tapis.
— Mer, à mes pieds la mousse abonde ;
Mon sein recèle les rubis.

— J'ai des poissons dans mes abîmes
Plus que toi d'oiseaux sur tes cimes ;
En moi se mire le ciel bleu !

Toi, tu portas Caïn : arrière !
Tu t'és teinte, ô mauvaise mère,
Du sang d'Abel, du sang de Dieu !

PIERRE MAZIÈRE

(M. Pierre MAZIÈRE, né à Marseille en 1851, fait un peu bande à part dans le Félibrige, à l'avenir duquel il ne croit pas. Il s'est constitué le défenseur du dialecte Marseillais *parlé* ; On doit à M. Pierre Mazière de nombreuses poésies, parues principalement

LEI DOUES ROSO

Eron doues flour, lei pu poulido,
Lei pu poulido dóu jardin ;
Eron doues roso enfrescoulido
Souto l'eigagno dóu matin.

Lei premié raioun de l'aubeto
Avien fa 'spandi sei boutoun ;
E de mai la biso fresqueto
L'avié douna sei fin poutoun.

Revoio autant qu'esblèugissènto
S'estalouiravon au soulèu ;
S'avisajant, leis inoucènto,
E semblant si faire bèu-bèu.

La bello roso blanquinello,
Uno fiheto la prenguè ;
La bello roso rouginello,
Un amourous la cuhiguè.

Ei pèd de la Madouno santo,
Nouesto fiheto ané porta
La bello roso prefumanto
Imàgi de virginita.

dans le TRON DE L'ER qu'il fonda en 1877. Son poème héroï-comique GRÉVO DEI BEDO a obtenu un très grand succès à Marseille. M. Mazière écrit aussi en français et publie dans le MIDI LITTÉRAIRE, de M. Albert Savine, de curieuses études sur des coins et des usages peu connus de Marseille.

LES DEUX ROSES

C'étaient deux fleurs les plus jolies,
Les plus charmantes du jardin ;
C'étaient deux roses, rafraichies
Par les pleurs perlés du matin.

Les premiers rayons de l'aurore
Avaient fait leurs boutons s'ouvrir ;
De baisers, timides encore,
Les caressait un fin zéphir.

Fraiches autant qu'éblouissantes,
Elles s'étalaient au soleil,
Se regardant, les innocentes,
Avec un sourire pareil.

L'une était une rose blanche ;
Une fillette la cueillit ;
L'autre était rouge, et, sur sa branche,
C'est un amoureux qui la prit.

Tandis qu'à la Madone aimée
La mignonne a vite porté
La blanche rose parfumée,
Image de virginité,

L'amourous, à sa fiançado,
Anè lambèn, emé passien,
Pouerge la roso coulourado,
Pèr provo de soun afecien;

Car lei roso, dins la naturo,
Alor plaisien mai eis uman :
Blanco èron pèr leis amo puro,
E roujo èron pèr leis amant.

Mai leis ome an chanja lei role...
Roso, sias plu coumo ei bei jour,
Pèr lei fiheto e pèr lei drole
Lou testimòni de l'amour.

Blanco, sias lou parfèt miràgi
D'un regime deseireta ;
Roujo, sias la sublimo imàgi,
L'imàgi de la liberta!

L'amoureux court à sa maîtresse
Offrir aussi, de tout son cœur,
Comme marque de sa tendresse,
La rose à la rouge couleur.

Car les roses, dans la nature,
Aux humains d'alors plaisaient mieux,
La blanche, à l'âme vierge et pure,
Et la rouge, au cœur amoureux.

Depuis, on a changé ces choses :
A la jeunesse de nos jours
Vous n'offrez plus, charmantes roses,
Des symboles de ses amours :

Blanches, vous êtes le mirage
D'un régime déshérité ;
Et rouges, la sublime image,
L'image de la liberté !

LOUIS MAUREL

(M. Louis MAUREL, né, en 1837, à Forcalquier, écrit dans les deux langues, mais il versifie plutôt en français qu'en provençal. Il s'est surtout fait apprécier comme poète élégiaque. L'école félibréenne

I FELIBRE

Felibre, que pourtas au front uno courouno,
Chantre de la Prouvènço, à jamai glourious.
Sus Elo, voueste noum coume un astre raiouno ;
Pèr Elo, vouesté lut douno dei soun tant dous.

A vouesto vouas divino, Elo, en sa bello istòri,
A vist de l'aveni clareja lou camin ;
A subran espóussa soun vièi linçòu de glòri,
Ounte, despièi longtems, s'èro endourmi dedins.

Siegués lei bèn vengu ! L'amista vous counvido ;
De nouestei bèu jouvènt ausès lei cant festiéu
Ei caro de cadun vesès, touto espandido,
La joio qu'es dins l'èr coumo uno auro d'estiéu.

Siegués lei bèn vengu ! Escoutès de tout caire,
Lou brut dei pas reveio un troubaire endourmi ;
Car, tèms passa, peréu, aguerian de cantaire,
E lou sòu que boulès un sòu bèn ami.

des Alpes l'a récemment élu son capiscol (président), en remplacement de M. le chanoine Savy. La pièce que nous donnons de M. L. Maurel a été adressée par lui aux Félibres, venant assister aux fêtes de Forcalquier.)

AUX FELIBRES

Félibres qui portez au front une couronne,
Chantres de la Provence, illustres entre tous,
Sur Elle votre nom comme un astre rayonne,
Pour Elle votre luth trouve des sons si doux.

A votre voix divine, en sa splendide histoire,
Elle a, de l'Avenir, vu briller le chemin ;
Vi.e Elle a secoué son vieux linceul de gloire,
Où son sommeil semblait devoir durer sans fin.

Soyez les bien venus ! L'amitié vous convie !
Par nos jeunes Chanteurs votre groupe est fêté ;
Voyez sur tous les fronts la joie épanouie ;
La joie ! elle est dans l'air comme un souffle d'été !

Soyez les bien venus ! Chaque pas que vous faites
De toute part réveille un Trouvère endormi ;
Car nous avions jadis, nous aussi, nos poètes ;
Ce sol que vous foulez, vous est un sol ami.

FRANÇOIS VIDAL

(M. François VIDAL, né à Aix en 1832, débuta au ROUMA-VAGI DEI TROUBAIRE, publication collective, en 1853; remporta e premier prix aux Jeux Floraux d'Apt, en 1862, pour son livre en prose provençale, mêlée de vers, avec traduction française en regard, sur le TAMBOURIN, où l'histoire et la méthode sont exposés avec la compétence d'un maitre dans l'art du Tambourinaire fut élu félibre majoral en 1876 et contribua à la fondation de l'Ecole d'Aix. Lauréat dans de nombreux concours, ses poésies ont paru pour la plupart

---

LA MARSIHESO DI LATIN

A LA CIGALO D'IRLANDO, WILLIAM-C. B.-WYSE

> Que la cançò llatina
> Rodoli per l'espays!
> A DE QUINTANA

Caro Italio, o sorre einado,
Noblo fiho de Romulus,
Seguis ta bello destinado,
I Latin largo toun trelus;
Es tu la terro sèmpre flòri
Dis artre di letro qu'aman,
Sèmpre lou grand noum de Rouman
Dins l'univers fara la glòri.

Espagnen, Italian, Franc, Rouman, Prouvençau,
Latin, tòuti d'acord canten à faire gau !

Pourtugués, ardit navigaire,
Emai vàutri fiers Espagnòu,
Alin is Indo, o vanegaire,
Troubas de païs flame nòu !

dans l'ARMANA d'Avignon, le GAY-SABER, etc. Il en a réuni quelques-unes dans une plaquette avec traductions rimées vis-à-vis et les a fait précéder d'un toast porté par lui, le 22 mai 1881, pendant la fête de Sainte-Estelle à Marseille, aux traducteurs en vers français des œuvres des Félibres — toast dont nous le remercions personnellement ici. — Membre de l'Académie d'Aix, sous-conservateur de la Bibliothèque Méjanes, philologue consommé, M. Vidal qui se sert tantôt du dialecte aixois, tantôt du dialecte d'Avignon et des bords du Rhône, a été choisi par Mistral pour diriger l'impression du *Trésor dou felibrige*.)

LA MARSEILLAISE DES LATINS

A LA CIGALE D'IRLANDE, WILLIAM-C. B.-WYSE

> Que la chanson latine
> Roule dans l'espace!
>
> A DE QUINTANA.

Chère Italie, ô sœur aînée,
De Romulus illustre sang,
Sur les Latins ta destinée
Est de luire, astre éblouissant !
N'es-tu pas la terre féconde
Des Arts et des Lettres, ô toi
Dont le grand nom du Peuple-Roi
Fait la gloire aux regards du monde ?

Français, Italiens, Ibères et Roumains,
Chantons, chantons d'accord, tous frères, tous Latins !

Fils de la presqu'île Ibérique,
Portugais, Espagnols, c'est vous
Qui découvrez en Amérique
Des pays ignorés.

En cavant l'or dóu Nouvèu-Mounde
Plantas l'aubre de Redemcioun,
E li luénchi poupulacioun
I Latin largon soun abounde.

Espagnen, Italian, Franc, Rouman, Prouvençau,
Latin, tóuti d'acord canten à faire gau !

Au gai Tirol, à l'Engadino,
Dintre ta caso, fort Grisoun,
En la vièio lengo ladino
Fai ta preguiero e ti cansoun...
De-long Danùbi, o Roumanìo,
Canto Trajan, la liberta !
Vai, fieramen podes canta,
Di Rouman tu qu'as lou genio.

Espagnen, Italian, Franc, Rouman, Prouvençau,
Latin, tóuti d'acord canten à faire gau !

O bèn-astrado, o ma Prouvènço,
Vuei a mai crèis ta resplendour :
Sies l'eterno font de Jouvènço,
La patrio di Troubadour...
A-z-Ais, dóu Nord qu'afrous tempèri
Ennivoulis noste soulèu ?
Tu, Marius, couches lou flèu,
E de Roumo sauves l'empèri.

Espagnen, Italian, Franc, Rouman, Prouvençau,
Latin, tóuti d'acord canten à faire gau !

E tu, Franço cavaleirouso,
Flambèu de civilisacioun,

En creusant l'or du Nouveau-Monde,
Vous plantez la croix des Latins,
Et de mille affluents lointains
Notre race grossit son onde.

Français, Italiens, Ibères et Roumains,
Chantons, chantons d'accord, tous frères, tous Latins !

Dans ton chalet de l'Engadine,
Ou du gai Tyrol, fort Grison,
En ta vieille langue « ladine »
Fais ta prière et ta chanson !...
Sur ton Danube, ô Roumanie,
Chante Trajan, la Liberté !
Tu peux chanter avec fierté :
De Rome en toi vit le génie.

Français, Italiens, Ibères et Roumains,
Chantons, chantons d'accord, tous frères, tous Latins !

Toi, ma Provence, toi, la belle,
Ta splendeur s'accroit tous les jours,
De Jouvence source éternelle,
Pays béni des Troubadours !...
Près d'Aix, quand du Nord un orage
Voile notre soleil si beau,
Marius chasse le fléau
Et sauve Rome du naufrage.

Français, Italiens, Ibères et Roumains,
Chantons, chantons d'accord, tous frères, tous Latins !

Et toi, mère, toi, phare immense
De la civilisation,

Di sèt sorre la mai urouso,
Siegues la rèino di nacioun !
Plus ges de guerro, plus d'aurasso,
Sout l'uei de Diéu t'espandiras,
E dins li siècle grandiras,
O cepo d'inmourtalo raço !

Espagnen, Italian, Franc, Rouman, Prouvençau,
Latin, tóuti d'acord canten à faire gau !

CANTADISSO

Lou pin sus l'auturo,
L'eigueto au valoun,
Au boues l'auceloun,
An sa parladuro.

Touto creaturo
— Voues de l'aguieloun
Crid dei cigaloun —
Canto la Naturo.

Mirèio e Vincèn
Cantourlien ensèn
De-long la pradello ;

Sèmblo, à jour fali,
Ausi leis estello
Dire *Magali !*

Heureuse entre tes sœurs, ô France,
Reste la grande nation !
Non ! plus de tourmente nouvelle !
En paix tu t'épanouiras,
Sous l'œil de Dieu tu grandiras,
O beau cep de race immortelle !

Français, Italiens, Ibères et Roumains,
Chantons, chantons d'accord, tous frères, tous Latins !

CONCERT

L'arbre au mont, l'eau pure
Au creux du vallon,
Au bois l'oisillon,
Font un doux murmure.

Toute créature
— Voix de l'aquilon
Ou cri du grillon —
Chante la Nature.

Au pré sombrissant
Mireille et Vincent
Chantonnent ensemble.

Le jour tombe ; il semble
Que l'étoile aussi
Dise *Magali!*

II

LES FELIBRES LANGUEDOCIENS

GABRIEL AZAIS

(M. Gabriel AZAIS, né en 1805 à Béziers (Hérault), fils de Jacques Azaïs, auteur d'un recueil de poésies, intitulé BERSES PATOISES, (vers patois,) est quelquefois surnommé le Roumanille du Languedoc. LAS VESPRADOS DE CLAIRAC, les Soirées de Clairac où il réunit en 1874 les poésies provençales et languedociennes qu'il avait données à l'ARMANA PROUVENÇAU, à l'ARMANA DE LENGADO, à la REVUE DES LANGUES ROMANES, etc , sont le premier recueil poétique que le Languedoc put opposer à la Provence, a écrit M. Roque-Ferrier ; son talent se distingue par un heureux mélange de sensibilité, d'émotion tendre et mélancolique, d'enjouement et de gaillardise, qui rappelle LIS OUBRETO. M. Azaïs, à son titre de Félibre majoral et d'assesseur du Félibrige, joint celui de secrétaire de la Société archéologique, scientifique et littéraire de Béziers justifié par des travaux d'érudition et de linguistique, tels

---

AU RIBAS DE LA SORGO

Éron asseta touti dous
Au ribas : la chato pourpalo
Tenié 'n libre que l'amourous
Legissié subre soun espalo :

Libre di souspir langourous
Qu'en si sounèt Petrarco eisalo ;
Li disié d'un toun tant pietous
Qu'elo, esmougudo, venguè palo.

De sa man lou libre escapè,
L'aigo subran l'agouloupè
E l'empourtè coume uno barco.

que : LES TROUBADOURS DE BÉZIERS, 1859 ; CATALOGUE BOTANIQUE, synonymie languedocienne, provençale, gasconne et quercinoise, 1871 ; IMPRESSIONS DE CHASSE, variétés cynégétique, 1870. Il vient d'achever un DICTIONNAIRE DES IDIOMES ROMANS DU MIDI DE LA FRANCE, en 3 volumes in-8° qui avait été précédé d'un essai intitulé : *Dictionnaire des idiomes languedociens*, où se trouve, une introduction, qualifiée de magistrale par M. F. Delille, sur la langue et la littérature néo-romanes, dont il est lui-même un des plus notables représentants ; et comme intermède à ces graves travaux, il publiait naguère un conte plein de gauloiserie imité d'un vieux fabliau, *Alphonse de Balbastre*, où il montre plus de verve que jamais. M. Azaïs va publier au premier jour un autre volume de poésies languedociennes qui sera intitulé LOU REPRIN (le regain.)

SUR LES BORDS DE LA SORGUE

Assis sur la rive tous deux,
La belle fille rougissante
Tient un livre où lit l'amoureux
Sur l'épaule de son amante ;

Doux sonnets purs, harmonieux,
Qu'en soupirant Pétrarque chante,
Et lus d'un ton si langoureux
Qu'elle en devient pâle et tremblante !

Le livre échappe de sa main ;
L'eau, qui l'enveloppe soudain,
L'entraîne au loin comme une barque.

Plourouso, maudissié lou vènt...
La counsoulè lou bèu jouvènt,
E dóu cèu sourriguè Petrarco.

LA MARRIDO COUMPARESOUN

Au temps que touti lis autour
A la cour fasien sis afaire
En flatejant li grand segnour
Que pagavon bèn li quistaire ;

Un prince qu'èro d'argent court,
Lou coumparavo un sot rimaire
Dins si vers, à l'astre dóu jour.
— Chut! dis lou prince galejaire,

Leissas vosto coumparesoun,
Es goio ; en veici la resoun :
Lou soulèu a douche demoro,

Quand iéu n'ai qu'aqueste palai,
E belèu deman, s'ansin plai
I jusiéu, ne serai deforo...

LOU BOUTOU DE ROSO

Nascut dins un jardin à coustat d'autros flous
Lou boutoù d'un rousier maudissió lou fuelhage
Dount l'oumbro, à soun vejaire, i fasió gran doumage,
Quand per soun espandido i calió las calous.

— Soi sens er, sens sourel, (disió lou malurous),
Ah ! quouro sourtirai de moun triste esclavage! —
Ne sourtiguet trop lèu... un auragan sauvage
Despoulhet lou rousier del fuelhage abrigous.

Elle, en pleurs, maudissait le vent...
Lui la consolait tendrement,
Et du ciel souriait Pétrarque.

LA MAUVAISE COMPARAISON

Au temps où chaque écrivailleur
A la cour faisait son affaire
En flagornant un grand seigneur
Qui payait son thuriféraire,

En vers plats un plat rimailleur
Comparait à l'astre solaire
Un prince, gueux, mais fin railleur.
Qui répondit au pauvre hère :

— « Boiteuse est ta comparaison ;
Tu vas en saisir la raison.
Le soleil a là-haut, mon maître,

Douze demeures, tu le sais ;
Moi, demain de mon seul palais
Le juif me chassera peut-être ! »

LE BOUTON DE ROSE

Né dans un jardinet près de mainte autre fleur,
Le bouton d'un rosier maudissait le feuillage
Dont l'ombre, à son avis, lui portait grand dommage,
Car pour s'épancuir il lui faut la chaleur.

— Pas d'air ! pas de soleil ! disait-il, quel malheur !
Quand pourrais-je sortir de mon triste esclavage ?—
Il n'en sort que trop tôt.... Un ouragan sauvage
Dépouille l'arbrisseau d'ombrage protecteur.

E lou boutoù, privat de l'oumbro assoustarèlo,
Vejet per lou soulel sa flou tendro e nouvèlo
Brullado, e mouriguet espandit tout-escas.

Lou sort del disavert, filho, l'oublides pas,
Sos lou tendre boutoù, lou fuelhage es tà maire ;
A soun oumbro venras, gento flou, sens desaire.

Et le frêle bouton, sans rien pour le défendre,
Voit sa rose en s'ouvrant, sa rose jeune et tendre
Mourir, brûlée aux feux d'un soleil trop ardent.

Pense toujours, ma fille, au sort de l'imprudent :
Car le bouton, c'est toi ; le feuillage est ta mère ;
Tu fleuriras charmante à son ombre, ô ma chère !

ALBERT ARNAVIELLE

(M. Albert ARNAVIELLE, né à Alais (Gard) en 1844, Félibre ma
joral depuis 1876, plusieurs fois lauréat, inaugura, jeune encore,
Félibrige dans les Cévennes par la fondation, dans sa ville natal
de l'ARMANA CEVENOU (l'Almanach Cévenol) devenu depuis l'AL
MANA DE LENGADO, où il avait pour principal collaborateur M. Pa
GAUSSEN, poète dramatique de valeur, dont nous regrettons que
défaut d'espace nous empêche de rien donner. Il a contribué éga
lement à l'organisation du Félibrige en créant la Maintenance d
Languedoc. M. Arnavielle est l'auteur de : LOUS CANTS DE L'AU
BO (les Chants de l'Aube) un volume publié en 1868 avec traductio
française en regard, et de : VOLO-BIOU (Vole-Bœuf) petit poèm

LOU PASTRE

— « Zou ! pastrou, te fau aigreja,
Que l'aubo au cèl vai pouncheja :
Veses pas s'escrafa l'estello ?
L'èrbo es fresqueto bon mati ;
Lou troupèl bialo, vóu parti :
Vite au cledas e despestello ! »

Part lou pastre embé soun troupèl,
Soun chi-loubet, soun sa de pèl,
Que tèn la mangiho rejouncho ;
Part en faguent peta soun fouit,
Embé soun long pifre de bouis,
Per para l'enuè de la jouncho.

A coucha soun pople banu,
A larga soun bestiau lanu
Per lous champs d'esparcet, d'auriolo ;
E' ntramen que vèngue la caud,

Cévenol illustré par son frère Aristide. Depuis lors, il n'a cessé de publier de nouvelles poésies dans l'ARMANA CEVENOU, dans l'ARMANA DE LENGADO, dans l'ARMANA PROUVENÇAU, dans le CACHO-FIO, dans la REVUE DES LANGUES ROMANES, qui notamment a donné de lui, en novembre 1879, un magnifique poème, LOUS GORBS (les Corbeaux) ; mais M. Arnavielle est surtout le Chantre de Teldeile ; par la sincérité de son inspiration, par l'ardeur de la flamme qui brûle dans ses vers, il rappelle l'illustre amoureux de Zani ; il peut être regardé comme l'Aubanel du Languedoc. — M. Arnavielle, Cabiscol de l'École du Gardon, chante dans le dialecte d'Alais et de ses environs et a adopté l'orthographe des Félibres d'Avignon.)

LE PATRE

« Allons, pâtre, il faut t'éveiller !
L'aube au ciel va commence à briller :
Ne vois-tu pas l'étoile en fuite ?
L'herbe est fraîche, humide d'aiguail,
Dans le parc bêle ton bétail ;
Ouvre-lui la porte au plus vite ! »

Et le pâtre avec son troupeau,
Son grand chien-loup, son sac de peau
Plein de vivres, part dès l'aurore ;
Il a son fouet qui claque, et puis,
Pour charmer ses vagues ennuis,
Son long fifre de buis sonore.

Il pousse son peuple cornu,
Bêtes à laine au pas menu,
Dans le sainfoin et l'auriole,
Où, tant que vienne la chaleur,

Trepo l'agnelou fouligaud,
Roumio la fedo mens courriolo.

Ah! qu'acò's brave de dourmi,
Quand dourmès d'un bon som ami,
A l'oumbro de la grand pinedo,
Sus l'èrbo dau prat, bèu velout,
Proche lou riéu que fai glout-glout,
Baisant lou serpoul e l'anedo!

Es l'ouro ardento dau tantost,
Qu'au sourel lou lètrou se tos....
O la chaumasso senso egalo !
Mès dau fres dau bos caressa,
Dourmès à l'aise e sès bressa
Dau canta cla de la cigalo.

— « Vai, pastre, dor toun som urous !
Ta vido, tu, n'a ges de crous;
Car n'es que de bonur clafido,
Ta vido coumoulo de pau :
Toun mèstre, toun bos, toun cabau,
Manja, dourmi, vaqui ta vido.

E l'on se dis, à toun aspèt,
Coumo tu sies sage en respèt
De nautres que lou soucit trèvo ;
Nautres qu'embé tout noste esquièl,
E nosto sciençò, e noste orguièl
Menan uno vidasso grèvo!

Qu'anou trigòs e patrifas,
E lous ambicious afas

Près des brebis à l'œil songeur
L'agneau folâtre cabriole.

Ah ! que l'on est bien, endormi,
Quand on dort d'un bon somme ami
Sous la grande pinaie ombreuse,
Sur la prée au velours si doux,
Aux bords d'une onde aux frais glougous
Baisant narcisse et scabieuse...

C'est l'heure où le lézard se tord
Sous l'ardent soleil qui le mord.
O la chaleur que rien n'égale !
Mais du frais du bois caressé,
On sommeille à l'aise, bercé
Au chanter clair de la cigale.

« Va, pâtre, dors paisiblement ;
Toi, tu n'as ni croix ni tourment,
De bonheur ta vie est emplie.
Quels soins occupent ton cerveau ?
Ton maître, ton bois, ton troupeau,
Manger, dormir, voilà ta vie ! »

Et je me dis, quand je te vois :
N'es-tu pas plus sage cent fois
Que nous tous que le souci hante ?
Nous qui malgré tout notre esprit
Et notre orgueil dont le ciel rit,
Traînons une vie accablante ?

Loin les ambitieux tracas,
Les chicanes, les embarras,

Que fan que lous omes se sanou !
De tu lous desirs lous pus auts
Soun de toundre poulits lous aus
De tous moutous, que n'en tresanou.

Quand noun siès pèr lous saventas
Qu'un ignourent, qu'un efantas,
Se dins toun amo tu reçaves
Lou d'acò dau Diéu de l'etèr
E se tu saves toun *Pater*,
Mai que lous saventas n'en saves.

E que t'enchau també de l'art,
Mès-que manges toun flo de lard !
Pamens, dins la niué dau campèstre,
Quand, t'adraiant de-vers lou mas,
Ta cansou mor dins lous ramas,
De l'art alor siès un grand mèstre.

Vè ! de-que que fague l'uman
Pèr pourre adusa de sa man
Enjusqu'à talo ou talo auturo,
Ço que toujour trespasso tout,
Ço qu'es la suprèmo grandou
S'atrobo enca dins la naturo.

Pastre, ansin ta vido vai plan ;
E coumo, au su, lou serre es blanc
Dau jour que darriès el trabasto,
Un cop tous ans, à lus trescol,
Sus toun pèu, qu'anèllo toun col,
Qu'auran mes lus blanco barbasto,

Pour qui tous les hommes bataillent !
Toi, ta plus haute ambition
C'est tondre la belle toison
De tes ouailles qui tressaillent !

Quand tu n'es, aux yeux du savant,
Qu'un ignare, qu'un grand enfant,
Si dans ta simple intelligence
Entre un peu du Dieu de l'éther
Et si tu sais bien ton *Pater*,
Nul ne te dépasse en science !

De même, que t'importe l'art,
Pourvu que tu manges ton lard ?
Et pourtant, sans y rien connaître,
Quand, gagnant, la nuit, ta maison,
Dans les branches meurt ta chanson,
De l'art toi-même es un grand maître.

Car, vois-tu, quoi que les humains
Tentent pour élever leurs mains
Vers telle ou telle cime obscure,
Ce qui passe toute hauteur
Et fait la suprême grandeur
Se trouve encor dans la nature.

Tes jours ainsi calmes s'en vont,
Et comme la cime du mont
Blanchit lorsque le soleil penche,
Dès que tes ans, à leur déclin,
Sur tes cheveux boucles d'or fin,
Auront semé leur neige blanche,

T'endourmiras dau darrié som,
Partiras per aquel quicon
Mounte i' a de joio un abounde,
Simple coumo quand siès nascu,
Ignourant d'avé soul viscu
Dins lou grand secrèt d'aquest mounde !

RESSOUVENIS

— « O noste amour tant bèu que n' i' a pa'n autre qu'oundn
Coumo el un cor jouvent, o noste amour flouri,
Dins l'oumbro e lou mistèri, amigo, anen l'escoundre,
A la sousto dau brut, liuèn dau mounde marrit !

Quiten la vilo, l'èr n'enfachino e maucoro,
Sus soun pecoul la flou ié mor d'adalimen,
Mau-grat lous tendres siuèns de la man que l'acoro :
Coumo elo noste amour manco aici d'alimen.

O, Teldeto, laissen la vilo à sa magagno !
Lou printems es vengu sousprene au penequet
La terro que ié ris dins sa raubo d'aigagno,
Sa raubo de belucs floucado d'un bouquet.

Vènes as camps : lou bonur nous espèro ! » — Ié dise,
Elo qu'à mous desirs drièbo soun cor toujour,
De soun regard parlant mounte m'emparadise :
— « Ami, me fai, anen au bonur d'un long jour ! »

E penjado à moun bras que dau gau que n'à plego,
Coumo lou ram ount vèn l'aucèl se i'abausa,
E iéu fièr de senti soun pèu brun que boulego,
De senti soun pèu dous sus moun pitre abrasa,

Quelque soir tu t'endormiras
Du dernier somme et partiras
Pour ces lieux où la joie abonde,
Comme à ta naissance ingénu,
Ignorant d'avoir seul vécu
Dans le grand secret de ce monde !

RESSOUVENIRS

O notre amour si beau qu'il n'en est point qui pare
Si bien un jeune cœur, ô notre amour fleuri !..
Amie, allons cacher notre bien le plus rare,
Loin du monde mauvais, dans un paisible abri !

Quittons la ville, où l'air écœure, empeste et tue ;
Sur sa tige la fleur y meurt d'épuisement,
De quelque tendre main qu'elle y soit soutenue ;
Comme elle notre amour manque ici d'aliment.

Laissons, laissons la ville au mal qui la dévore !
Le printemps est venu surprendre à son réveil
La terre qui lui rit dans sa robe d'aurore,
Sa robe de brillants, qu'orne un bouquet vermeil.

Viens aux champs, dis-je ; aux champs le bonheur se respi-
Et d'un regard parlant, mon paradis d'amour,   [re — »
D'un cœur qui toujours s'ouvre à ce que je désire :
« Allons, me répond-elle, au bonheur d'un long jour ! »

Et Teldette, penchée à mon bras que la joie
Ployait comme la branche où l'oiseau s'est posé,
Et moi, fier de sentir flotter la tiède soie
De ses doux cheveux bruns sur mon sein embrasé,

Ensen nous vejaqui prenguent lèu l'adraiado
Das orts embaussemant noste cèl nadalen,
E, Naturo à plasé de bèutats mirgaiado,
A toun banquet poumpous livrant nosto talent!

O grand Naturo, adès bono autant que poulido,
Per nautres largues-ti toun pus bèu jour de Mai.
Ou das iuèls de l'amour te vesèn-ti coumplido
De ço que lou coumun en tu veira jamai?...

O Naturo qu'ai iéu tant viscudo e cantado,
Naturo famihièiro à mous acords, oh! quand
Dau tresport mai-que-mai sentisse la butado,
Sus ma bouco, oh! perqué vèn s'amudi moun cant?...

La coupo de cristal qu'atend la liquou puro
Ressountis d'esperelo à la man que la pren ;
Mès à mesuro que de bevendo s'empuro,
Lou ressoun vers lous bords monto toujour mourent.

Pièi, arrasado, es prou que ié tombe uno bordo,
E dau beveire avans qu'ague afloura la set,
La coupo sus sa man en lagremos desbordo...
Sens plus de vouès, plouren, desbourdant de plasé!

E la man dins la man e'nsen anant nous sèire
Jout la ramo espandido amount en escourcèl,
Nosto amo couneguè l'estàsi dau cresèire,
Dau cresèire qu'en Diéu s'espèrd, mirant lou cèl.

La terro tout-escas fasiè fèsto e drihanço,
Tant fièro d'aculi nostos flamos amours !
Aro que pantaisan es toumbado en souchanço
E d'un signe a di: chut! à toutos sas rumours.

Voilà que nous prenons la route peu foulée
Des jardins embaumant notre nid, et, tous deux,
O Nature, à plaisir de beautés émaillée,
Nous livrons notre faim à ton banquet pompeux !

O Nature, à présent aussi bonne que belle,
Ton plus clair jour de mai, nous le prodigues-tu ?
Ou des yeux de l'amour notre âme aperçoit-elle
Ce que l'œil du vulgaire en toi n'a jamais vu ?...

O Nature, que j'ai tant vécue et chantée,
Nature, à mes accords familière, oh ! pourquoi,
Quand mon âme de plus en plus est transportée,
Sur ma lèvre mon chant expire-t-il dans moi ?

La coupe de cristal, lorsque ses flancs sont vides,
Résonne d'elle-même à la main qui la prend ;
Mais plus de la liqueur montent les feux liquides,
Plus la vibration monte aux bords en mourant.

Pleine à ras, il suffit qu'alors un rien s'ajoute,
Pour qu'avant de toucher la lèvre du Désir,
La coupe sur ses doigts en larmes d'or dégoutte...
Tels nous pleurions sans voix, débordant de plaisir.

Et la main dans la main, assis dans la verdure,
Sous l'épaisse ramée au large et haut couvert,
Notre âme du croyant connut l'extase pure,
Quand, contemplant le ciel, en Dieu même il se perd.

La terre qui tantôt, par sa rumeur immense,
Faisait accueil et fête à nos belles amours,
En nous voyant rêveurs, tombe dans le silence
Et d'un signe fait : chut ! aux bruits des alentours.

Quouro l'efant au brès s'endor souto l'espouncho
Qu'a fa veni dau se mai blanc que soun la blanc,
En iè laissant un bais, la maire sus la pouncho
Dau pèd, tenguent l'alè, de la cambro sort plan.

Tant laugiè qu'aquel pas, Gardou sus soun areno
Legueno, barbelant de nous veni baisa,
E l'aucèl, que d'un cant nouvèl trasiè l'estreno,
Jusquo dins soun frou-frou d'aleto s'es taisa.

E, souspirs estoufats de douço languitudo,
Sus lou prat n'ausou plus trepa lous ventoulets,
E dins lou caneliè mèmo la soulitudo
Se rescond per enca mièl nous laissa soulets.

Mès pus naut que la terro, e pus naut que la colo
Que dins lou blu dau cèl vai tencha sous ouliéus;
Pus naut qu'aqueles rancs per quauco grand bricolo
Lançats tras las nibouls pèr brava lous éliéus;

En delai dau sourel, clau de la finto auturo,
Dins de lus qu'en respèt las siéunos soun l'escu,
Noste amour, revesti de sa subre-naturo,
Noste amour a mounta, noste amour a viscu!....

Oh! quant de tems istèn ansin? quau pot hou saupre?
Disiè Teldeto: un briéu! e iéu: eternamen!
Fau de fes au moumen l'etèrne per lou caupre,
E l'etèrne de fes es court coumo un moumen.

Pamens l'ouro saguè que, la niuè de soun alo
Nous fregant — alo fousco e mouisso de seré, —
Retoumbè mai nosto amo, em sa fardo carnalo,
Dins lou mounde estrechan e soun èr de veré.

Lorsque du sein plus blanc que le lait blanc qu'il tette
L'enfant tombe endormi dans son berceau douillet,
La mère au front le baise et sort de sa chambrette,
Le souffle suspendu, le pas lent et muet.

Léger comme ce pas, le Gardon sur l'arène
Pour nous venir baiser se glisse tout ému,
Et l'oiseau, qui jetait d'un chant nouveau l'étrenne,
Jusque dans son frou-frou d'ailes aussi s'est tu.

Et, soupir étouffé d'une langueur suprême,
Sur le pré n'ose plus se jouer le zéphir,
Et parmi les roseaux la solitude même
Pour nous laisser encor plus seuls va se blottir.

Mais plus haut que le pré, plus haut que la colline
Qui teint ses oliviers dans l'azur d'un ciel clair ;
Plus haut que ces rochers, qu'une énorme machine
Dans la nue a lancés pour y braver l'éclair ;

Au-delà du soleil, clé des hauteurs sereines,
Dans des clartés qui font pâlir l'astre vaincu,
Notre amour revêtant des splendeurs surhumaines,
Notre amour a monté, notre amour a vécu !...

Combien restâmes-nous de temps ainsi ? Pour elle
C'est un éclair ; pour moi c'est éternellement.
Si parfois l'heure est pleine à paraître éternelle,
Parfois l'éternité tient toute en un moment.

L'instant vint toutefois où la nuit de son aile
Nous frôlant, aile sombre et moite de serein,
Notre âme retomba sous l'attache charnelle
Dans le monde borné, dont l'air n'est que venin

Mès coumo, en jun, l'avé — marret, agnèl e turgo —
Pais davans aubo, alor qu'encà lou pastre dor,
L'escabot estelen, daut, dins l'azur pasturgo,
Aro que l'astre-baile a pluga soun iuèl d'or.

—« Oh ! sès-ti pas, » fasian, « vautros, miliouns d'estellos,
Lous brigals dau sourel qu'un engèni escoundu
As paurucs de la niuèch escampo acanastellos,
Souvenis reviéudants de lus astre perdu ?... »

E iuèi disèn : — « Sès-ti pas, souvenis urouses
Das jours que lou que cante aici n'es pas qu'un fièl,
Sès-ti pas lous lugars beluguejant noumbrouses,
As iuèls de noste amour anna, mès jamai vièl ?...

E pourriè noste amour veire sa darrièiro aubo,
Pourriè l'ennevouli lou sort jalous e sour,
Pus forts que lou poudé dau sort que nous lou raubo,
Dins nostes souvenis lou reviéurian toujour !... »

Comme, en juin, le troupeau paît le marrube agreste
Avant le jour, tandis que dort le pâtre encor,
Des étoiles ainsi paît le troupeau céleste,
Quand l'astre, leur pasteur, clôt déjà son œil d'or.

Nous disions : « N'es-tu pas, Myriade étoilée,
Les débris du soleil, qu'aux peureux de la nuit
Un Démon caché lance à pleine corbeillée,
Souvenirs revivants de leur astre détruit !... »

A présent nous disons : « Brillant dans l'azur sombre,
Des plus beaux de nos jours ressouvenirs heureux,
N'êtes, n'êtes-vous pas les étoiles sans nombre
Aux yeux de notre amour plein d'ans, mais jamais vieux ?...

Et dût pour notre amour luire la dernière aube,
Et dût le sort jaloux en voiler les rayons,
Plus forts que le pouvoir du sort qui le dérobe,
Dans nos chers souvenirs nous le revivrions !... »

P. FESQUET

(M. P. FESQUET, pasteur protestant, à Colognac, arrondissement du Vigan, (Gard), philologue et bon poète languedocien, a été couronné plusieurs fois aux concours ouverts par la Société des Langues Romanes de Montpellier et deux fois aux jeux floraux de la Société

LA CABRIEIRO

Se regarde empensat, ailai, tras la rebieiro,
Es per gacha Lisoun que meno al pasturgau,
La fialouso à la man, long de la verdo aurieiro,
Las cabras de soun paire, un troupel fouligau ;

Es per veire d'aici sa graço sens parièiro,
E soun ana vesiat, e soun biai que fo gau,
Es per iei remira sa bèutat plasentieiro,
Vantado mai e mai per lous cabriès del vau,

Es per mi souveni qu'embé sa voutz de fado,
Elo canto souvent la cansou que m'agrado,
Que coumo soun parla, i'o pas res de tant dous :

Es per saupre s'es pas, elo, apensamentido
Despiei ier que i'ai ditz : « O flambo de ma vido !
Aimo-mi coumo t'aime, e faras un urous ! »

des Félibres de Paris. On trouve quelques poésies de lui, éparses dans la Revue des Langues Romanes, et autres périodiques du Languedoc. Ces poésies sont écrites dans le dialecte de Colognac et de ses environs.)

LA CHEVRIÉRE

Si je regarde au loin, par delà la rivière,
C'est pour guetter Lison qui, filant son fuseau,
Conduit au bois, le long de sa verte lisière,
Les chèvres de son père, un folâtre troupeau ;

C'est pour voir à loisir sa grâce singulière,
Sa démarche, son port, et pouvoir de nouveau
Enivrer mon regard de sa beauté si chère
Que vantent tant et plus les pâtres du coteau.

C'est pour me souvenir que souvent elle chante
La chanson qui me plait de sa voix qui m'enchante,
Et dont, seul, son parler égale la douceur ;

C'est pour savoir enfin si j'ai rendu ma mie
Pensive, en lui disant hier : « Flamme de ma vie,
Aime-moi ; d'un amant tu feras le bonheur ! »

CAMILLE LAFORGUE

(M. Camille LAFORGUE, de Quarante, village près de Béziers dans l'Hérault, félibre majoral et syndic de la Maintenance du Languedoc, qu'il dirige avec un grand zèle, est un poète de talent et un orateur de mérite : ce que prouvent surabondamment les poésies, trop peu

L'IVER

A 'N ANFOS ROQUE-FERRIER

L'iver es revengut tout heirissat de glasso ;
Lou soulel e la luno an lous pelses jalats,
Saturno e Jupiter se soun enmantelats,
E Mars, tant frejoulet, tremblo jout sa couirasso.

La terro, de coutou se vei tapa la fasso,
Lous aubres an sous peds per la frejou pelats.
Dins soun leit hivernenc, lous flumes acalats
An perdut lou poudé de se chanja de plasso.

Que poudriò te manda dins aquelo sàzou,
Amic, pèr n'adoussi la tant grando rigou ?
Moun cor, qu'a soul de fioc dins touto la naturo.

Pendent las lounguos neits, plegat sus toun burèu,
Dins toun traval ardent, el sera toun flambèu,
Sera toun refaudis al temps de la frescuro.

nombreuses, qu'il a données à la REVUE DES LANGUES ROMANES et dont il a publié quelques unes en plaquettes telles que les SONNETS QUARANTINS, et les discours qu'en sa qualité de syndic il a prononcés aux Cours d'Amour de la Maintenance. M. Laforgue se sert du dialecte languedocien parlé à Quarante et dans le voisinage.)

L'HIVER

A ALPHONSE ROQUE-FERRIER

L'hiver est revenu tout hérissé de glace ;
Le soleil et la lune ont leurs cheveux gelés,
Saturne et Jupiter sont en manteaux doublés,
Et Mars, Mars si frileux, tremble sous sa cuirasse.

La Terre, de coton s'est vu couvrir la face ;
Les arbres par le froid montrent leurs pieds pelés ;
Les fleuves dans leurs lits, muets et nivelés,
Ont perdu le pouvoir de se changer de place.

Pour t'adoucir du temps la féroce rigueur,
Que puis-je, cher ami, t'envoyer que mon cœur ?
Mon cœur seul est de feu dans toute la nature.

Pendant les longues nuits, courbé sur ton bureau,
Dans ton ardent travail il sera ton flambeau,
Et ton refuge tiède au fort de la froidure.

ACHILLE MIR

(M. Achille MIR, né le 22 novembre 1822 dans le village d'Escales (Aude) félibre majoral, ancien directeur de l'annexe de l'école normale de Carcassonne où il est maintenant à la tête d'une importante manufacture, a publié un beau volume de poésies en dialecte Carcassonnais, LA CANSOU DE LA LAUSETO (la Chanson de l'Alouette). L'ouvrage, couronné aux Jeux Floraux de Montpellier et précédé d'un travail complet sur l'orthographe et la prononciation languedociennes, se divise en quatre petites parties, représentant le chant de l'oiseau qui lui a donné son titre : *le Prélude, les Modulations, le Ramage, le Gazouillement*. C'est, au jugement de Mistral, qui l'a enrichi d'un charmant avant-propos, « l'œuvre franche, gaie,

L'AMOURIÉ D'ESCALOS

REMEMBRANÇO DAL BRÉS.

Pouriò biure cent ans e mai,
Que debrembarèi pas jamai
Lou bièl amourié dal bilatge :
Soun paro-soulel sans parèl
Es espandit dabant moun èl
Coumo dal tems qu'èri mainatge.

Sus un roul de bint pans de tour,
Desfisabo lous focs dal jour
De trauca soun espesso ramo ;
Matis e bèspre d'aucelous,
Sus chimèls, dision de cansous,
De cansous à rejoui l'amo !

Ja n'abiò tetats de printems !
De sas ounglos de fer, lou Tems,

et étincelante d'un bon fils du Midi. » On y goûte surtout de nombreuses fables, d'un style parfait ; car le poète « connaît de sa langue tous les tours et toutes les finesses, toutes les formes populaires et l'ardente couleur, et la richesse d'expression.... L'esprit de Goudelin, dit encore Mistral, pétille dans ses vers et plus d'une fois l'émotion de Jasmin y bourdonne cachée. » Le texte est accompagné d'une traduction en prose française. M. Mir est encore auteur du LUTRIN DE LADER, joyeux petit ouvrage en prose languedocienne, illustré par Salières. Sous le pseudonyme de « Iou Bourgalet » il donne de piquantes historiettes, dans le genre des *Cascarelètes* de Roumanille, à l'ARMANA DU LENGADO, devenu l'IOU DE PASCAS (l'OEuf de Pâques) ARMANAC ROMAN.)

LE MURIER D'ESCALES

SOUVENIR D'ENFANCE

Un long siècle et plus je vivrais
Que jamais je ne l'oublirais,
Le vieux mûrier de mon village ;
Son parasol prodigieux
Est déployé devant mes yeux,
Comme aux beaux jours de mon jeune âge.

Sur un fût de vingt *pans* de tour,
Il défiait les feux du jour
De percer sa feuillée ombreuse ;
Matin et soir, en ses rameaux,
Ce n'était que chansons d'oiseaux,
Chansons à rendre l'âme heureuse.

En avait-il vu des printemps !
De ses ongles de fer le Temps

Dins la mesoulho rabatjado
Dal bièl mounarco begetal,
Abiò fouzigat un oustal
Ount lous chots passaboun belhado.

Poudiò pla brama, l'ouragan ;
Sus sous pèds, lou crane jigan
Se trufabo de sa coulèro :
Sas racinos abion laurat
Milanto canos en carrat ;
Soun pibot... qui ba sap o.ut èro ?

Caliò beire lous escouliès
Grimpa, sans bèsto ni souliès,
Sus sas brancos negros d'amouros !
Rataben pas ; amé'saucèls
Picaben as pus nauts ramèls,
Cado jour, à toutos las ouros.

D'aqui besion las batasous,
L'ièro claufido de blad rous,
L'eguetado amé sa sounalho ;
Lous estibadiès, mièjis nuds,
Coumo l'egaciè, rebounduts,
De la cinto en bas, dins la palho.

Cadun se teniò 'scalabrat
Per joui de l'assaut librat
Pel batalhou das fourquejaires.
Alabets tindoun lous batals !
Las fourcos lançoun de retals
Que ban embrumassa lous aires.

Avait, dans la moëlle fouillée
Du colosse, creusé le trou
Où la famille du hibou
Prolongeait l'hiver sa veillée.

Il pouvait hurler, le mistral ;
Du vieux monarque végétal
Le crâne raillait sa colère ;
Ses racines au loin couraient
Dans le sol qu'elles labouraient :
Où trouver son pivot sous terre ?

Il fallait voir les écoliers
Grimper, sans veste ni souliers,
A ses branches noires de mûres ;
Jamais un de nous n'y manquait ;
Nous piquions au plus haut bouquet
Avec les oiseaux des ramures.

De là nous voyions les fléaux
Battre les blés roux ; les chevaux
Par couple agiter leur sonnaille ;
Les aoûterons à demi nus
Comme le conducteur, perdus
Jusques au ventre dans la paille.

On se tenait perché bien haut
Afin de jouir de l'assaut
Des faneurs, bataillons superbes.
Que des battants tinte le son ;
Et les fourches par tourbillon
Obscurcissent les airs de gerbes.

Embauliat, rauc, tout poulsous,
L'egaciè se debat furious,
Just aques tourrougats de palho :
Mès lous lians, à-pèd-lebat.
Lou randoun mèstre dal coumbat
En i embrezenant la mitralho.

Moumens milo fes benesits,
Poulit aubre ount abiò moun nis,
Soubenis que moun cor reclamo,
Ount siots ?... Lou tems a boulingat,
E l'amourié debousigat
Fa pas pus d'amouros de damo !

Un jour, butat per Lucifèr,
Un matotruc, al bras de fèr,
A cops de pics crusèt sa toumbo !
L'aubre deracinat grincèt,
Coumo 'no tourre s'abissèt ;
De soun bruch espantèt la coumbo.

Al prumié truc, espaurugats,
Lous chots, dins sous flancs amagats,
Lous aucèlous de pel fèlhatge,
En quitant lou teulat amic,
Ount nèit e jour abion d'abric,
Atristèroun lou besinatge !

Aro, l'agram, lou panicaut,
S'arrapoun, as jours de la caut,
Sus soun round d'uno sesterado ;
S'i besiò de blad pla galhard,

Enroué, poudreux, en sueur,
Aveuglé, fou, le conducteur
Se débat sous les monts de paille.
Mais ses chevaux le font vainqueur ;
De leur pied qui bat plein d'ardeur,
Ils pulvérisent la mitraille.

O moments mille fois bénis !
Bel arbre où nous avions nos nids,
Souvenirs qu'évoque mon âme,
En vous fauchant le temps a fui ;
Et le mûrier, mort aujourd'hui,
Ne fait plus de mûres de dame.

Un jour, poussé par Lucifer,
Il vint un rustre au bras de fer
A coups de pic creuser sa tombe.
L'arbre déraciné grinça :
Comme une tour il s'affaissa ;
Sa chute épouvanta la combe.

Effrayés dès les premiers coups,
Au creux de ses flancs, les hiboux,
Et les oiseaux dans le feuillage,
Quittant le toit hospitalier,
Le vieil asile familier,
Attristèrent le voisinage !

Maintenant chiendents, panicauts,
Se cramponnent dans les temps chauds
Sur sa place mal nivelée.
Si j'y voyais de beaux froments,

Ount lou paure ajèsse sa part,
Moun amo sariò counsoulado.

Aubre aimat, te fau mous adius !
Abiò calgut un siècle à Dius
Per te crea rei de l'oumbratge !
Per te fa pilo d'estelous,
Qu'a calgut ?... un jour, beléu dous,
A la pigasso d'un salbatge !

LOU CAGARAU, L'ESCOURPIU E LA CANILHO

Fablo

Un jour, un Cagarau, las dos cornos al bent,
  Amé soun oustal sus l'esquino,
Traçabo, en caminant, milo ribans d'argent
  A l'entour d'uno grosso ausino.
  L'aubre abiò sous bèlis ramèls
  Mens cargats d'aglans que d'aucèls.
Un Escourpiu famous, d'aquelis à la maisso
  Qu'espremits lou tros ou l'escaisso,
Diguèt al Cagarau : — « Que l'aucèl es urous !
  « A pas jamai la cambo ranco,
  « Ni mai gaire lou pèd terrous ;
« Afinto l'amount-naut guimba de brancò 'nbranco ! »
  « Qu'un bounur ! Mès nous autris dous !... »
Lou Cagarau respound : « Disi pas lou countrari,
« Mès trobi pas aqui rès d'estra-ourdinari;
« Té ! Fai-mé lou plasé de me douna'n cop d'èl., »
  E d'escalada bès la cimo
De l'aubre, bièl gigant que nazejo lou cèl,

Où prendraient part les pauvres gens,
Mon âme serait consolée.

Arbre aimé, reçois mon adieu !
Il fallut tout un siècle à Dieu
Pour te créer roi de l'ombrage !
Pour te faire pile d'éclats
Que fallut-il ? un jour, hélas !
Deux peut-être, au pic d'un sauvage !

L'ESCARGOT, LE SCORPION ET LA CHENILLE

Fable

Un jour un Escargot, ses deux cornes au vent,
Sa maison sur le dos, dans sa marche visqueuse
  Traçait mille rubans d'argent
  Tout autour d'une vieille yeuse ;
  Le bel arbre avait ses rameaux
  Moins chargés de glands que d'oiseaux.
Un gros Scorpion, de ceux dont la mâchoire broie
  Ou met en pièces une proie,
Dit à notre Escargot : « Que l'oiseau vit heureux !
« Jamais le pied terreux ! jamais la jambe lasse !
« De branche en branche, vois ! qu'il sautille avec grâce !
  « Quel bonheur ! mais nous autres deux... »
  — « Je ne te dis pas le contraire,
  Répond l'autre d'un ton hargneux,
« Mais je ne trouve là rien d'extraordinaire.
« Tiens, fais-moi le plaisir d'ouvrir les yeux un brin ! »
  Pour escalader vers la cime
Du géant, dont le front au ciel même est voisin,

Sul cop, nostre banut s'escrimo.
Mountèt de quauquis pans, mès noun pas sans guèlsa.
— « Ount bas, tros de pesuc ? I dits uno Canilho
　　　Que l'examinabo passa,
« Entourno-t'en abal trigoussa ta cauquilho »
　　　— « Qu'acò t'arregardo anount bau ? »
« Belèu ba sabi pas, graugnèt lou Cagarau ;
　　　« Coupes lou cap, bièlho menino !
« Degorjo toun berin e gardo ta doutrino ! »
E grimpèt de pus fort. Quand sioguèt prou be naut,
Cridèt à l'Escourpiu, qu'abiò lou nas en l'aire :
— « He bé ! ba soui quilhat ? qu'en dises, grand nigaut ?
　　　« As pas rès bist ; guèito-me faire : »
　　　Pren ban, se lanço, pataflau !
Petèt coumo 'n esclop sul caire d'un callhau.
Ero das clèsco durs, mès s'asclèt la cabano ;
L'istòrio dits tabés qu'i daissèt uno bano.
　　　L'Escourpiu l'anèt counsoula.
La Canilho i cridèt : — « Escouto la mouralo,
　　« Gros caparrut ! *Sauras que, per boula,*
　　« *Cal abé de plumos à l'àlo !* »

NOTE

M. Mir, qui est, comme nous l'avons dit, à la tête d'une usine à Carcassonne, tourne, à l'occasion, fort joliment un prospectus com-

LOU TIRO-TAP A CANLÈBO

　Bous qu'abèts dé ju de gabèl,
　D'aquel qu'as muts rend la paraulo,
　Sabèts se lou cal mena bèl
　Quand passo dal chai sus la taulo.

Bientôt notre cornu s'escrime,
Monte de quelques *pans*, mais non sans ahaner.
— « Où vas-tu, gros lourdaud ? » lui fait une Chenille
  Qui le regarde cheminer,
« Retourne en bas, retourne y traîner ta coquille ! »
— « Eh ! grogne l'Escargot, que t'importe où je vais ?
  « Ne sai,-je pas ce que je fais ?
« Tu me casses la tête, ennuyeuse coquine !
« Dégorge ton venin et garde ta doctrine ! »
Et de plus belle il grimpe. Une fois assez haut,
Il crie au gros Scorpion qui, d'en bas, l'examine,
Le nez en l'air : « Eh bien, qu'en dis-tu, grand nigaud ?
  « Je suis un peu perché, j'espère !
  « Mais cela n'est rien, vois-moi faire ! »
Il vous prend son élan, se jette, et... patatras !
D'un sabot qui se brise on croirait le fracas ;
Sa coquille était dure, elle vole en éclats :
Même une corne y reste, à ce que dit l'histoire.
  Le Scorpion va le consoler.
« Ecoute la Morale et gardes-en mémoire, »
Dit la Chenille avec un air de le railler :
  « *Il faut des ailes pour voler.* »

---

mercial ; on nous pardonnera d'en donner ici un échantillon, d'autant plus que tout ce qui se rapporte au *jus de la treille* a toujours eu le privilège d'inspirer les poëtes.

LE TIRE-BOUCHON A LEVIER

  Possesseurs de ce jus qui rend
  Même aux plus muets la parole,
  Vous savez tous quel soin se prend
  Pour sortir du chai la fiole.

Pausats coumo un Sant-Sacroment
Lou bièl flascou, nits de mounino,
En tramblant, à cado moument,
De fa 'n naissent de treboulino.

Se poudiots en tirant l'alé,
Traire lou tap de la boutelho
Quand dounariots-ti pas? He bé!
Dins mous dets tèni la merbelho!

Miralhats aquel tiro-tap!
Ajets pas pòu que res demore;
Lou tap sario coumo un gros nap,
Que se derranco coumo un porre.

Que de cops abèts sagagnat
Amé bostre antic tiro-bourro;
Hisso!... Lou ciure embrezenat
Mostro lou nas, apèi s'enfourro.

Aqueste outis marcho soulet:
Enlèbo, coumo qui badino,
Lou tap que farcits lou galet
Dal boutel e de la cantino.

E treblats pas jamai lous iòus! —
—Es lou punt de grando impourtenço! —
N'aurets un pèr cinquanto sous,
Es pas uno forto despenso :

Se balho amé lou tiro-tap
Aquestis berses dal felibre
Per l'estroupa... Més restats libre
De ne faire... ço que Dius sap.

Posant comme un Saint-Sacrement,
Le vieux flacon, qui fait voir double,
Vous tremblez, à chaque moment,
Que le liquide ne se trouble.

Pour pouvoir la déboucher, rien
Qu'en aspirant, cette bouteille,
Que ne pairiez-vous pas ? Hé bien !
Dans mes doigts je tiens la merveille.

C'est un tire-bouchon parfait ;
Tout bouchon — que chacun le sache ! —
Fût-il aussi gros qu'un navet,
Comme un porreau suit et s'arrache.

Combien vous suez et peinez
Avec le tire-bourre antique !
Hop ! le liège montre le nez...
Crac ! il s'émiette... et puis, bernique !...

Cet outil-ci sur le bouchon
Fait à lui tout seul tout l'ouvrage :
Déboucher bouteille ou cruchon
Pour lui n'est qu'un pur badinage.

Et sans troubler les œufs encor !
— Point de la plus haute importance ! —
Il se vend lui, qui vaut de l'or,
Cinquante sous... faible dépense !

De plus, enveloppant l'objet,
Ces vers que voici du félibre
Vous sont donnés.... On reste libre
De faire d'eux... ce que Dieu sait !...

MAURICE FAURE

(M. Maurice FAURE, né à Saillans (Drôme) en 1850, a passé toute sa jeunesse à Alais (Gard), où il fut l'un des auxiliaires d'Albert Arnavielle pour la Renaissance cévenole. Félibre majoral, vice-président de la société des Félibres de Paris, dont la fondation lui est due, membre très en vue de la CIGALE qu'il a fondée avec MM. Xavier de Ricard et E. Baudouin, — un des organisateurs des fêtes de Florian à Sceaux qui ont eu tant de retentissement, — il a publié

LAS CAMELLOS

SOUNET FACH EN SOURTIGUÈNT DAU SALOUN, SUS LOU TABLÉU
LENGADOUCIAN DÔU CIGALIÉ BAUDOUIN

La planuro s'alargo e vers la mar s'encour,
Vers la mar, long das mounts, eilaval, alandado,
Long das mounts, bluiejant dins la claro vapour
Qu'escampo dau sourel l'ardènto escandihado.

Au ràbi de l'estiéu, au bèu mitan dau jour,
Lous estancs, blancs mirals de sau lindo, argentado,
Semblon, pèr se venja dau cèl, embé furour,
Amount manda contro èl l'irejo soureiado.

Tout lusis, tout tremolo e tout es secarous,
Foro vous, fourmiguié de drolos à l'iuel dous,
Que, drujos, varaias de camello en camello.

A l'obro, en vous veguent, pauretos, tressusant,
Auriei, segu, plagni voste sort enmascant,
Se l'encountrado ount sès fuguesse esta mens bello.

ses poésies, encore peu nombreuses, mais, la plupart, remarquables par le style et l'inspiration, dans l'ARMANA de Roumanille, le DOMINIQUE de Roumieux et autres périodiques telles que LA REVUE DES LANGUES ROMANES et la FARANDOLE de Paris, mais il ne les a pas encore réunies en recueil. M. Maurice FAURE, qui écrit le dialecte du Gard, est une des espérances de la seconde génération du Félibrige.)

LES CAMELLES [1]

SONNET FAIT EN SORTANT DU SALON, SUR LE TABLEAU LANGUE-
DOCIEN DU CIGALIER BAUDOUIN,

La plaine au loin se perd et court vers le rivage
De la mer qui, là-bas, le long des monts s'étend,
Le long des monts, qu'azure une vapeur flottant,
Aux rayons du soleil, sur tout le paysage.

Il semble, au cœur du jour, lorsque l'été fait rage,
Que, pur miroir de sel argenté, chaque étang
S'essaie à se venger du ciel, en reflétant
Avec fureur vers lui son flamboiement sauvage.

Tout luit, tout tremble, et tout est desséché, hors vous,
Fourmilière en travail de filles à l'œil doux,
Qui, robustes, courez de *camelle* en *camelle*.

Pauvrettes, à vous voir suer à ce labeur,
De votre sort damné j'aurais plaint la rigueur,
Si pourtant votre plage avait été moins belle !

A LA FELIBRESSO D'ARENO

MA GENTO COUSINO

Cansoun nouvialo

> E mai fugue liuen di mountagno
> Soun cor ie ven.
>
> ANTOUNIETO DE BÈU-CAIRE.

Quand lis iroundo fouletino
En Alès vènoun d'eilabas
Tu, liuen d'Alès, o Leountino,
Vers la mar, eilalin, t'en vas !

La Pradarié, déja 'stelado
De coutello e de jaussemin,
Vèira plus sa fadeto amado
Sounjarello pèr si camin.

Sus Sant-German, à Counilbero,
Entre la frigoulo e lou brus
Margarido e flour printanièro,
Souto ti det parlaran plus.

E, triste, lou riéu clar d'Areno,
Que te dounè soun poulit noum,
Plourara sa gènto Sereno,
Que trevara plus si valoun.

Mai colo e riéu plèn d'amaresso,
De ti bèu vers restountiran,
Areno e Gardoun, felibresso,
Jamai, jamai t'oublidaran !

A LA FELIBRESSE D'ARÉNE

MA GENTE COUSINE

Chanson nuptiale

> Bien qu'il soit loin des montagnes
> Son cœur y vient.
>
> ANTOINETTE DE BEAUCAIRE.

Lorsque l'hirondelle joyeuse
Dans Alais revient de là-bas,
Vers la mer, loin d'Alais, heureuse,
Toi, Léontine, tu t'en vas.

La Prée[2], étoilée, embaumée
De narcisses et de jasmins,
Ne verra plus sa Fée aimée
Suivre, songeuse, ses chemins.

Sur Saint-Germain, à Conilhère,[3]
Marguerites, ni fleurs des bois,
Entre le thym et la bruyère,
Ne parleront plus sous tes doigts.

Morne, le clair ruisseau d'Arène,[4]
Qui te donna son joli nom,
Pleurera sa douce Sirène,
Qui fuit pour toujours son vallon.

Mais monts et flots, pleins de tristesse,
De tes beaux vers retentiront ;
Arène et Gardon, félibresse,
Jamais, jamais ne t'oubliront [1]

MANDADIS

Coumo l'iroundo fouletino
Qu'en Alès reven d'eilabas,
O cant nouviau, pèr Leountino,
Vers Alès eilalin t'en vas!

Paris, 15 d'Abriéu 1882.

NOTES

(1) Les *Camelles* sont des pyramides de sel, formées pour l'égouttage de l'eau de mer dans les salins du midi. — Ce beau sonnet a été aussi traduit par M. Paul FERRIER.

ENVOI

Comme l'hirondelle joyeuse
Qui dans Alais vient de là-bas,
Chanson, pour Léontine heureuse
Vers Alais, au loin, tu t'en vas!

---

(2) *La* Prée ou *Prairie du Gardon* chantée par Florian dans *Estelle*.

(3) *St-Germain et Conilhère*, montagnes très pittoresques des environs d'Alais.

(4) *Arène*, nom d'une poétique vallée alaisienne dont Léontine Goirand a pris le nom.

ANTOINE ROUX

(M. Antoine ROUX de Lunel-Viel (Hérault) dont nous pensions reproduire le VOILE et l'ANNEAU, gracieuse adaptation d'une poésie moldave, recueillie par le grand poète roumain Alecsandri, — adaptation honorée d'une première mention au concours de Montpellier de 1879 et malheureusement trop longue pour notre recueil obligé de se fermer à tant de poètes de valeur, — ne nous en voudra pas d'avoir

A MOUNT-PELIÉ

Vengue lou mes de mai, ò reina miejournala !
Veiràs courre ver tus per caire e per camin ;
Seràs, en meme tèms que vila majourala,
Seti das Jocs Flouraus dau viel pople latin.

De la granda cansoun, de la cansoun troumfala,
La premieira ausiràs lou sublime refrin ;
L'ausiràs brounzinà dins la lenga inmourtala,
Que voulen relevà coume un parlà divin.

Felibres, gardaren longa-mai souvenença ;
E, lou jour benesit de nosta renaissença,
Vendren toutes à tus en nous sarrant la man.

Sagaluns verturious d'una raça oublidada,
Mema fe dins lou cor, dessus toun Esplanada,
Faren trementi l'aire au nouvel cant roumaii !

remplacé cette imitation par un sonnet original, qui montrera du moins avec quelle sûreté il manie cet idiome montpelliérain que l'on pourrait, suivant M. Roque-Ferrier, qualifier de langue noble, cardinale et aulique, tant l'unité et la régularité des finales féminines le différencient des autres dialectes du Languedoc. Les poésies de M. Antoine Roux, parues dans la REVUE DES LANGUES ROMANES, n'ont pas été tirées à part.)

A MONTPELLIER

O de notre Midi, toi, la reine idéale,
Vienne le mois de mai, par col, sente et chemin,
Tu nous verras gagner ta cité majorale,
Siége des Jeux Floraux du vieux peuple latin.

De la grande chanson, la chanson triomphale,
C'est chez toi que d'abord doit vibrer le refrain
Dans la langue immortelle et vraiment géniale
Que nous relèverons comme un parler divin.

Félibres, à jamais nous aurons souvenance ;
Et tous, le jour béni de notre Renaissance,
En nous serrant la main, nous accourrons à toi.

Fils d'un monde oublié, gardant la même foi,
Nous ferons retentir l'air, sur ton Esplanade,
Du nouveau chant roman, nationale aubade !

NOTE

(1) C'est le *Chant du Latin* d'Alecsandri, qui fut couronné aux Jeux Floraux de Montpellier.

AIMÉ GIRON

(M. Aimé GIRON, né au Puy-en-Velay, vers 1838, principal lauréat du concours ouvert à l'occasion du millénaire de Pétrarque, où il accapara la plupart des prix, écrit avec la même supériorité en français qu'en languedocien, dont le dialecte vellave qu'il emploie est une branche. Secrétaire de la Société académique du Puy, rédacteur jadis, du GAULOIS, aujourd'hui du CLAIRON, ainsi que du FIGARO, il a publié plusieurs volumes de poésies, LE SABOT DE NOEL chez

---

L'AMI DI BOUN DIÈU

>   Jamai mourra,
>   Toujour, sara
>   Saboly ! Saboly !

Mounier, embasto tous dous ases,
Pèr Bethléem nous cháut parti ;
Acouite-t'i, foulas ; què fases ?
Pourrèn pas veire aqui petit !.....
Sèu arribas. — « Bonjour, la maire ;
« Moussu Sant-Jousé, le bonjour.
« Leissas nous bouta dins un caire,
« Pèr aseima Jèsus, pècaire,
« E tout aqui moundo à l'entour. »

Venguèt, dedins la cabaneto,
Un marchand soubre un chavanier ;
Belèt dè sous plein la maneto
A l'efànt que n'es pas trop fier.
Sèi, prenguèt toutas las mounèdos,
Lou petit dièu de paureta,
Apeùis, èilà-lin, vès las fèdos

Ducrocq, CES PAUVRES PETITS chez Hachette, etc., etc., et plusieurs romans qui se distinguent par l'originalité de leur donnée et de leur style; il a écrit en vers latins et en vers français, avec M. Cyrille Fiston, les PETITS FILS DES DOUZE CÉSARS, M. Giron est, au jugement de M. de Berluc-Pérussis, le type achevé du bilingue. Il a le projet, qu'on l'espère voir bientôt mettre à exécution, de réunir en un volume, sous le titre de « CHALENDO » ses Noëls languedociens qui l'ont placé à côté des premiers noélistes provençaux).

L'AMI DU BON DIEU
NOEL COURONNÉ POUR LE CENTENAIRE DE SABOLY

> Jamais ne mourra,
> Toujours vivra.
> Saboly ! Saboly !

Meunier, bâte donc tes deux ânes !
Hé, nigaud, on se dégourdit !
Vite, à Bethléem !... si tu flânes,
Nous ne verrons pas ce petit...
Nous arrivons... — « Bonjour, la mère !
« Monsieur saint Joseph, le bonjour !
« Dans ce coin-là qu'on nous tolère
« Pour voir Jésus sur sa litière
« Avec tout ce monde à l'entour. »

Sur son grand cheval noir qui trotte
Arrive un marchand, gros *mynheer* ;
Il met des sous plein sa menotte
A Jésus qui n'est pas trop fier.
Ces sous qu'il prend, il les envoie,
Le petit Dieu de pauvreté,
Aux brebis, sa plus chère joie,

E las bestios de lard e de sèdos
En plourant leis ot lèu jeta.

Qu'aquella damo s'ivaraje
Dins sa piaffo e sous coutillous !
Sous carcans mai soun esclavaje,
Sas chadènos fàn carillous.
Destachèt l'or de sas ourilhos
Pèr diverti lou gento efànt.
« — Noun, faguèt lou rei dous pourilhos,
« L'or perd que trop las buonas filhos ;
« E mous pauros crebon de fàm ! »

Entro un soudard. Tout s'en escraso
De la troumpeto e di tambour !
Una leguo après, soun espaso
Sautavo — que fasiot pavour ;
Ei Dièu que n'ot pas l'habitudo
L'ot presentado. Sei, ot dit :
« Vendrès quand l'ourès escoundiudo ;
« Aquella espaso es trop pountiudo !
« Ei cièu lou sàng es enterdit. »

Un evesquo, de soun carrosso
Davalo embè soun grànd veileit ;
Pourtavo la mitro e la crosso,
Tout habilha de flàu viouleit.
Cridèt : — « Jésus, vous sès moun mèstro ! »
« — Ièu ? n'ei ma qu'un paure moutou ;
« Vesès ben qu'aco pot pas èstro ?
« As una charèto à fenestro
« E beicop d'or à toun bastou ! »

Aux bêtes de lard et de soie ;
Et bientôt il a tout jeté !

Que cette dame fait la vaine
Avec ses soyeux cotillons,
Ses fins souliers, sa belle chaîne,
Qui tinte de gais carillons !
Elle ôte un pendant qui scintille
Pour amuser l'enfant divin :
— « Non, non, dit-il, cet or qui brille
Perdit plus d'une honnête fille
Et mes pauvres crèvent de faim. »

Vient un soldat... Tout rentre en terre
Devant son tambour, son clairon ;
Son sabre, une lieue en arrière,
Sautait à donner le frisson.
Au Dieu qu'étonne cette vue,
Il le présente ; mais Lui dit :
— « Cachez d'abord cette arme nue,
Elle est trop tranchante et pointue ;
Aux cieux le sang est interdit ! »

Un évêque de son carrosse
Descend avec son grand valet,
Il portait la mitre et la crosse,
Tout habillé de violet.
Comme il criait : « Jésus, mon maître ! »
— « Moi ? je n'ai qu'un pauvre mouton ;
Tu vois que cela ne peut être.
Toi, n'as-tu point char à fenêtre
Et beaucoup d'or à ton bâton ?

Lou rèi ? — Boun Dièu, qu'ot forta mino !
Es dedins ; soun mantè, defuors,
Tràino eilà-lin sa lonja qùino.
« — Vous sès loujas coumo de puors,
« Marlo, fustié, mai la compâgnio ?
« Ount-ès lou drole qu'ès neissu ?
« Pèr lou tiubert la pleuio bâgno ! »
« — Lou Dièu di ciàu crânt pas l'aigâgno ;
« Ana louja vès vous, moussu ! »

Veso aqui mourcé de canonge
Emb'un libro dessous soun bras ;
Qu'es vergougnoux ! « — Iéu vous dirânge ?
« — Moussu Saboly ! Vous ? Entras,
« Diguet Jésus. Poudès me creire,
« Vostros chalendos soun pertout ;
« Me fân ama, mai me fân reire.
« Que sèi ben aise de vous veire ! »
E lei faguet un gros poutou.

Rèi, soudard, évesquo e la fenno,
Badavon liours iéus estounas :
« — N'âme ma la petita meno ! »
E sortian èn fasiant de naz....
— Anèn, mounier, partèn tout-aire ;
De Bethléem chaut tourna lèu ;
Jésus n'âme pas lou vantaire.
Coume ot poutouna lou chantaire !
Ot rasou — pera — le Boun Dièu !

Le roi ! qu'il a mine hautaine !
Il est dedans, qu'au loin dehors
Son grand manteau de pourpre traîne.
— « Vous êtes là comme des porcs,
Joseph, Marie et compagnie ;
L'eau goutte du toit plein de trous.
Où tiens-tu ton enfant, Marie ? »
« Le Dieu du ciel craint peu la pluie :
Monsieur, allez loger chez vous ! »

Tiens ! ce bout de chanoine ? il porte
Un petit livre sous son bras ;
Tout timide, il reste à la porte :
— « Monsieur Saboly, vous, là-bas ?
Dit Jésus d'un ton qui l'attire ;
Entrez ! venez vous reposer !
Vos Noëls, que chacun veut dire,
Me font aimer et me font rire ! »
Puis il lui donne un gros baiser.

Roi, soldat, femme, évêque même
Ouvraient de grands yeux étonnés :
— « C'est les petites gens qu'il aime ! »
Ils sortaient en faisant des nez !
Allons, meunier, quittons la place !
Retournons ! — Jésus sourit peu
Aux vantards, insolente race ;
Mais le chanteur, comme il l'embrasse !
Il a bien raison, le bon Dieu !

ALPHONSE ROQUE-FERRIER

(M. Alphonse ROQUE-FERRIER, né à Montpellier, le 2 août 1844, philologue et poète languedocien, secrétaire de la REVUE DES LANGUES ROMANES, organe d'une société de romanistes dont la publicité est européenne, y a publié plusieurs travaux excellents d'érudition, tels que les ENIGMES POPULAIRES EN LANGUE D'OC; DES FORMES DE L'ARTICLE; VESTIGES D'UN ARTICLE ARCHAIQUE; de l'R des infinitifs; en même temps que, sous le pseu-

---

SOUNET

Sus mas boucas d'enfant, las abelhas de Greça
An pas jamai pausat lou mèu de sa douçou :
Jamai reina de França, auta dama ou princessa,
Sus moun front endourmit venguet faire un poutou.

Lou Cigne a pas cantat au davans de ma bressa,
Quand ma maire i'a mes lou fil de sa doulou ;
Jamai vierja touscana, en trelus segnouressa,
De l'insoundable ciel m'a moustrat l'esplendou.

Mais, pamens, se m'aimas, se ses pas mespresousa
Das verses que vous fau dedins la lenga blousa
Que parlavoun antan lous reis de crestiantat,

De mila ans i' aura pas, dins Marselha e Toulousa,
Dama milheu que vous enluserñada e tousa,
Troubaire mai que ieu celebre e laudemat.

ADESSIAS !

Quand per lou premiè cop, ô dama, me parlères,
E l'amour qu'es en ieu l'ageres agradat

donyme de Clarens, il donnait à l'ARMANA PROUVENÇAU, à l'AL-
MANACH DU SONNET, à la CIGALE D'OR, au JOURNAL DE FOR-
CALQUIER, à l'IOU DE PASCAS, à la CIGALE de Paris, de belles
poésies dans le genre et le ton des troubadours du XIIIe siècle. Il est
fils de F. Roque-Ferrier, l'auteur d'un poème de longue haleine sur les
AGES DE L'HUMANITÉ, et de diverses poésies écrites dans la langue
romane du moyen-âge. M. Alph. Roque-Ferrier est Félibre-majoral.)

SONNET

Sur mes lèvres d'enfant, les abeilles de Grèce
Ne posèrent jamais le miel de leur douceur ;
Jamais reine de France, ou marquise, ou princesse,
Ne vint faire un baiser sur mon front de dormeur.

De cygne à mon berceau pas de voix charmeresse,
Lorsque ma mère y mit le fils de sa douleur ;
Pas de Vierge toscane, en éclat seigneuresse,
Qui m'ait montré du ciel l'insondable splendeur.

Pourtant, si vous m'aimez et recevez l'hommage
Des vers que je vous fais dans notre pur langage
Que parlèrent jadis les rois de chrétienté,

De mille ans ne verra Toulouse ni Marseille,
Ni Dame, qui vous soit en lumière pareille,
Ni Trouvère, par tous autant que moi vanté !

ADIEU !

Pour la première fois, quand avec un sourire,
O Dame, fut par vous, mon amour pris à gré :

— « Bel amic, adessiàs ! » en sourriguent fagueres.
Desempioi, aquel mot, l'ai jamai delembrat !

Es el que m'a bailat engen amai valensia,
El que, per mar e mount, m'a rendut fisançous ;
Es el que m'a garit de touta mauvoulensia,
El que m'a counsoulat de tout dich envejous.

Ere au miè de la nioch, n'a sclairat la sournieira ;
M'a nourrit dins la fam, abeurat dins la set ;
M'a fach mai que mai ric en l'estrema pauriera,
Ardelous e galoi, ieu qu'ere flac e quet !

O dama, gramecis ; quand reprene memori
De l'enavans tant siau qu'en l'ama me boutet,
Dise : — « Siegue en tout tems un jour urous e flori
Aquel que vosta bouca un tau mot prounounciet ! »

« Adieu, beau doux ami ! » daignâtes-vous me dire ;
Ce mot, je me le suis toujours remémoré.

C'est lui qui m'a doué d'esprit et vaillance,
Et rendu confiant à travers monts et flots ;
C'est lui qui m'a guéri de toute malveillance,
Lui qui m'a consolé de tout jaloux propos.

J'étais en pleine nuit, il m'en éclaira l'ombre ;
M'abreuva dans la soif, me nourrit dans la faim ;
Il mit ardeur et joie en mon cœur triste et sombre ;
Dans l'extrême indigence il me fit riche enfin !

Ô Dame, à vous merci ! quand je reprends mémoire
Du courage serein qu'en l'âme il me plaça,
Je dis : « Soit en tout temps un jour d'heur et de gloire,
Ce jour où votre bouche un tel mot prononça ! »

ALEXANDRE LANGLADE

(M. Alexandre LANGLADE, né à Lansargues (Hérault) en 1820, félibre-majoral, est un poète d'une valeur exceptionnelle. Outre la **VIRADONA** (la Viredonne) poème actuellement épuisé, il a publié dans la REVUE DES LANGUES ROMANES, puis en brochures avec traduction française, des poèmes champêtres d'une certaine étendue, tels que : LOU GARDA-MAS (le Garde-Mas), LOUS LAS D'AMOUR (les Lacs d'amour), MALHAN E DAUDET, et il a en préparation l'ESTANC DE LORT (l'Etang de Lort) poème en quatre chants, couronné à Montpellier. Les scènes de la vie rustique y sont reproduites avec une fraîcheur qui rappelle Anselme Mathieu et Tavan,

UN AURISCLE D'ABRIEU

(TIRA DE LOUS LAS D'AMOUR)

Ansinda la frapa galoia
Derevelhava, dins sa joia,
Lous ressouns endourmits dau souloumbre devés,
S'esquielant d'un bauchun, d'un retour, d'un pas res,
Oublidant l'oura que s'envoula,
La matinada que trescoula
E lou magistralàs que coufla sous boufets.

Ai ! couma on es ben à l'oumbreta
Quand lous calandres fan l'aleta,
Quand lou sourel escampa à flac sous rais brausents !
E pioi lou jouinomets soun braves, avenents,
De bon biaisset; an bona charra,
E l'auba de la vida encara
Esclaira d'un dous rai sous frontets inoucents.

avec une noblesse et une puissance qui font songer à Mistral. Bien que les proportions habituelles des compositions de M. Langlade ne nous aient pas permis d'en donner une en entier, le fragment considérable que nous avons traduit des LACS D'AMOUR et qui forme un épisode à part, un tout complet, permettra, nous le pensons, de se faire une idée exacte de ce talent de premier ordre, qui n'a pas hors du Languedoc la réputation qu'il mérite. Nous serions heureux que l'épisode cité donnât au lecteur le désir de lire toutle poème ainsi que les autres œuvres du grand troubadour de Lansargues. M. Langlade se sert du dialecte languedocien que l'on parle dans la contrée qu'il habite.)

UN ORAGE D'AVRIL

(EXTRAIT DES LACS D'AMOUR)

    Ainsi cette heureuse jeunesse
    Réveillait par son allégresse
Les échos endormis du sombre et frais bosquet ;
Pour un rien, une niche, un mauvais quolibet
    Eclatant d'une gaîté folle ;
    Oubliant l'heure qui s'envole
Et le mistral là-bas qui gonfle son soufflet.

    Ah ! quand plane en l'air la calandre,
    Quand l'astre se met à répandre
Les flammes par torrent, qu'à l'ombre il fait donc bon !
Et puis ces jeunes gens ont tous belle façon,
    Sont courtois, parlent bien ; l'aurore
    De la vie illumine encore
Leurs fronts purs, innocents, de son premier rayon.

Entremens lou daut se cargava
E la parada davalava,
Lous arpis agroupats, dau Causse à l'Esperou ;
Quauques vieus liaucets reguejoun la negrou,
E pioi, dau tron, de vòuta en vòuta,
Dau siau entre-coupant la mòuta,
Dins lou lion ressountis la sournuda bourjou.

Pas una fiolha que brandege,
Pas un pèu d'aire que blaquege,
Sus terra, en ciel, pas mai que lou grèu caumagnàs ;
De vols d'aucelounets badants, afalenats,
Se cabissoun dins las blacadas,
E la tourtouras apariadas
Van cercà la frescura, amount, dins lou bouscàs.

Mais lous manits, que tout enfesta,
N'an pas ime de la countesta.
Vesès pas de tant lion, mous braves agnelets.
Se joga à pijoun-voula, à paure ; cada fes
Qu'un d'eles requita soun gage,
Dins l'escurin e fres aubrage
S'auson rires e crids e poulits poutounets.

Un cop Touneta, qu'es la maire,
Dis, en lenguejant lou trimaire,
Que dins soun vantalou teniè lous iols cugats :
— « La qu'aiçò's sieu, qu'on vei, que tus soul veses pas,
A-n-ounte lou mandes, per veire ? »
Moustrava un anelou de veire
Que Tresa aviè bailat per gage tout escàs.

De nuages le Nord se charge ;
Déjà descend, épais et large,
Du Causse à l'Espérou, leur amoncellement :
L'éclair de traits de feu les raie à tout moment ;
Par intervalle, du tonnerre,
Dans le calme de l'atmosphère,
Retentit au lointain le sombre grondement.

Pas un souffle d'air qui palpite !
Pas une feuille qui s'agite !
Sur terre, au ciel, plus rien que la lourde chaleur !
Des vols d'oiseaux, bâillants, essoufflés, pris de peur,
Dans les touffes ferment leurs ailes ;
Et, par couples, les tourterelles,
Là-haut, dans le grand bois vont chercher la fraîcheur !

Les enfants, pour qui tout est fête,
Ne pressentent pas la tempête !
Ce n'est jamais si loin, jeunesse, que tu vois !
On joue à Pigeon-vole, à Pauvre ; et chaque fois
Que l'un d'eux rachète son gage,
On entend un joyeux tapage,
Rires, cris et baisers dans l'épaisseur du bois !

Toinette une fois dit au drôle
Qui du *trimeur* remplit le rôle,
Le visage enfoui dans son court tablier :
— « Celle d'où vient ce gage, où vas-tu l'envoyer ? »
En demandant cela, *la Mère*
Lui fait voir un anneau de verre
Que Thérèse venait à l'instant de payer.

— « Faire un poutoun au castejaire »,
Respond. Juste es lou calignaire
Que i'an reprouchat pioi. Dor lou pastourelet,
La drolla, qu'auriàs pres, pecaire ! au capelet,
S'acamina touta entrepresa,
Lou front coubert de la flambesa ;
N'i'aviè per la plani. Tout un cop un foulet,

Panlevant gravàs e poussilha,
Dor lou rescoundoun prend sa via,
Envòuta, clena, tors la blacada en bramant,
Couma un tau ferrejat per una rusta man,
Dins lou plan, un jour de ferrada,
Ou quand la bestia enterinada
Part sus un rasetaire e l'enrega de vanc :

— « Crousa, diable ! crousa », crideroun
Lous manits ; e pioi se rigueroun
Dau vespioun que tant ben lous veniè d'empaümà ;
Mais lou dragàs, que passa e fuch revoulumat,
N'es pas mai qu'un avans-courreire
D'aquel auriscle mau-faseire
Que se sarra, e lou tems torna siau e vermat.

Mais acò tirèt pas de longa :
La trounada, que s'esperlonga,
Dau ciel à beles paus atapa lou calèu ;
Sus lou rebat d'aquel espetaclous ridèu
Ie rebessina de tourrassàs
Nautas, descounformas, blancassàs :
Diriàs de piochs gigants cabucelats de nèu.

— « Au berger, pour qu'elle le baise ! »
Dit le *trimeur;* or, de Thérèse
Le berger qu'il désigne est le galant, croit-on ;
La rougeur sur la joue, et sa confusion
Se marquant dans sa contenance,
Prise au piège, Thérèse avance ;
Pour sûr, on l'aurait plainte ! — Un soudain tourbillon,

Où poussière et gravier voltige,
Vers le petit bois se dirige,
L'enveloppe, le courbe, et le tord en hurlant,
Tel qu'un taureau, que perce un bras robuste au flanc,
Dans le Cirque, un jour de *ferrade,*
Et qui, d'une brusque ruade,
Fonce sur l'agresseur et le poursuit beuglant.

« Arrière, Diable, arrière ! » crient
Les gais enfants ; puis ils se rient
Du Malin, dont ils ont reçu ce lourd soufflet ;
Mais le Drac qui s'enfuit et tourbillonne, n'est
Qu'un avant-coureur de l'orage
Qui, de plus en plus, du bocage
Se rapproche ; le temps au calme se remet.

Calme faux qui ne dure guère !
L'orage, envahissant la sphère,
Du ciel en un moment recouvre le flambeau.
Bientôt sur le rebord du merveilleux rideau,
Des nuages aux mille formes
S'élèvent, blanchâtres, énormes,
Tels que des pics géants sous leur neigeux chapeau.

Dejout la sinistra bancada,
N'i'a'n autra à la tencha couirada ;
Pioi, de nivasses grèus, negres couma lou fum,
Se movoun au dejout d'aquel acoumoulun.
Quauques degouts, à beles ròdous,
Tomboun, cascalhant sus lous còdous,
E dau sòu fumous monta una audou de frescun.

Pamens un ventilhou s'auboura,
Fresquet, embaumat; pioi s'amoura ;
Torna reprene mai, s'enfourçant à cha pau.
Pioi... garàs de davans ! aqui lou magistrau
Qu'arriva de sa reda força,
E dau nivàs que se bigorsa
Un ilhau trauca, e zou ! lou tron seguis l'ilhau.

Dau ressoun, la terra trantalha,
E lous jouvents e la filhalha,
Blaves d'esfrai, ensem e d'un vanc tout febrous,
Dralhoun en se clenant un grand sinne de crous :
— « O santa Barba ! santa Clara !
Dou marrit tems que se demarra,
Dau fioc dau cièl, ai ! ai ! santas, aparàs-nous ! »

E la ploja tomba granada ;
La ploja, dise ! es una oundada
Que s'abissa e boumbis sus terra en grumejant.
E pas ges de souploch ! Ai ! de que devendran ?
Tout d'un cop : « A coussa, filhetas !
La bauma de las Candeletas
Es aiçai ; seguissès. » — E lou pastre davans,

Sous ce banc livide et farouche
S'étend une seconde couche
A la teinte cuivrée ; une autre, de couleur
De fumée, au-dessous se meut avec lenteur ;
Sur les cailloux qui retentissent
De grosses gouttes s'aplatissent ;
Et du sol fumeux monte une odeur de fraîcheur.

Un petit vent frisquet s'élève
Tout embaumé ; puis, il fait trêve ;
Puis bientôt il reprend et toujours il grandit.
Puis.... garez-vous devant le mistral qui rugit,
Terrible ; du flanc de la nue
En tous sens pressée et tordue
Soudain un éclair sort et la foudre le suit.

Du contre-coup la terre tremble ;
Et filles, garçons, tous ensemble,
Blêmes de peur, avec des frissons dans les doigts
Tracent, en s'inclinant, un grand signe de Croix :
— « O Sainte Barbe ! O Sainte Claire !
Du mauvais temps et du tonnerre,
Hélas ! Préservez-nous dans notre coin de bois ! »

Puis l'averse de tomber dense !
Ou mieux, c'est une vague immense
Qui semble s'écrouler, écumante, et bondir !
Et pas le moindre abri ! Que va-t-on devenir ?
Tout à coup : « Par ici, fillettes !
A la grotte des *Chandelettes*
Suivez-moi ! » fait le pâtre ; — et toutes de courir !

E touta la genta callada
Après, ie soun d'una alenada.
Era tems : pas pus lèu que soun encafournats,
Un moustrous revoulum envòuta lou pinàs,
L'autourous pinàs de la Tourre,
Que subre sous mars poudien courre
Dous omes à la fes ; à-n-ounte, atrabinats

Per soun oumbra desparaulada,
Venien, embe sa troupelada,
Lous pastres de l'entour, s'aparà de la caud ;
Que lous marins d'en-Ate, e de Seta, e dau Grau,
Quand en planassa navigavoun,
Qu'à Marselha, Aiga-morta anavoun,
En tems enmarinat, lou prenien per signau.

Lou qu'a vist passà sans soufrages
Lou flèu das omes e das ages,
Ara crana, roundina, ansinda qu'un lioun
Derevelhat dau cop dins lou frech tourtilhoun
D'una sernassa que lou sarra ;
En van d'arpis, de dents s'apara,
Toussit, pastat, mòugut, lèu jairà d'abauchoun.

En van s'enredena e caïna.
Lèu sa testa que rebessina
Fins à la nivoulada, e soun rabàs pounit
Dins lous jasses dau truc, soun racinat fournit,
Que tout l'entour dau souc regagna
Couma d'apassas d'estrigagna,
Soun barbun taupejant en terra amouchounit,

A la caverne souterraine
Le gentil groupe, d'une haleine,
Arrive, il était temps : à peine est-on entré,
Qu'on voit d'un tourbillon le grand pin entouré ;
Le pin à la cime hautaine,
Sur les branches duquel sans gêne
Deux hommes à la fois marcheraient à leur gré ;

Le pin, où, quand la chaleur pèse,
Pâtre et troupeau pouvaient à l'aise
S'assembler sous l'abri de son front colossal ;
Le grand pin de la Tour que prenaient pour signal
Les matelots d'Agde et de Cette,
Lorsque par un jour de tempête
Ils cherchaient à gagner un port du littoral.

Lui qui, des hommes et des âges,
Sans en souffrir, sur ses branchages
Vit passer le fléau, geint et gronde à présent,
Comme un lion que presse en ses plis un serpent ;
Contre l'étreinte qui le noue
En vain il lutte et la secoue ;
Tordu, pétri, broyé, bientôt il est gisant.

Il crie en vain sous la tempête
Et se raidit ; bientôt sa tête
Qui monte dans la nue, et son pivot foré
Dans les couches du sol, au loin enchevêtré
De racines disséminées
Comme des pattes d'araignées,
Et son dur chevelu, par pelotes serré,

E la roucalha que l'acota
E lou tarren fins à la crota
Ounte eles soun cabits, tout es dessagrilhat :
Lou bosc, mema lou serre, an sentit brandilhà ;
Quand l'aubràs embe sa moutassa,
En pes, panlevat per l'auràssa,
A cent passes boumbis sus lou sòu badalhat.

De l'oura en lai pus res noun tanca
La viroulada que derranca,
En gafant lou nivàs ; de sous longs crocs toussits
Arramba, carrabaugna, arranca, rout, coussis
Ce que dins sa coussa capita,
E pioi de sa maissa au lion jita
Tout ce qu'a rambalhat, brigoulat à moucis.

E trona e plòu à coua d'ase :
Zou ! Zou ! foulàs, que tout s'ariase.
Camins, rajòus, valats ; bouida-me toun barrau.
Entremens que je sies, entancha ! car per d'aut
Ta barrillassa es deglasida ;
Se mostra adejà la lusida
Que dau retour au bèu es l'agradieu signau.

Oi, oi, toun boufetàs se trauca,
E lou coumplot que te recauca
Dirà lèu de nou : sies au founs de toun counquet;
Lou sourel per lou gaule espinchouna un briquet;
E sus la lioncha escuresina,
D'ount l'u tron partis e roundina,
Dins sa maja esplendou flambeja un double arquet.

Et le roc auquel il s'accote,
Et le terrain jusqu'à la grotte,
Où sont nos jeunes gens, du choc ont chancelé,
Le bois fut secoué, le mont même a tremblé,
Quand avec sa motte géante
L'arbre qu'emporte la tourmente,
Sur le sol qui se fend à cent pas a roulé.

Dès lors rien n'arrête ou ne gêne
Le tourbillon qui se démène,
Dévorant la nuée ; avec l'ongle et la dent.
Fouillant, déracinant, arrachant et tordant
Ce qui se trouve sur sa voie ;
Puis il rejette ce qu'il broie,
Pêle-mêle en morceaux avec un bruit strident.

Il tonne, il pleut, le vent fait rage.
Nivelle, ô fou, sur ton passage
Chemins, ruisseaux, fossés, vide ton baril d'eau ;
Et hâte-toi ! Déjà par le haut ton tonneau
Est tout disjoint. Verse encor, verse !
Cette faible lueur qui perce
Est signe que le temps va se remettre au beau.

Oui, ton grand soufflet se déchire ;
L'averse qui le gonflait tire
A sa fin ; et voilà presqu'à sec ton baquet.
Le soleil par le jâble épie et fait le guet ;
Et dans l'obscurité lointaine,
D'où la foudre encor se déchaîne,
Brille un double ar-en-ciel, au splendide reflet.

Anen, aqui las ramassadas,
Restoris de las nivouladas.
Que l'aura adoucilhada à rouncadas brandis ;
De vieus lamps de clartat per l'escur lèu couvrits ;
Per aqui quauqua rampelada,
Darnié bram de mala ira intrada,
E d'ilhaus que lous iols n'en soun embalausits.

Pau-à-pau tout s'escarrabilha,
Lou ciel, la bauma, la ramilha ;
Adejà'n roussignòu, d'un rounzàs degoulant
En s'alisant la plouma, acoumença soun cant ;
E bouscarrida e cauquilhada
Dins l'aire prenoun sa voulada ;
As abrics voulastreja allegre capelan.

La drollalha soula pigreja :
La pòu encara la capeja ?
Mais nou, pioi que s'ausis de cascals risouliés.
An ! de terra un per un espinchounoun ; pariès
A la counilha dau sauvage,
Qu'on vei à l'auba, dins l'aigage,
Moustrant sous prims mourets fora las cavariès.

Voici les averses légères,
Des nuages gouttes dernières,
Que l'air plus calme fouette ; et des jets de clarté
Que recouvre à l'instant l'épaisse obscurité ;
De temps en temps quelque tonnerre,
Dernier cri de sourde colère ;
Et des éclairs dont l'œil est brusquement heurté.

Bientôt tout s'éveille et s'égaie,
Le ciel, la grotte, la futaie ;
En se lissant leur plume humide, le pinson,
Le rossignol déjà commencent leur chanson ;
Sous la feuille toute mouillée
La fauvette prend sa volée ;
La libellule vole à l'abri du buisson.

Seule notre belle jeunesse,
Reste enfermée : est-ce paresse ?
Ou peur ? écoutez-les de rire s'éclatant !
Voyez-les de la grotte à la file sortant,
Pareils aux lapins de garenne,
Montrant, quand le jour naît à peine,
Leurs museaux hors des trous et dans l'aiguail trottant.

CLAIR GLEIZES

(M. Clair GLEIZES, d'Azilhanet, village de l'Hérault, collaborateur de la REVUE DES LANGUES ROMANES de Montpellier et de l'ARMANA d'Avignon, chante ordinairement dans le dialecte particulier du pays où il réside, mais il a écrit aussi des poésies dans le dialecte provençal d'Arles et des bords du Rhône. Parmi ses poésies

LAS GARDIOS D'AZILHANET

A L'AMIC AUGUSTO FOURÈS

Coumo aimariò d'estre, un bel ser de mai,
Seit joust uno eusino, amount, sus Roumiro ;
D'aqui lou regard tant de païs miro,
Tant que de mira nou fenis jamai.

Las planos, aval, soun lou vaste chai,
La fount de boun vi dount l'univers tiro ;
Ves Aude aviat l'el ravit se viro ;
Dins sous barris viels, de naut, Cieutat jai.

'Laric, Poumairol, las Courbieiros, Noro,
Sembloun de marros qu'alargo deforo
Un pastre en brisant, carut coumo un Mars.

Aquel pastre blanc qu'on vei de la Gardio,
Es lou Canigou, fier gigant qu'a'n gardio
Las serros que soun entre las dos mars.

languedociennes, nous citerons surtout LOUS CARRASSIÉS (les Flotteurs), poème paru dans le n° de novembre-décembre 1879 de la REVUE DES LANGUES ROMANES, et que l'on peut regarder comme le chef-d'œuvre de l'auteur. L'étendue seule de cette œuvre remarquable nous empêche de la reproduire dans notre recueil.)

LES GARDES D'AZILHANET

A L'AMI AUGUSTE FOURÉS

Qu'un beau soir de mai, j'aimerais m'asseoir
Sous un chêne-vert, là-haut, sur Romire !
Là pour l'œil s'étale un si vaste empire
Que jamais il n'a fini de tout voir.

Les plaines là-bas sont le réservoir,
Le chai de bon vin où l'univers tire ;
Vers l'Aude tourné, le regard admire ;
Plus haut, la Cité (1) gît dans son mur noir.

Pomairol, Courbière, Alaric et Nore
Semblent des béliers, que surveille encore
Du dehors leur pâtre, un Mars en sarrau.

Ce grand pâtre blanc, qu'on voit de la Garde,
C'est le Canigou, fier géant qui garde
Entre les deux mers les monts, — son troupeau.

NOTE

(1) La Cité, c'est Carcassonne.

M. LOUIS-XAVIER DE RICARD

(M. Louis-Xavier de RICARD, né près de Paris, en 1843, d'une famille provençale-languedocienne d'origine, après avoir débuté dans les journaux d'opposition à l'empire, et publié un volume de poésies françaises : CIEL, RUE et FOYER, prit part à la fondation du PARNASSE CONTEMPORAIN, puis à celle de la CIGALE dont il eut la première idée. Se fixant, en 1873, à Montpellier il y fait paraître la LAUSETO (l'Alouette) almanach des patriotes latins en six langues, où il donne de remarquables poésies languedociennes et des articles pour la défense des idées fédéralistes républicaines qui lui inspirent bien tôt, en 1878, son livre sur le FÉDÉRALISME et l'amènent à fonder l'ALLIANCE LATINE. Il rédige ensuite la COMMUNE LIBRE, écrit

A-N-UNA BRUNETA

Es franc voste sourris, hou sabe,
Palla bruna de l'iol negrous ;
Sès bona e bela ; e sarié brabe
D'estre aimat d'una couma vous.

Mès la vida qu'es fossa grèva
A quau la porta couma iéu,
Es pas quicon que se paulèva
Emb'de : « Ai ! ai ! » e de « bon dieu ! «

Es pas la boumiana que vaga
Ma doulou, quistant e bramant ;
Mès es trop paure per la paga
De ça que caup dins vosta man.

Vous, mignarda, que tout on bela
Voste biaisset flori e besiat.

la CONVERSION D'UNE BOURGEOISE, roman; traduit les NATIO-
NALITÉS de Pi y Margal pour la collection des PHILOSOPHES CON-
TEMPORAINS, et se trouve aujourd'hui à la tête du BULLETIN DE
VOTE, et du MIDI RÉPUBLICAIN ; ce qui ne l'empêche pas de colla-
borer à des journaux littéraires, tels que l'ECHO DU MIDI de Marseille, la POÉSIE MODERNE de Castelnaudary, revue mensuelle
à côté où, de pièces de Sully-Prudhomme, Soulary, Creissels, Fourès,
etc., se lit la poésie languedocienne : A-N-UNA BRUNETA, que nous
traduisons pour notre recueil.

M. de Ricard n'a pas encore réuni les poésies qu'il a écrites dans
le dialecte de Montpellier.)

A UNE BRUNETTE

Brune à l'œil noir, votre sourire
Est franc, et certe, il serait doux,
O bonne et belle, de se dire
Que l'on peut être aimé de vous.

Mais quand on est veuf de son rêve,
La vie est lourde, et ce n'est pas
Une chose que l'on soulève
Avec des : bon Dieu! des : hélas !

Ma douleur n'est pas la pauvresse
Qui va quêtant sur le chemin ;
Mais comment, par quelle richesse
Payer ce que tient votre main ?

Quand tous convoitent les purs charmes
De votre suprême beauté,

Quittas dins sa nioch plourarela
Moun cadabre descounsoulat :

Pus ges de flamb lou recaliva ;
Pus res de ièu que siegue mièu ;
La qu'aime morta couma viva
Tout m'a fach eternamen sièu.

Proche l'aiga, que trais pus lenta
Soun blu cascagnòu mau-courat,
Jout'un tros de terra doulenta,
Moun cor, pecaire ! es be sarrat.

Dourmis sus lou de l'amigueta
Coum'hou fasièn aici dessus ;
Venès çai pausà l'aurelheta :
L'un ni l'autre poulsou pas pus !

Que me soue la despartida,
Farai qu'acabà de mouri :
Déja, sentisse pas ma vida
Ara que per lou souveni.

Chaca vespre, l'oura caruda
Me pica dins l'arma, ai ! ai ! ai !
Que s'amousset dins la sournuda
— Dount'res regrelhet pas jamai ! —

La que, tant clarament flourida,
Aurié deugut, soun bèu trelus,
Fins au soum fa qu'una lusida
De touta l'oumbra dau tolus.

Laissez donc à sa nuit de larmes,
Ce corps que la vie a quitté.

Cadavre froid, quoi qu'il arrive,
Il n'a rien de moi qui soit mien ;
Celle que, morte comme vive
J'aime, à jamais m'a fait tout sien.

Près de l'eau qui tire, plus lente,
Son cher gazouillis azuré,
Dolent, sous la terre dolente,
Mon cœur, hélas ! est bien serré.

Il dort sur celui de l'aimée,
Comme nous faisions ci-dessus ;
Dans la tombe à toujours fermée
Ni l'un ni l'autre ne bat plus.

Sonne ce départ que j'envie !
Ce sera finir de mourir.
Pour moi, qui ne sens plus la vie
Déjà que par le souvenir.

Chaque soir dans mon âme tinte,
Tinte lugubre comme un glas
L'heure où dans la nuit s'est éteinte
Et ne se rallumera pas,

Celle qui, de clarté pétrie,
N'aurait dû, rayonnant flambeau,
Faire qu'une lueur fleurie
De toute l'ombre du tombeau.

O soun Les! Que toun bresilhage
Ie mande, amistous e fizel,
Di s l'alé suau de toun fiolhage
Perfum de flous e cant d'aucel ;

E que tout — mar, pineda, serra, —
Dins toun aigueta miralhat,
Rebate en soun som que m'espera
Un pantai de ça pus aimat !

O son Lez (1) qu'amical, fidèle,
Le doux gazouillis de ton eau
Porte avec ton souffle vers elle
Parfums de fleur et chants d'oiseau ;

Et que tout, mont, bois, mer et grève,
Se mirant dans les flots émus,
En son sommeil reflète un rêve
De ce qu'elle a chéri le plus !

NOTE

(1) Petit ruisseau chanté par Madame Lydie de Ricard dans des vers exquis, qu'on retrouvera dans le volume de ses poésies françaises et languedociennes preparé par son mari.

AUGUSTE FOURÈS

(M. Auguste FOURÈS, né à Castelnaudary (Aude) le 7 avril 1848, membre de la CIGALE de Paris et félibre majoral, lauréat dans de nombreux concours, a déjà, quoique jeune encore, beaucoup produit. On a de lui, comme poète et prosateur français, les SILVES, volume de prose qui fut son début ; OISELETS et FLEURETES, poésies; ANTÉE, MARSYAS, les SAUVETEURS OBSCURS, le LION, la GRANDE ARMOIRE, l'AVOCAT MUET, COUREURS DE GRANDS CHEMINS et BATTEURS DE PAVÉS (2 séries); comme poète, languedocien, la CROUX DEL GRAND AIGAT (l'Alphabet del'Inondation) qui a eu deux éditions, le CAP DE VOULTARI (la tête de Voltaire), LE VINCEDOU A LA BATESTO DE POULHS (le vainqueur au combat de Coqs), LE COUMPOUSITOU (le Compositeur), LA CIGOHNO (la Cigogne), LA COCO DEL POPLE (le Gâteau du peuple) brochures, et des poésies parues dans la REVUE DES LANGUES ROMANES, dans l'ARMANA DE LENGADO, dans la LAUSETO, armana dal patrioto lengodoucian, dans le volume de la CIGALE, dans

LES NOUIÉS

Al luscre, les nouiès qu'an mai de cent ans d'age
Semblouu plenis de raive, en tenent desplegat,
Sus le rose e l'or clar del soulelh amagat,
Le negre ventalhas à joun de lhour brancage.

Lhour trounc dreit, que le tems souvent a moussegat,
D'uno peiro ficado a l'mage aspet salvage.
Que soun belis e forts! Servissoun de bournage
A-n-un grait espacious e beloment regat.

Dambe un brave ramat de fuelhos roubilhados,
I aura proche d'un mes, quand tourne Sant-Marti,
Que las nouses, pel sol, se soun escampilhados.

l'ALMANACH DU MIDI REPUBLICAIN, et qu'il se propose de réunir en volume. Pour augurer de la valeur du futur et, espérons-le, prochain recueil du « troubaire republican de Castel-nòu-d'Ari », comme il aime qu'on l'appelle, il suffit de savoir qu'il contiendra, sans compter le CHANT DES POTIERS et les deux sonnets que nous reproduisons, des pièces justement célèbres par l'originalité et la hardiesse des images autant que par la hauteur de la conception et la portée philosophique et sociale, telles que : LE GRAND LAURAIRE le grand Laboureur) dédié au félibre républicain d'Avignon, Félix Gras, A N-UNO ESPASO DEL SECLE TRETCEN (A une épée du treizième siècle) où la croisade contre les Albigeois est maudite avec une verve admirable ; LOU TROUMBETO (Le Trompette) qui évoque, et ce n'est pas un mince mérite, le souvenir du Tambour d'Arcole, sans en être écrasé, etc. etc., On peut croire que M. Fourès mettra le sceau à sa réputation par cette publication. Le chantre du TROUMBETO écrit dans le dialecte du Lauraguais, de Castelnaudary, du pays qu'il habite).

LES NOYERS

Vers le soir, les noyers, de plus de cent ans d'âge,
Paraissent pleins de rêve, en tenant déployé,
Sur le rose et l'or clair du ciel irradié,
Le vaste éventail noir à jour de leur branchage.

Leur tronc droit, que le temps a souvent mordillé,
A l'aspect d'un pelvan, non moins grand que sauvage ;
Qu'ils sont beaux ! qu'ils sont forts ! ils forment le bornage
D'un guéret spacieux et largement rayé.

Avec l'énorme amas de leurs feuilles rouillées,
Vienne la Saint-Martin, voilà bientôt un mois
Que leurs noix à leurs pieds gisent éparpillées.

Las doublidi, — e pr'aco m'an sapiut agati : —
Vesi demest les brancs tant d'estelos poulidos
Brembant les fruts de l'ort de las dos Esperidos !

UN PARELH PER VENDEMIOS
A SAVIÈ DE RICARD

Le bel parelh castanh s'en ven de las Masquieiros,
A l'antic carriot à-n-un timou, cargat
De vendemio mountant junquo sus las telieiros ;
Ja s'ausis tinda l'olze e crida l'tresegat !

Porto, sens espefort, dex semals carretieiros,
E dins sa vertut sano e la sieu magestat,
Passo, mouscalh sus uelhs. al miei de las carrieiros,
Dambe l'bouiè davant, toucadour adreitat.

Le colh fort, le petralh large e l'esquino espesso,
O roumiaires gigants e plenis de grandesso,
Anats coumo del tems des pagans magnifics,

E semblats passeja gravoment, en cadancio,
Qualque dieus pouderous qu'a balhat l'aboundarcio,
— O bious ! ô bious vivents ! trioumfles pacifics !—

LE CANT DES POUTIÉS
AS VALENTS POUTIÉS DEL LAURAGUÈS

Anen, poutiè, prend l'escaveto !
Le pastou de fango es sul tour ;
Te cal tourneja 'no dourneto
Que sio redoundo e poutouneto
Coumo las gautos de l'Amour.

Je les oublie, — encor que j'aime bien les noix ;—
Dans les branches je vois tant d'étoiles splendides,
Qui rappellent les fruits du clos des Hespérides !

UNE PAIRE DE BŒUFS EN VENDANGES
A LOUIS-XAVIER DE RICARD

La paire de beaux bœufs châtains vient des Masquières
Avec le chariot antique au lourd timon,
Où la vendange monte aux ridelles grossières,
Où clavettes, anneaux tintent à l'unisson !

Ils traînent jusqu'à dix compostes charretières,
Et dans la majesté de leur saine action,
Emouchettes aux yeux, au milieu des ornières
Ils suivent le bouvier, qui tient droit l'aiguillon.

Le cou fort, le poitrail large, l'échine épaisse,
Vous passez, comme au temps des grands païens de Grèce !
Superbes ruminants, si nobles sous vos jougs !

Et, graves vous semblez promener en cadence
Quelque Dieu tout-puissant qui donna l'abondance.
— O bœufs ! ô bœufs vivants ! triomphes purs et doux !

LE CHANT DES POTIERS
AUX VAILLANTS POTIERS DE LAURAGUAIS

Allons, potier, ta pâte est bonne !
Prends ton estec et sur le tour
Sous mes yeux modèle et façonne
Une cruche ronde et mignonne,
Comme un minois joufflu d'Amour,

Aro que la terro es passado
De la bardiciro al delabat
E que dambe's peds es pastado,
Le prumiè truch es acabat ;
E deja l'oubriè, de la solo
Del sieu ped degourdit, valent,
Abilho l'tour que viro, volo,
Brusis, va pus vite quel vent.

La peço mounto, ven pansudo,
Jouts les sieus dits toujoun bagnats :
La terro molho se tremudo
En vases de gracio empregnats;
E quand la pasto es tournejado,
Que miralhejo à le fa gai,
Dambel fial d'aram es coupado
Ras le tour que viro pas mai.

La peço s'engalbo un pauc fresco,
Pei, un cop seco, se vernis ;
Es rousselo coumo uno bresco,
Quand del four prigound se sourtis,
Del bel four ount l'agadèus crico
E flambo rouge, rouge e naut :
Fa 'n foc brandàl e 'no musico
A vous moustra l'infer quinaut.

Las Margaridos, las Janetos,
Que souvent levoun trop le frount,
Ne pouiran coupa de dournetos,
Al grifoul, al pouts, à la fount.

La terre, avec les pieds pétrie,
D'une fosse à l'autre a passé.
Cette première œuvre finie,
Une autre a déjà commencé.
Voyez l'ouvrier, de la plante
De son pied agile activant
Son tour qui vire, et vole, et chante,
Et va plus vite que le vent.

La pièce monte en panse informe,
Sous ses doigts humectés toujours ;
La terre molle se transforme
En vase aux gracieux contours ;
Sitôt qu'elle est tournée en coupe,
Que le jour y luit reflété,
D'un fil de laiton on la coupe
Tout au ras du tour arrêté.

La pièce s'*engobe* un peu fraîche ;
On n'y touche pas tout d'abord ;
On la vernisse une fois sèche ;
Puis d'un roux de miel on la sort
Du four profond et magnifique
Où, flambant rouge, haut et clair,
Le genêt fait une musique
A couvrir de honte l'Enfer.

Les Marguerites, les Jeannettes
Qui souvent dressent trop le front,
Au puits pourront, de ces cruchettes,
En casser tant qu'elles voudront.

Aici, n'i'a maï d'uño qu'agrado !
Aquesto es d'un vert clar e vieu,
Aquelo vous semblo daurado
Per le soulelhas de l'estieu.

Am, daisses pas toun escaveto,
Met encaro un pastou sul tour ;
Te me cal, pendent uno oureto,
Quilha oubreto costo oubreto
Per tourna-mai garni le four.

Quel tour boulingue jouts la solo !
Dambe toun agidenço fai
Un brave toupi, 'no casso'o ;
— Penso à las mounjos, se te plai,
Al cassoulet, la renoumado
De la vilo ount vento toujoun,
Que gracios à-n-el es noumado
As quatre cantous del Miechjoun.

E de la tieu milhouno terro
Tiro-me 'n poulit picharrou :
— De vinot agit de la Serro
Cal que ne posque tene prou ; —
Enfin, per la roujo tisano
De nostro bosso de Mountmer,
Tournejo-me 'no damo-jano
E 'n god que sio pas brico esquer.

Las peços, un cop faiçounados
E talèu queitos coumo cal,
Per nous aus saran estrenados ;

Plus d'une ici, certes, agrée !
Celle-ci d'un beau vert brillant,
Celle-là qui semble dorée
Au grand feu d'un soleil brûlant.

Courage, à l'œuvre ! n'abandonne,
Potier, ni l'estec, ni le tour !
Pendant une heure encor façonne
D'autre terre en cruche mignonne,
Afin de regarnir le four !

Que de plus belle le tour vole !
Fais avec art un de ces pots,
A large ventre, une *cassole*,
— S'il te plaît, pense aux haricots !
Pense à ce *cassolet* qu'on vante,
L'honneur de Castelnaudary,
De la ville où toujours il vente,
Célèbre dans tout le Midi.

Tourne-moi, de terre plus fine,
Un de tes plus jolis pichets !
— Que de ce vin de la colline
Facile à boire, il tienne assez !
Enfin, pour la rouge tisane,
De notre coteau de Montmer,
Je voudrais une dame-jeanne,
Plus un godet du meilleur air.

Les pièces, sitôt façonnées,
Et cuites au four comme il faut,
Seront par nous même étrennées ;

En nous asagant le caissal,
 Direm quicoumet à lagarro
D'un cassoulet pla recatat ;
Trinc ! Trinc ! faran god e picharro,
E respoundrem : Santat ! Santat !

Que per nostro terro mairalo
Tinde le salut le pus bel !
Que sio clar e qu'age prou d'alo
Per s'enlaira coumo un aussel !
La terro vous douno la vido,
O poutiès, sas tripos soun d'or !
Vostro belo obro un cop coumplido,
Vous durbis encaro l'sieu cor.

Debrembo un boussi l'escaveto,
Oubriè, daisso dourmi le tour ;
Esperten nostro cansouneto :
Cal beure à 'scourri 'no dourneto
A la Libertat, à l'Amour.

Santat as braves travalhaires
Que s'empresoun tant de lhour cel !
A vous aus, poutiès terralhaires,
E de Sant-Papoul e d'Issel !
Santat per de loungos annados
A-n-aquelis de Mountlebou !
Qu'agen toujoun belos fournados,
Cansous gaujousos e vi bou !

O Mountlebou ! dambe tas bricos
Se soun bastits forço quartiès !

Et nous dirons un petit mot
Au contenu de la *cassole*,
Œuvre de tant d'habileté :
Trinq ! trinq ! nous feront pot et fiole,
Nous répondrons : santé ! santé !

Que pour la terre maternelle,
Tinte le salut le plus beau !
Qu'il soit clair ! qu'il ait assez d'aile
Pour s'envoler comme un oiseau !
La terre vous donne la vie,
Potiers ! ses entrailles sont d'or.
Votre œuvre une fois accomplie,
Son cœur pour vous se rouvre encor !

Que pour quelques instants sommeille,
Potier, l'estec avec le tour !
Que notre chanson se réveille !
Et qu'on vide cruche et bouteille
Pour la Liberté, pour l'Amour !

Salut au brave qui travaille
Et se fait gloire de son ciel !
A vous, fabricants de terraille
De Saint-Papoul, comme d'Issel !....
Santé pour de longues années
A ces gaillards de Montléon !
Souhaitons-leur belles fournées,
Chansons joyeuses et vin bon !

O Montléon ! avec ta brique
Force quartiers se sont bâtis !

Tres cops salut à las fabricos,
Brès antic des nostris poutiès!
Salut, poutario lauragueso!
Auras cinq cents ans l'an que ven.
Tant que rira l'amo franceso
Dins les tieus gods beuran souven.

E digats-me, digats-me quouro
Se calhara nostro nacieu?
Pot-i souna sa darnieiro ouro?
Nostre sang rouge es toujoun vieu,
Bulhent coumo l'vi dins la tino,
E countro les tieus enemics,
Pouderouso raço latino,
Buto tous mainages africs.

Salut, inmourialo patrio!
Units per la fraternitat,
Travalhan per tu : — nous atrio
De te fa creisse èn poutestat;
E, per que sios mai enlusido,
Te va dounan tout : le respir,
La susou, le cor e la vido,
Sens un renec, sens un souspir.

Trois fois salut au nid antique,
D'où tous nos potiers sont sortis !
Salut, fabrique Lauraguaise,
Qui comptes cinq siècles complets !
Tant que rira l'âme française,
On boira dans tes gobelets !

Et dites-moi quand doit se taire
Notre peuple, le savez-vous ?
Et dites-moi, l'heure dernière
Peut-elle donc sonner pour nous ?
Bouillant comme un vin dans la tine,
Toujours contre tes ennemis,
O puissante race latine,
Notre sang vif pousse tes fils !

Salut, immortelle patrie !
Unis par la fraternité,
Nous travaillons, mère chérie,
Pour que ton nom soit respecté !
Pour qu'on t'aime et te glorifie,
Le dernier de nous donnerait
Sa sueur, son cœur et sa vie
Sans un soupir, sans un regret !

L'AUBO

Sounet-terminau d'A. de Gagnaud. (M. de Berluc Perussis).

Tout, subre terro, es gòbi, e de nèblo envòuta ;
Sout l'esclot matinié cramo la blancado ;
Un aspre tremoulun reviho la nisado ;
L'esfournia, dins soun trau, fai la paumo acata.

Mai leissas l'astre-rei vers soun trone mounta :
Adiéu lou glas ! adiéu la fre ! Reviscoulado,
Nosto auceliho bèu la tousco souleiado ;
Dins la ramo brusènto ausès plus qu'un piéuta.

La niue tapè péreu toun grand soulèu, o maire !
O Prouvènço ! e toun lum s'esclussè ; lou troubaire
S'assoulè dins lou sourne, e disien qu'èro mort :

Mai uno aubo, crebant la niéu, amount pouuchejo ;
Milo voues, tourna-mai, la saludon, que vejo
Sa clarta dins lis iue e soun fio dins li cor.

L'AUBE

SONNET-ÉPILOGUE (TRADUIT DU PROVENÇAL D'A. DE GAGNAUD)

La terre est engourdie et de brume voilée ;
Le givre craque au choc du sabot matineux ;
Un frisson âpre tient la nichée éveillée ;
Et l'oisillon tombé fait la paume en son creux.

Mais que l'astre-roi monte au trône, adieu, gelée !
Adieu, froid ! En buvant les rayons lumineux,
Les oiseaux ranimés volent sous la feuillée,
Où l'on n'entend que chants et ramage joyeux.

La nuit aussi cacha ton grand soleil, ô mère !
O Provence ! Longtemps s'éclipsa ta lumière,
Et, s'étant tus dans l'ombre, on crut morts tes chanteurs.

Mais crevant les brouillards, là-haut une aube perce ;
Mille voix de nouveau chantent celle qui verse
Sa clarté dans les yeux et son feu dans les cœurs.

ERRATA

Page 85, ligne 3 et 4, il faut lire : li Fuéio *Nouvello*, les Feuilles *Nouvelles*.

Page 113, ligne 4, au *bon* soleil. M. P. Arène a publié encore depuis : *Paris Ingénu*, recueil.

Page 164, ligne 8, : Entre *dous cor aleciouna*.

Page 187, ligne 13 : Dans l'abime *infernal* de bitumo brûlé.

Page 189, ligne 4 : *satirique*.

Page 307, ligne 1 de la note : Les Aliscamps ou Champs-*Elysées*, antique *Cimetière d'Arles*.

Ajouter en note à la suite : La *Rencontre* est dédiée à M. de Tourtoulon comme un hommage dû au président de la Société des Félibres de Paris qui, en 1879, accorda à notre traduction de *Mireille* un prix hors concours.

Page 309, ligne 12, il faut : *Barceloné*.

Page 317, ligne 1 : Ah ! l'homme est tout petri d'indicible misère.

id. ajouter en note : M. Garcin a en portefeuille une histoire de la Renaissance provençale, qui allait paraitre, quand les évènements de 1870 en empêchèrent la publication.

Page 341, ligne 24 : Du *grassouillet* Horace.

Page 367, ligne 2 : Tout le bien, fait, dit ou pensé.

Page 371, dernière ligne de la note : *La Tarentine*, titre d'une idylle d'A. Chénier.

Page 372, dernière ligne : *Anant* de la Queirié.

Page 374, lignes 2 et 3 : En treboulaut leis èr. Desplego léu teis alo
E volo *sus* Mimet *en passant* vers Méiruei.

Page 399, note, ajouter : Ce gracieux septain est de M. Planchud (voir page 390).

Page 409, ligne 11 : Et je te *fais museau* de Ven-
d'ange ! »

Page 415, note, ligne 1 : Il y a dans la *Miette et Noré* d'Aicard une charmante description de ce badinage qui avait déjà inspiré *heureusement l'auteur* des *Poèmes de Provence*.

Page 427, dernière ligne : Des pays ignorés *de tous*.

Page 440, 1re strophe, vers 2 : L'aube au ciel commence à briller.

Page 445, ligne 3 : C'est tondre belle la toison.

Page 452, ligne 2 de la notice de M. Mir, ajouter : Maître en gai-savoir.

Page 487, ligne 3 : C'est lui qui m'a doué d'esprit et de vaillance.

Page 499, dernière ligne : Brille un double arc-en-ciel.

TABLE

	Pag.
PRÉFACE.	V
SONNET-DEDICACE D'ARNAVIELLE. — A Paris.	VI - VII
OBSERVATION SUR LE MOT *Félibre*.	VIII

LES FELIBRES PROVENÇAUX

J. ROUMANILLE. — Notice.	2
Li Sounjarello — Les Songeuses.	4
Lou Paure — Le Pauvre.	28
Pèr Vendemio — Pour les Vendanges.	34
Lou Bon Diéu e Sant Pèire — Le bon Dieu et Saint Pierre.	36
Meste Coulau e si tres Drole — Maître Colas et ses trois Fils.	42
Ma Vesino — Ma Voisine.	50
La Chato Avuglo — La Jeune Fille Aveugle.	54
Li Crècho — Les Crèches.	58
Mme ANAIS ROUMANILLE. — Notice — Lou Chambroun — La Chambrette.	64
Li Vulountàri — Les Volontaires.	66
FÉLIX GRAS. — Notice — Au Soulèu — Au Soleil.	68
Li dous Cousin — Les deux Cousins.	70
En Pèire d'Aragoun — Don Pierre d'Aragon.	74
A. GLAIZE. — Notice — Margarido — Marguerite.	82
Mr FRIZET. — Notice — L'Estatuo de Puget — La Statue de Puget.	84
Lou Proumié Poutoun — Le Premier Baiser.	86

A. MATHIEU. — Notice — La Plueio — La Pluie.	88
Gatouno — Norade.	90
La Paurouso — La Peureuse.	94
La Vignasso — La Vieille Vigne.	96
J. BRUNET. — Notice — A-n-un Brout d'Eurre — A un Brin de Lierre.	102
J. MONNÉ. — Notice — Lou Ban — Le Bain.	106
Perlo d'Amour — Perles d'Amour.	id.
Li Gabian — Les Goélands.	108
A. DAUDET. — Notice — La Cabano — Le Cabanon.	110
P. ARÈNE. — Notice — Brinde i Catalan — Toast aux Catalans.	112
Plòu e souleio — Il pleut et il fait soleil.	114
TH AUBANEL. — Notice.	118
La pèço XV dóu libre de l'Amour — La pièce XV du livre de l'Amour.	120
Li Piboulo — Les Peupliers.	124
Lis Innoucent — Les Innocents.	130
F. DELILLE — Notice — La Perlo di Baus — La Perle des Baux.	144
Morto en Arle — Morte dans Arles.	146
A. DE GAGNAUD (M. de Berluc-Pérussis) — Notice.	152
La Morto di Baus — La Morte des Baux.	id.
L'Iver is Aup — L'Hiver aux Alpes.	154
Lou Pan d'Amour — Le Pain d'Amour.	156
La Leco — Le Piége.	158
Lou Pichoun Malaut — Le Petit Malade.	160
Pèr un Cros — Pour un Tombeau	162
Moun Oustalet — Ma Maisonnette.	164
J. GAILLARD. — Notice — A Petrarco — A Petrarque.	170

Mme Lazarine Daniel. — Notice — L'Espero de la Vierge — L'Attente de la Vierge. 172

P. des Hébrides. — Notice — Vai Veni — Il Va Venir. 176

Alph. Michel. — Notice — Cansoun de Noço — Chanson de Noce. 178

V. Lieutaud. — Notice — Li Chivau Camargo — Les Chevaux Camargues. 182

Revirado — Riposte. 184

A. Autheman. — Notice — Lou Poutoun de Judas — Le Baiser de Judas. 186

L. Roumieux. — Notice — Lou Dissate — Le Samedi. 188

A dous Novi. — A deux Nouveaux Mariés. 194

Lou Maset de Mèste Roumièu — Le Mazet de Maître Roumieux. 198

E. Roussel. — Notice — Blad de Luno — Blé de Lune. 206

Ch. Boy. — Notice — A-n-un Felibre — A un Félibre. 208

Mme D'Arbaud. — Notice — Madaleno e lou Tavan — Magdeleine et le Hanneton Roux. 210

B. Bruneau. — Notice — Lou Palais di Papo — Le Palais des Papes. 214

E. Jouveau. — Notice — Poutoun Aiela — Baiser à l'Ail. 216

Ieu t'ame ansin — Je t'aime ainsi. id.

Alph. Tavan. — Notice — Mes de Mai — Le Mois de Mai. 220

Brande — Branle. 224

Lou Flajoulet — Le Flageolet. 226

Li Frisoun de Marieto — Les Frisons de Mariette.	230
Bono Annado à moun Amigo — Bonne Année à mon Amie.	236
Brouiamen — Brouille.	240
Prouvènço e Troubadour — Provence et Troubadours.	244
Ma Mestresso — Ma Maîtresse.	252
F. Estre. — Notice — Lou Pastrihoun dis Aup. — — Le Bergerot des A'pes.	258
G. Charvet. — Notice — Vesper — Vesper.	260
Fr. Savinien. — Notice — I Rouman — Aux Roumains.	262
D. Cassan. — Notice — Uno Galejado — Une Facélie.	264
G. St-René Taillandier. — Notice — Lou Diéu Couquin — Le Petit Dieu Coquin.	266
L. Astruc. — Notice — Sus la Danae dóu Tician — La Danaé du Titien.	268
La Mar ris — La Mer rit.	id.
J. H. Huot. — Notice — Marsiho e Paris — Marseille et Paris.	276
M. Girard. — Notice — A Madamisello X — A Mademoiselle X.	282
Li Bouscairis de Cacalaus — Les Chercheuses d'Escargots.	id.
F. Mistral. — Notice.	286
Lou Prègo-Diéu — La Mante Religieuse.	288
La Coumunioun di Sant — La Communion des Saints.	298
Lou Rescontre — La Rencontre.	302
G. Hipp. — Notice — A Mistral. — A Mistral.	308

TABLE

Mlle GOIRAND. — Notice — Nemausa. — Nemausa.	312
E. GARCIN. — Notice — Lou Jour di Mort — Le Jour des Morts.	314
CROUSILLAT. — Notice — Leloun — Nanon.	318
La Novi — L'Epousée.	320
BALAGUER ET QUINTANA. — Au Bord dóu Rose — Au Bord du Rhône — Adièu — Adieu.	324
W. BONAPARTE-WYSE. — Notice.	326
Brinde au Souléu — Toast au Soleil.	328
Septentrioun — Septentrion.	334
Deificacioun dóu Vent-Terrau — Le Mistral Déifié.	338
Derniero Vitori de Louis Vuè — Dernière Victoire de Louis VIII.	348
G. DU CAIRE. — Notice — La Flour de Nouvè. — La Fleur de Noël.	358
A. VERDOT. — Notice — Lou Mariage Astra — Le Mariage Béni.	362
La Lei de Diéu — La Loi de Dieu.	368
A-n-Andréu Chénier — A André Chénier.	id.
M. BOURRELLY. — Notice — Mirabèu — Mirabeau.	372
La Candèlo e lou Parpaioun — La Chandelle et le Papillon.	376
Lou Bachas — Le Bachas.	id.
A. CHAILAN. — Notice — Lou Castèu dei Bourmeto — Le Château de Bormette.	382
PH. CHAUVIER. — Notice — Miqueloun — Michelon.	384
CH. PONCY. — Notice — La Vèuso de Sieis-Four — La Veuve de Six-Fours.	386
J. B. GRA — Notice — Lou Vèuse — Le Veuf.	388
CH. DESCOSSE. — Notice — A-n-un nouvèu Felibre — A un nouveau Felibre.	390

L'abbé Pascal. — Notice — L'Uvert au Vilage — L'Hiver au Village. 392
E. Savy. — Notice — Lis Estreno — Les Etrennes. 398
E. Plauchud.— Notice — A Margarido ma Fiho — A Marguerite ma Fille. id.
E. Chalamel. — Notice — Lou Caire dóu Fiè — Le Coin du Feu. 400
J. B. Gaut. — Notice — Lei Roso Blanco — Les Roses Blanches. 404
Lou Colera — Le Choléra. 406
Mourre de Vendumi — Le Museau de Vendange. id.
Carle-Quint, rèi de Prouvènço — Charles-Quint, roi de Provence. 408
Guitton-Talamel. — Notice — Lou Poudé de l'Ome — Le Pouvoir de l'Homme. 416
Ch. Bistagne. — Notice — Terro e Mar — Terre et Mer. 418
P. Mazière. — Notice — Lei doues Roso. — Les deux Roses. 420
L. Maurel. — Notice — I Felibre — Aux Felibres. 424
F. Vidal. — Notice — La Marsiheso di Latin — La Marseillaise des Latins. 426
Cantadisso — Concert. 430

LES FELIBRES LANGUEDOCIENS

G. Azaïs. — Notice — Au Ribas de la Sorgo — Sur les Bords de la Sorgue. 434
La Marrido Coumparesoun — La Mauvaise Comparaison. 436
Lou Boutou de Roso — Le Bouton de Rose id.

TABLE

A. ARNAVIELLE. — Notice — Lou Pastre — Le Pâtre.	440
Ressouvenirs — Ressouvenirs.	446
P. FESQUET. — Notice — La Cabrieiro — La Chevrière.	454
C. LAFORGUE. — Notice — L'Iver — L'Hiver.	456
A. MIR. — Notice — L'Amourié d'Escalos. — Le Mûrier d'Escales.	458
Lou Cagarau, l'Escourpiu e la Canilho — L'Escargot, le Scorpion et la Chenille.	464
Lou Tiro-Tap à Canlèbo — Le Tire-Bouchon à Levier.	466
M. FAURE. — Notice — Las Camellos — Les Camelles.	470
A la Felibresso d'Areno — A la Félibresse d'Arène.	427
A. ROUX. — Notice — A Mount-Peliè — A Montpellier.	476
A. GIRON. — Notice — L'Ami di bun Diéu — L'Ami du bon Dieu.	478
A. ROQUE-FERRIER. — Notice — Sounet — Sonnet.	484
Adessias ! — Adieu !	id.
A. LANGLADE. — Notice — Un Auriscle d'Abrièu — Un Orage d'Avril.	488
C. GLEIZES. — Notice — Las Gardios d'Azilhanet — Les Gardes d'Azilhanet.	502
L. X. DE RICARD. — Notice — A-n-una Bruneta — A une Brunette.	504
A. FOURÈS. — Notice — Les Nouiès — Les Noyers.	510
Un Parelh pèr Vendemios — Une Paire de Bœufs en Vendange.	512

Le Cant des Poutiés. — Le Chant des Potiers. 512
A. DE GAGNAUD. — L'Aubo, sounet-terminau —
L'Aube, sonnet-épilogue. 522
ERRATA. 524

AIX. — IMP. PROV. 15, RUE DE LA GRANDE-HORLOGE 15

www.ingramcontent.com/pod-product-compliance
Lightning Source LLC
Chambersburg PA
CBHW071404230426
43669CB00010B/1439